中國文化史十八講

CHINESE CULTURAL HISTORY

呂思勉——著

目錄

目錄

自序

我在上海光華大學講過十幾年的本國史。其初是講通史，後來文學院長錢子泉先生說，講通史易與中學以下的本國史重複，不如講文化史。於是改講文化史。民國二十七年，教育部頒行大學課程，其初以中國文化史為各院系一年級必修科，後改為通史，而注明須注重於文化。大約因政治方面亦不可缺，怕定名為文化史，則此方面太被忽略之故。用意誠甚周詳。然通史講授，共止一百二十小時，若編制仍與中學以下之書相同，恐終不免於重複。所以我現在講授，把它分為兩部分：上冊以文化現象為題目，下冊乃依時代加以連結，以便兩面兼顧。此意在本書緒論中，業經述及了。此冊為居孤島上所編，參考書籍，十不備一，而時間甚為匆促，其不能完善，自無待言。但就文化的各方面加以探討，以說明其變遷之故，而推求現狀之所由來。此等書籍，現在似尚不多，或亦足供參考。故上冊寫成，即付排印，以代鈔寫，不完不備之處，當於將來大加訂補。此書之意，欲求中國人於現狀之所由來多所了解，故敘述力求扼要，行文亦力求淺顯；又多引各種社會科學成說，以資說明；亦頗可作一般讀物。單取上冊，又可供文化史教科或參考之用[01]。其淺陋誤謬之處，務望當代通人，加以教正。

民國二十八年九月二十八日，呂思勉識。

01　編者按：本次出版，即為呂先生所著通史之文化史部分。

自序

绪论

歷史，究竟是怎樣一種學問？研究了它，究竟有什麼用處呢？

這個問題，在略知學問的人，都會毫不遲疑地作答道：歷史是前車之鑑。什麼叫做前車之鑑呢？他們又會毫不遲疑地回答道：「昔人所為而得，我可以奉為模範；如其失策，便當設法避免；這就是所謂『法戒』。」這話驟聽似是，細想就知道不然。世界上哪有真正相同的事情？所謂相同，都是察之不精，誤以不同之事為同罷了。遠者且勿論，歐人東來以後，我們應付他的方法，何嘗不本於歷史上的經驗？其結果卻是如何呢？然則歷史是無用了嗎？而不知往事，一意孤行的人，又未嘗不敗。然則究竟如何是好呢？

歷史雖是記事之書，我們之所探求，則為理而非事。理是概括眾事的，事則只是一事。天下事既沒有兩件真正相同的，執應付此事的方法，以應付彼事，自然要失敗。根據於包含眾事之理，以應付事實，就不至於此了。然而理是因事而見的，捨事而求理，無有是處。所以我們求學，不能不顧事實，又不該死記事實。

要應付一件事情，必須明白它的性質。明白之後，應付之術，就不求而自得了。而要明白一件事情的性質，又非先知其既往不可。一個人，為什麼會成為這樣子的一個人？譬如久於官場的人，就有些官僚氣；世代經商的人，就有些市儈氣；向來讀書的人，就有些迂腐氣。難道他是生來如此的嗎？無疑，是數十年的做官、經商、讀書養成的。然則一個國家，一個社會，亦是如此了。中國的社會，為什麼不同於歐洲？歐洲的社會，為什麼不同於日本？習焉不察，則不以為意。細加推考，自然知其原因極為深遠複雜了。然則往事如何能不研究呢？然而已往的事情多著呢，安能盡記？社會上每天所發生的事情，報紙所記載的，奚啻億兆京垓分之一。一

天的報紙，業已不可遍覽，何況積而至於十年、百年、千年、萬年呢？然則如何是好？

須知我們要知道一個人，並不需要把他以往的事情，統統都知道了、記牢了。我，為什麼成為這樣一個我？反躬自省，總是容易明白的，又何嘗能把自己以往的事統統記牢呢？然則要明白社會的所以然，也正不必把以往的事全數記得，只要知道「使現代社會成為現代社會的事」就夠了。然而這又難了。

任何一事一物，要詢問它的起源，我們現在不知應對的很多。其所能對答的，又十有八九靠不住。然則我們安能本於既往，以說明現在呢？

這正是我們所以愚昧的原因，而史學之所求，亦即在此。史學之所求，不外乎：（一）搜求既往的事實；（二）加以解釋；（三）用以說明現代社會；（四）因以推測未來，而指示我們以進行的途徑。

往昔的歷史，是否能肩負起這種任務呢？觀於借鑑於歷史以應付事實導致失敗者之多，無疑是不能的。其失敗的原因安在？列舉起來，也可以有多端，其中最重要的，自然是偏重於政治。翻開《二十五史》來一看（從前都說《二十四史》，這是清朝時候，功令上所定為正史的。民國時代，柯劭忞所著的《新元史》，業經奉徐世昌總統令，加入正史之中，所以現在該稱《二十五史》了），所記的，全是些戰爭攻伐，在廟堂上的人所發的政令，以及這些人的傳記世系。昔人稱《左傳》為相斫書，近代的人稱《二十四史》為帝王的家譜，說雖過當，也不能謂其全無理由了。單看了這些事，可以明白社會的所以然嗎？從前的歷史，為什麼會有這種毛病呢？這是由於歷史是文明時代之物，而在文明時代，國家業已出現，並成為活動的中心，常人只從表面上看，就認為政治可以概括一切，至少是社會現象中最重要的一項了。其實政治只是表面上的事情，政治的活動，全靠社會做根底。社會，實在政治的背後，做了無數更廣大、更根本的事

情。不明白社會，是斷不能明白政治的。所以現在講歷史的人，都不但著重於政治，而要著重於文化。

何謂文化？向來狹義的解釋，只指學術技藝而言，其為不當，自無待論。說得廣的，又把一切人為的事都包括於文化之中。然則動物何以沒有文化呢？須知文化正是人之所以異於動物的。其相異點安在呢？凡動物，多能對外界的刺激而起反應，亦多能與外界相調適。然其與外界相調適，大抵出於本能，其力量極有限，而且永遠不過如此。人則不然。所以人所處的世界，與動物所處的世界，大不相同。人之所以能如此，（一）由其有特異的腦筋，能想出種種辦法；（二）而其手和足的作用分開，能製造種種工具，以遂行其計畫；（三）又有語言以互相交通，而其擴大的，即為文字。此人之所知、所能，可以傳之於彼；前人之所知、所能，並可以傳之於後。因而人的工作，不是個個從頭做起的，乃是互相接續著做的。不像賽跑的人，從同一地點出發，卻像驛站上的驛夫，一個個連接著，向目的地進行。其所走的路線自然長，而後人所達到的，自非前人所能知了。然則文化，是因人有特異的稟賦，良好的交通工具而成就的控制環境的共業。動物也有進化，但牠的進化，除非改變其有機體，以求與外界相適應，這是要靠遺傳上變異淘汰等作用，才能達到目的的，自然非常遲慢。人則只須改變其所用的工具和其對付事物的方法。我們身體的構造，絕無以異於野蠻人，而其控制環境的成績，卻大不相同，即由其一為生物進化，一為文化進化之故。人類學上，證明自冰河期以後，人的體質無大變化。埃及的屍體解剖，亦證明其身體構造與現今的人相同。可見人類的進化，全是文化進化。過去人每以文化狀況與民族能力並為一談，實在是一個重大的錯誤。遺傳學家論社會的進化，過於重視個體的先天能力，也不免為此等俗見所累，至於有意誇張種族能力的。那更不啻自承其所謂進化，將返於生物進化了。從理論上說，人的行為，也有許多來自機體，和

動物無異的，然亦無不披上文化的色彩。如飲食男女之事，即其最顯明之例。所以在理論上，雖不能將人類一切行為都稱為文化行為，在事實上，則人類一切行為，幾無不與文化有關係。可見文化範圍的廣大。能了解文化，自然就能了解社會了（人類的行為，源於有機體的，只是能力。其如何發揮此能力，則全因文化而定其形式）。

全世界的文化，到底是一元的？還是多元的？這個問題，還非今日所能解決。研究歷史的人，即暫把這問題置諸不論不議之列亦可。因為目前分明放著多種不同的文化，有待於我們的各別研究。話雖如此說，研究一種文化的人，專埋頭於這一種文化，而於其餘的文化概無所見，也是不對的。因為：（一）各別的文化，其中仍有共同的原理存在；（二）而世界上各種文化，交流互織，彼此互有關係，也確是事實。文化本是人類控制環境的工具，環境不同，文化自因之而異。及其興起以後，因其能改造環境之故，愈使環境不同。人類遂在更不相同的環境中進化，其文化自然也更不相同了。文化有傳播的性質，這是毫無疑義的。此其原理，實因人類生而有求善之性（智）與相愛之情（仁）。所以文化優的，常思推行其文化於文化相異之群，以冀改良其生活，共謀人類的幸福。（其中固有自以為善而實不然的，強力推行，反致引起糾紛，甚或釀成大禍，宗教之傳布，即其一例。但此自誤於愚昧，不害其本意之善）。而其劣的，亦常欣然接受（其深閉固拒的，皆別有原因，當視為例外）。這是世界上的文化所以交流互織的原因。而人類的本性，原是相同的，所以在相類的環境中，能有相類的文化。即使環境不同，亦只能改變其形式，而不能改變其原理（正因原理之同，形式不能不異，即因形式之異，可見原理之同，昔人夏葛冬裘之喻最妙）。此又不同的文化，所以有共同原理的原因。以理言之如此，以事實言，則自塞趨通，殆為進化無疑的軌跡。試觀中國，自古代林立的部族進而為較大的國家；再進而為更大的國家；再進而臻於統

一；更進一步而與域外交通，開疆拓土，同化異民族；無非受這個原理的支配。轉觀外國的歷史，亦係如此。今者世界大通，前此各別的文化，當合流而產生一新文化，更是毫無疑義的了。然則一提起文化，就該是世界的文化，而世界各國的歷史，亦將可融合為一。為什麼又有所謂國別史，以研究各別的文化呢？這是因為研究的方法，要合之而見其大，必先分之而致其精。況且研究的人，各有其立場。居中國而言中國，欲策動將來的進步，自然必須先了解既往的情形。即以迎受外來的文化而論，亦必有其預備條件。不先明白自己的情形，是無從制定其迎拒的方針的。所以我們在今日，欲了解中國史，固非兼通外國史不行，而中國史亦自有其特殊研究的必要。

人類以往的社會，似乎是一動一靜的。我們試看，任何一個社會，在以往，大都有個突飛猛進的時期，隔著一個時期，就停滯不進了。再閱若干時，又可以突飛猛進起來，已而復歸於停滯，如此更互不已。這是什麼理由？解釋的人，說節奏是人生的定律，個人如此，社會亦然。只能在遇見困難時，奮起而圖功，到認為滿足時，就要停滯下來了。社會在這個時期就會本身無所發明；對於外來的，亦非消極地不肯接受，即積極地加以抗拒。世界是無一息不變的（不論自然的和人為的，都是如此）。人，因其感覺遲鈍，或雖有感覺，而行為停滯之故，非到外界變動，積微成著，使其感覺困難時，不肯加以理會，設法應付。正和我們住的房子，非到除夕，不肯加以掃除，以致塵埃堆積，掃除時不得不大費其力一樣。這是世界之所以一治一亂的真正原因。倘使當其漸變之時，隨時加以審察，加以修正，自然不至於此了。人之所以不能如此，昔時的人，都以為這是限於一動一靜的定律，無可如何的。我則以為不然。這種說法，是由於把有機體所生的現象和超越有機體的現象並為一談，致有此誤。須知就一個人而論，勞動之後，需要休息若干時；少年好動，老年好靜，都是無可如

何之事。社會則不然，個體有老少之殊，而社會則無。個體活動之後，必繼之以休息，社會則可以這一部分動，那一部分靜。然則人因限於有機體之故，對於外界不能自強不息地為不斷的應付，正可藉社會的協力，以彌補其缺憾。然則從前感覺的遲鈍、行為的停滯，只是社會的病態（如因教育制度不良，導致社會中的人不知遠慮，不能洞察禍患；又如因階級對立尖銳，導致寄生階級不顧大局的利害、不願改革等，都只可說是社會的病態）。倘若我們能矯正其病態，一治一亂的現象，自然可以不復存，而世界遂臻於郅治了。這是我們研究歷史的人最大的希望。

馬端臨的《文獻通考‧序》把歷史上的事實分為兩大類：一為理亂興亡，一為典章經制。這種說法，頗可代表從前史學家的見解。一部《二十五史》拆開來，所謂紀傳，大部分是記載理亂興亡一類的事實的，志則以記載典章經制為主（表二者都有）。理亂興亡一類的事實，是隨時發生的，今天不能逆料明天；典章經制，則為人預設之以待將來的，其性質較為持久。所以，前者可稱為動的史實，後者可稱為靜的史實。史實確實不外這兩類，但限其範圍於政治以內，則未免太狹隘了。須知文化的範圍，廣大無邊，兩者之間的現象，除屬於自然的；或雖出於生物，而純導原於有機體的，一切都當包括在內。它綜合有形無形的事物，不但限制人的行為，而且陶鑄人的思想。在一種文化中的人，其所作所為，斷不能出於這個文化模式以外，所以要講文化史，非大加擴充昔時的史料不可。

教育部所定大學課程草案，各學院共同必修科本有文化史，而無通史。後又改為通史，而注明當注重於文化。大約因為政治的現象亦不可略，怕改為文化史之後，講授的人全忽略了政治事項之故，用意固甚周詳。然而，大學的中國通史，講授的時間實在不多，若其編制仍與中學以下同，所講授者，勢必不免於重複。所以我現在換一個體例。先就文化現象分篇敘述，然後按時代加以綜合。我這一部書取材頗經揀擇，說明亦力

求顯豁。頗希望讀過的人，對於中國歷史上重要的文化現象略有所知，因而略知現狀的所以然；對於前途，可以預加推測，因而對於我們的行為可以有所啟示。以我之淺學，而所希望者如此，自不免操豚蹄而祝篝車之誚 [02]，但總是我的一個希望罷了。

---

02 指付出的東西很少而希望獲得很多，出自《史記‧滑稽列傳》。

绪论 ————————————————————————

第一章　婚姻

第一章 婚姻

《易經》的〈序卦傳〉說:「有天地,然後有萬物;有萬物,然後有男女;有男女,然後有夫婦;有夫婦,然後有父子;有父子,然後有君臣。」這是古代哲學家所推想的社會起源。他們以為遠古的社會亦像後世一般,以一夫一婦為基本,成立一個家庭,由此互相連結,成為更大的組織。此等推想,確實和我們根據後世的制度以推想古代的情形的脾胃相合,所以幾千年來,會奉為不刊之典。然而事實是否如此,卻是一個大疑問了。

自有歷史以來不過幾千年,社會的情形,卻已大有改變了。假使我們把歷史抹殺了,根據現在的情形去臆測周、秦、漢、魏、唐、宋時的狀況,那讓研究過歷史的人聽了,一定是一場大笑話。何況遠古之事去今業已幾萬年、幾十萬年呢?不知古代的真相,而妄以己意推測,其結果,必將以為自古至今,不過如此,實將因緣起滅的現象,都認為天經地義、不可變更。這就將發生許多無謂的爭執、不必要的保守,而進化的前途被其阻礙了。所以近幾十年來,史前史的發現,實在是學術上的一個大進步,而其在社會組織方面,影響尤大。

據近代社會學家所研究:人類男女之間,本來是沒有什麼禁例的。其後,社會漸有組織,依年齡的長幼,分別輩行。當此之時,同輩行之男女,可以為婚,異輩行則否。更進一步,乃於親族之間加以限制。最初是施諸同母的兄弟姊妹的,後來漸次擴充至凡是同母系的兄弟姊妹都不准為婚,就成為所謂氏族了。此時異氏族之間,男女仍是成群的,此一群之男,人人可為彼一群之女之夫;彼一群之女,人人可為此一群之男之妻;絕無所謂個別的夫婦。其後禁例愈繁,不許相婚之人愈多。於是,一個男子,有一個正妻;一個女子,有一個正夫。然而除此之外,尚非不許與其他的男女發生關係,而夫妻亦不必同居,其關係尚極疏鬆。更進一步,則夫妻必須同居(一夫一妻,或一夫多妻),關係更為永久,遂漸成後世的

家庭了。所以人類的婚姻，是以全無禁例始，逐漸發生加繁其禁例，即縮小其通婚的範圍，而成為今日的形態的。以一夫一妻的家庭，為原始的男女關係，實屬錯誤。

　　主張一夫一妻的家庭為男女原始關係的形態的，只說：人類是從猿猴進化而來的，猿猴已有家庭，何況人類？然而謂猿猴均有家庭，其觀察本不正確（詳見李安宅譯《兩性社會學》附錄《近代人類學與階級心理》第四節。商務印書館本）。即捨此勿論，猿猴也是人類祖先的旁支，而非其正系。據生物學家之說，動物的聚居，有兩種形式：一如貓、虎等，雌雄同居，以傳種之時為限；幼兒成長，即與父母分離，是為動物家庭。一如犬、馬等，其聚居除傳種外，兼以相互保衛為目的；歷時可以甚久，為數可以甚多，是為社群動物。人類無爪牙齒角以自衛，倘使其聚居亦以家庭為限，在遠古之世，斷乎難以自存，而且語言也必不發達。所以原始人類的狀況，我們雖不得而知，其為社群而非家庭，則殆無疑義。猿類的進化不如人類，以生物界的趨勢論，實漸走上衰亡之路，怕正以其群居本能不如人類之故。而反說人類的邃初，必與猿猴一樣，實在未免武斷偏見了。何況人類的性質，如妒忌及性的羞恥等，均非先天所固有（這看小孩便可知。動物兩性聚居，只有一夫一妻、一夫多妻兩種形式，人類獨有一妻多夫，尤妒忌非先天性質之明證）。母愛亦非專施諸子女等，足以證明其非家庭動物的還很多呢。

　　現代的家庭，與其說是源於人的本性，倒不如說是源於生活情形（道德不道德的觀念，根於習慣；習慣源於生活）。據社會學家所考究：在先史時期，遊獵的階級極為普遍。遊獵之民，都是喜歡掠奪的。而其時，可供掠奪之物極少，女子遂成為掠奪的目的。其後慮遭報復，往往在掠奪之後，遺留物件，以為交換。此時的掠奪，實則已漸成為貿易，女子亦為交換品之一。這是為掠奪的變相，亦開買賣的淵源。掠奪來的女子，是和部

族中固有的女子地位不同的。她是掠奪她的人的奴隸，須負擔一切勞役。此既足以鼓勵男子，使之從事於掠奪；又婚姻之禁例漸多，本部族中的女子，可以匹合者漸少，亦益迫使男子從事向外掠奪。所以家庭的起源，是由於女子的奴役；而其需要，則是在兩性分工的經濟原因上成立的，與滿足性慾實無多大關係。原始人除了專屬於他的女子以外，滿足性慾的機會，正多著呢。遊獵之民，漸進而為畜牧，其人之好戰鬥、喜掠奪，亦與遊獵之民同（凡畜牧之民，大抵兼事田獵），而其力且加強（因其食物充足，能合大群，營養佳良，體格強壯之故）。牧群須人照管，其重勞力愈甚，而掠奪之風亦益烈。只有農業是源於搜集的，最初本是女子之事。低級的農業，亦率由女子任其責。其後逐漸發達，成為生活所必需。此時經濟的主權，操於女子之手；土田室屋及農具等，率為女子所有。部族中人，固不願女子出嫁，女子勢亦無從出嫁；男子與女子結婚者，不得不入居女子族中，其地位遂成為附屬品。此時女子有組織，男子則無（或雖有之而不關重要）。所以社會上有許多公務，其權皆操於女子之手（如參與部族會議，選舉酋長等。此時之女子，亦未嘗不從事於後世家務一類的事務，然而其性質，亦為公務，與後世之家務，迥然不同），實為女子的黃金時代。所謂服務婚的制度，即出現於此時。因為結婚不能徒手，而此時的男子，甚為貧乏，除勞力之外，實無可以為聘禮之物之故。其後農業更形重要，男子從事於此者益多，導致以男子為之主，而女子為之輔。於是經濟的主權，再入男子之手。生活程度既高，財產漸有贏餘，職業日形分化，如工商等業，亦皆為男子之事。個人私產漸興，有財富者即有權力，不樂意再向女子的氏族中作苦，乃以財物償其部族的損失，而娶女以歸。於是服務婚漸變為買賣婚，女子的地位，又更形低落了。

　　以上所述，都是社會學家的成說。回過頭來看中國的古事，也沒有不同。《白虎通義・三皇篇》說，古代的人，「知其母而不知其父」，這正

是古代的婚姻，無所謂夫婦的證據。人類對於男女性交毫無限制的時代，去今已遠，在書本上不易找到證據。至於輩行婚的制度，則是很明白無疑的。《禮記·大傳》說宗子合族之禮道：「同姓從宗合族屬，異姓主名治際會。名著而男女有別。其夫屬乎父道者，妻皆母道也；其夫屬乎子道者，妻皆婦道也。謂弟之妻為婦者，是嫂亦可謂之母乎？名者，人治之大者也，可無慎乎？」這正是古代婚姻但論輩行一個絕好的遺跡。這裡所謂同姓，是指父系時代本氏族裡的人。用現在的話來說，就是老太爺、老爺、少爺們。異姓，鄭《注》說：「謂來嫁者」，就是老太太、太太、少太太們。從宗，是要依照血系的枝分派別的，如先分為老大房、老二房、老三房，再各統率其所屬的房分之類，參看下章自明。主名，鄭《注》說：「主於婦與母之名耳。」謂但分別其輩行，而不復分別其枝派。從實際上來說，就是但分為老太太、太太、少太太，而不再問其孰為某之妻，孰為某之母。「謂弟之妻為婦者，是嫂亦可謂之母乎？」翻做現在的話，就是：「把弟媳婦稱為少太太，算做兒媳婦一輩，那嫂嫂難道可稱為老太太，算做母親一輩嗎？」如此分別，就可以稱為男女有別，可見古代婚姻，確實有一個專論輩行的時代，在周代的宗法中，其遺跡還未盡泯。

夏威夷人對於父、伯叔父、舅父，都用同一的稱呼。中國人對於舅，雖有分別，父與伯叔父，母與伯叔母、從母，也是沒有分別的。伯父只是大爺，叔父、季父，只是三爺、四爺罷了。再推而廣之，則上一輩的人，總稱為父兄，亦稱父老。老與考為轉注（《說文》），最初只是一語，而考為已死之父之稱。下一輩則總稱子弟。《公羊》何《注》說：「宋魯之間，名結婚姻為兄弟。」（〈僖公二十五年〉）可見父母兄弟等，其初皆非專稱。資本主義的社會學家說：這不是野蠻人不知道父與伯叔父、舅父之別，乃是知道了而對於他們仍用同一的稱呼。殊不知野蠻人的言語，總括的名詞雖比我們少，個別的名詞卻比我們多。略知訓詁的人皆知之（如古

鳥稱雌雄，獸稱牝牡，今則總稱雌雄，即其一例）。既知父與伯叔父、舅父之別，而仍用同一的稱呼，這在我們，實在想不出這個理由來。質疑的人或許會說：「父可以不知道，母總是可以知道的，為什麼母字亦是通稱呢？」殊不知大同之世，「人不獨親其親，不獨子其子」，生物學上的母雖只有一個，社會學上的母，在上一輩中，是很普遍的。父母之恩，不在生而在養，生物學上的母，實在是沒有什麼關係的，又何必特立專名呢？然則最初所謂夫婦之制和家庭者安在？《爾雅・釋親》：兄弟之妻，「長婦謂稚婦為娣婦，娣婦謂長婦為姒婦」，這就是現在的妯娌。而女子同嫁一夫的，亦稱先生者為姒，後生者為娣，這也是輩行婚的一個遺跡。

　　社會之所以有組織，乃是用以應對環境的。其初，年齡間的區別，實在大於兩性間的區別（後來受文化的影響，此等區別，才漸漸轉變。《商君書・兵守篇》說，軍隊的組織，以壯男為一軍，壯女為一軍，男女之老弱者為一軍。其視年齡的區別，仍重於兩性的區別）。所以組織之始，是按年齡分輩分的。而婚姻的禁例，亦起於此。到後來，便漸漸依血統區別了。其禁例，大抵起於血緣親近之人之間。違犯此等禁例者，俗語謂之「亂倫」，古語則謂之「鳥獸行」，亦謂之「禽獸行」。懲罰大抵是很嚴重的。至於擴而充之，對母方或父方有血緣關係之人，概不許結婚，即成同姓不婚之制（中國古代的姓，相當於現在社會學上所謂氏族，參看下章）。同姓不婚的理由，昔人說是「男女同姓，其生不蕃」（《左傳・僖公二十三年》鄭叔詹說）。「美先盡矣，則相生疾。」（同上，昭公七年鄭子產說）。又說是同姓同德，異姓異德（《國語・晉語》司空季子說），好像很知道遺傳及健康上的關係的。然而血族結婚有害遺傳，本是俗說，科學上的證據古人未必知。而氏族時代所謂同姓，亦和血緣遠近不符。至謂其有害於健康，當時更無此說。然則此等都是後來附會之說，並不是什麼真正的理由。以實際上來說，此項禁例，所以能維持久遠的，

大概還是由於《禮記‧郊特牲》所說的「所以附遠厚別」。因為文化漸進，人和人之間，妒忌之心漸次發達，爭風吃醋的事漸多。同族之中，必有因爭色而致鬥亂的，於是逐漸加緊其禁例，最後，遂至一切禁斷。而在古代，和親的交際，限於血緣上有關係的人。異姓間的婚姻，雖然始於掠奪，其後則漸變為買賣，再變為聘娶，彼此之間，無復敵意，而且可以互相聯絡了。試看春秋戰國之世，以結婚姻為外交手段者之多，便可知〈郊特牲〉「附遠」二字之確。這是同姓不婚之制，所以逐漸普遍，益臻固定的理由。及其既經普遍固定之後，則制度的本身就具有很大的威權，更不必要什麼理由了。

妒忌的感情，是從何而來的呢？前文不是說，妒忌不是人的本性嗎？然則兩性間的妒忌，雖非人之本性，而古人大多貧窮，物質上的缺乏，逼著他不能不生出產業上的嫉妒來。掠奪得來的女子，既是掠奪者的財產，自然不能不努力監視著她。其監視，固然是為著經濟上的原因，然而其他男子假設與我的奴隸發生性的關係，就很容易把她帶走，於是占有之欲，自物而擴及於人。而和此等女子發生性的關係，亦非得其主人許可，或給以某種利益以為交換不可了（如租賃、借貸、交換等。《左傳‧襄公二十八年》，慶封與盧蒲嫳易內；〈昭公二十八年〉，祁勝與鄔臧通室；現在有的地方，還有租妻之俗；就是這種制度的遺跡）。再進一步，產業上的妒忌，漸變成兩性間的妒忌，而爭風吃醋之事遂多。內婚的禁忌，就不得不加嚴，不得不加密了。所以外婚的興起和內婚的禁止，也是互為因果的。

掠奪婚起於遊獵時代，在中國古書上，也是確有證據的。《禮記‧月令》疏引《世本》說：「太昊始制嫁娶，以儷皮為禮。」托諸太昊，雖未必可信，而儷皮是兩鹿皮（見《公羊傳‧莊公二十二年》何《注》），這確實是獵人之物。古婚禮必用雁，其理由，恐怕亦不過如此。又婚禮必行之昏時，亦當和掠奪有關係。

第一章　婚姻

中國農業起於女子，捕魚在古代，亦為女子之事，詳見第十一章。農漁之民，都是食物饒足，且居有定地的。畋獵對於社會的貢獻比較少，男子在經濟上的權力不大，所以服務婚之制，亦發生於此時。贅婿即其遺跡。《戰國·秦策》說：太公望是齊之逐夫，當即贅婿。古代此等婚姻，在東方，恐怕是很普遍的。《漢書·地理志》說：齊襄公淫亂，姑姊妹不嫁。「於是下令國中：民家長女不得嫁，名曰巫兒，為家主祠，嫁者不利其家。民至今以為俗。」把這種風俗的原因，歸諸人君的一道命令，其不足信，顯而易見。其實，齊襄公的姑姊妹不嫁，怕反受這種風俗的影響吧？《公羊·桓公二年》，有楚王妻媦之語（何《注》：媦，妹也）。可見在東南的民族，內婚制維持較久。《禮記·大傳》說：「四世而緦，服之窮也。五世袒免，殺同姓也。六世親屬竭矣，其庶姓別於上（庶姓見下章），而戚單於下（單同殫），婚姻可以通乎？繫之以姓而弗別，綴之以族而弗殊，雖百世而婚姻不通者，周道然也。」然則男系同族，永不通婚，只是周道。自殷以上，六世之後，婚姻就可以通的。殷也是東方之國。《漢書·地理志》又說燕國的風俗道：「初太子丹賓養勇士，不愛後宮美女，民化以為俗，至今猶然。賓客相過，以婦侍宿。嫁娶之夕，男女無別，反以為榮。後稍頗止，然終未改。」不知燕丹的舉動，是受風俗的影響，反以為風俗源於燕丹，亦與其論齊襄公有同樣的問題。而燕國對於性的共有制維持較久，則於此可見。燕亦是濱海之地。然則自東南互於東北，土性肥沃，水利豐饒，農漁二業興盛之地，內婚制及母系氏族，都是維持較久的。父系氏族，當起於獵牧之民。由此可見一切社會制度，皆以經濟狀況為其根本原因。

人類對於父母親族，總只能注意其一方，這是無可如何的。所以在母系氏族內，父方的親族，並不禁止結婚；在父系氏族內，母方的親族亦然；且有兩個氏族，世為婚姻的。中國古代，似亦如此。所以夫之父與母

之兄弟同稱（舅）。夫之母與父之姊妹同稱（姑）。可見母之兄弟，所娶者即父之姊妹（並非親姊妹，不過同氏族的姊妹行而已）。而我之所嫁，亦即父之氏族中之男子，正和我之母與我之父結婚同。古代氏族，又有在氏族之中，再分支派的。如甲乙兩部族，各分為一二兩組。甲一之女，必與乙二之男結婚，生子則屬於甲二。甲二之女，必與乙一之男結婚，生子則屬於甲一。乙組的女子亦然（此是最簡單的例子，實際還可以更繁複）。如此，則祖孫為同族人，父子則否。中國古代，似亦如此。所以祭祀之禮：「孫可以為王父屍，子不可以為父屍。」（《禮記・曲禮》）。殤與無後者，必從祖祔食，而不從父祔食（《禮記・曾子問》）。

近親結婚，在法律上本有禁令的，並不限於父系。如《清律》：「娶己之姑舅兩姨姊妹者，杖八十，並離異。」即是。然因這種風俗，根深柢固，法律就成為具文了。

古代所謂同姓，是自認為出於同一始祖的。在父系氏族，則為男子，在母系氏族，則為女子。雖未必確實，他們固自以為如此。同姓與否和血緣的遠近，可謂實無關係。然他們認為同姓則同德，不可結婚，異姓則異德，可以結婚，理由雖不確實，辦法尚覺一致。至後世所謂同姓，則並非同出於一源；而同出於一源的，卻又不必同姓。如王莽，以姚、媯、陳、田皆黃、虞後，與己同姓，令元城王氏，勿得與四姓相嫁娶（《漢書・莽傳》）。而王、孫咸，以得姓不同，其女轉嫁為莽妻（《漢書・莽傳》）。這種關係，後世都置諸不論了。所謂同姓異姓，只是以父系的姓字面上的同異為據，在理論上，可謂並無理由，實屬進退失據。此因同姓不婚之制，已無靈魂，僅剩軀殼之故。總而言之，現在的所謂姓氏，從各方面而論，都已毫無用處，不過是社會組織上的老廢物罷了。參看下章自明。

婚禮中的聘禮，即是買賣婚的遺跡，古禮稱為「納征」。《禮記・內則》說：「聘則為妻，奔則為妾」；〈曲禮〉說：「買妾不知其姓則卜之」。則買

妾是真給身價的，聘妻雖具禮物，不過僅存形式，其意已不在於利益了。

　　古代婚禮傳於後世的，為《儀禮》中的〈士昏禮〉。其節目有六：即（一）納采（男氏遣使到女氏去求婚）。（二）問名（女氏許婚之後，再請問許婚的是哪一位小姐？因為納采時只申明向女氏的氏族求婚，並未指明哪一個人之故）。（三）納吉（女氏說明許婚的是哪一位小姐之後，男氏歸卜之於廟。卜而得吉，再使告女氏）。（四）納征（亦謂之納幣。所納者是玄纁束帛及儷皮）。（五）請期（定吉日。吉日為男氏所定，三請於女氏，女氏不肯定，然後告之）。（六）親迎（新郎親到女氏。執雁而入，揖讓升堂，再拜奠雁。女父帶著新娘出來，交給他。新郎帶著新娘出門。新娘升車，新郎親為之馭。車輪三轉之後，新郎下車，由馭者代馭。新郎先歸，在門首等待。新娘車至，新郎揖之而入。如不親迎的，則新郎三月後往見舅姑。親迎之禮，儒家贊成，墨家是反對的，見《禮記·哀公問》、《墨子·非儒篇》）。是為六禮。親迎之夕，共牢而食，合巹而酳（古人的宴會，豬牛羊等，都是每人一份的。夫妻則兩個人合一份，是謂同牢。把一個瓢破而為兩，各用其半，以為酒器，是為合巹。這表示「合體，同尊卑」的意思）。其明天，「贊婦見於舅姑」。又明天，「舅姑共饗婦」。禮成之後，「舅姑先降自西階（賓階）。婦降自阼階」（東階，主人所行。古人說地道尊右，故讓客人走西階）。表明把家事傳給她，自己變作客人的意思。此禮是限於適婦的，謂之「著代」，亦謂之「授室」。若舅姑不在，則三月而後廟見。《禮記·曾子問》說：「女未廟見而死，歸葬於女氏之黨，示未成婦。」諸侯嫁女，亦有致女之禮，於三月之後，遣大夫操禮而往，見《公羊·成公九年》。何《注》說：「必三月者，取一時，足以別貞信。」然則古代的婚禮，是要在結婚三個月之後，才算真正成立的。若在三月之內分離，照禮意，還只算婚姻未完全成立，算不得離婚。這也可見得婚姻制度初期的疏鬆。

禮經所說的婚禮，是家族制度全盛時的風俗，所以其立意，全是為家族打算的。《禮記‧內則》說：「子甚宜其妻，父母不說，出。子不宜其妻，父母曰：是善事我，子行夫婦之禮焉，沒身不衰。」可見家長權力之大。〈昏義〉說：「成婦禮，明婦順，又申之以著代，所以重責婦順焉也。婦順也者，順於舅姑，和於室人，而後當於夫；以成絲麻布帛之事；以審守委積蓋藏。是故婦順備而後內和理，內和理而後家可長久也，故聖王重之。」尤可見娶婦全為家族打算的情形。〈曾子問〉說：「嫁女之家，三夜不息燭，思相離也。」這是我們容易了解的。又說：「取婦之家，三日不舉樂，思嗣親也。」此意我們就不易了解了。原來現代的人，把結婚看作個人的事情，認為是結婚者的幸福，所以多有歡樂的意思。古人則把結婚看作為家族而舉行的事情，兒子到長大能娶妻，父母就近於凋謝了，所以反有感傷的意思。〈曲禮〉說：「昏禮不賀，人之序也。」也是這個道理。此亦可見當時家族主義的昌盛，個人價值全被埋沒的一斑。

在這個時代，女子遂成為家族的奴隸，奴隸是需要忠實的，所以貞操就漸漸地被看重。「貞婦」二字，昉見於《禮記‧喪服四制》。春秋時，魯君的女兒，有一個嫁給宋國的，稱為宋伯姬。一天晚上，宋國失火，伯姬說：「婦人夜出，必待傅姆。」（傅姆是老年的男女侍從。必待傅姆，是不獨身夜行，以避嫌疑的意思。）傅姆不至，不肯下堂，遂被火燒而死。《春秋》特書之，以示獎勵（《公羊‧襄公三十年》）。此外儒家獎勵貞節之說，還有許多，看劉向的《列女傳》可知。劉向是治魯詩的，《列女傳》中，有許多是儒家相傳的詩說。秦始皇會稽刻石說：「飾省宣義，有子而嫁，倍死不貞。防隔內外，禁止淫佚，男女潔誠。夫為寄豭，殺之無罪，男秉義程。妻為逃嫁，子不得母，咸化廉清。」案《管子‧八觀篇》說：「閭閈無闔，外內交通，則男女無別矣。」又說：「食谷水，巷鑿井；場圃接，樹木茂；宮牆毀壞，門戶不閉，外內交通；則男女之別，無自正

矣。」（《漢書・地理志》說：鄭國土陋而險，山居穀汲，男女亟聚會，
故其俗淫）。這即是秦始皇所謂「防隔內外」，乃是把士大夫之家，「深
宮固門，閽寺守之，男不入，女不出」的制度（見《禮記・內則》），推
廣到民間去。再嫁未必能有什麼禁令，不過宣布其是「倍死不貞」，以示
恥辱，正和獎勵貞節用意相同。「寄豭」是因奸通而寄居於女子之家的，
殺之無罪；妻為逃嫁，則子不得母；其制裁卻可謂嚴厲極了。壓迫階級所
組織的國家，其政令，自然總是為壓迫階級服務的。

　　雖然如此，羅馬非一日之羅馬，古代疏鬆的婚姻制度，到底非短期間
所能使它變得十分嚴緊的。所以表顯於古書上的婚姻，要比後世自由得
多。《左傳・昭西元年》，載鄭國徐吾犯之妹美，子南業經聘定了她，子
晳又要強行納聘。子晳是個強宗，國法奈何不得他。徐吾犯乃請使女自
擇，以資決定。這雖別有用意，然亦可見古代的婚嫁，男女本可自擇。不
過「男不親求，女不親許」（見《公羊・僖公十四年》），必須要有個媒
妁居間；又必須要「為酒食以召鄉黨僚友」（《禮記・曲禮》），以資證明
罷了。婚約的解除，也頗容易。前述三月成婦之制，在結婚三個月之後，
兩造的意見覺得不合，仍可隨意解除。這在今日，無論哪一國，實都無此
自由。至於尚未同居，則自然更為容易。《禮記・曾子問》說：「昏禮：既
納幣，有吉日，女之父母死，則如之何？孔子曰：婿使人吊。如婿之父母
死，則女之家亦使人吊。婿已葬，婿之伯父，致命女氏曰：某之子有父母
之喪，不得嗣為兄弟，使某致命。女氏許諾，而弗敢嫁，禮也。婿免喪，
女之父母使人請，婿弗取而後嫁之，禮也。女之父母死，婿亦如之。」一
方等待三年，一方反可隨意解約，實屬不近情理。迂儒因生種種曲說。其
實這只是《禮記》文字的疏忽。孔子這種說法，自為一方遭喪而一方無意
解約者言之。若其意欲解約，自然毫無限制。此乃當然之理，在當日恐亦
為常行之事，其事無待論列，故孔子不之及。記者貿然下了「而弗敢嫁，

禮也」六字，一似非等待不可的，就引起後人的誤會了。離婚的條件，有所謂七出，亦謂之七棄（無子；淫佚；不事舅姑；口舌；盜竊；嫉妒；惡疾）。又有所謂三不去（嘗更三年喪不去；賤取貴不去；有所受無所歸不去）。與五不娶並列（喪婦長女；世有惡疾；世有刑人；亂家女；逆家女）。見於《大戴禮記·本命篇》和《公羊·莊公二十七年》何《注》，皆從男子方面立說。此乃儒家斟酌習俗，認為義所當然，未必與當時的法律習慣密合。女子求去，自然也有種種條件，為法律習慣所認許的，不過無傳於後罷了。觀漢世婦人求去者尚甚多（如朱買臣之妻等），則知古人之於離婚初不重視。夫死再嫁，則尤為恆事。這是到宋以後，理學盛行，士大夫之家，更看重名節，上流社會的女子，才少有再嫁的，前代並不如此。《禮記·郊特牲》說：「一與之齊，終身不改，故夫死不嫁。」這是現在講究舊禮教的迂儒所樂道的。然一與之齊，終身不改，乃是說不得以妻為妾，並非說夫死不嫁。《白虎通義·嫁娶篇》引〈郊特牲〉，並無「故夫死不嫁」五字；鄭《注》亦不及此義；可見此五字為後人所增。鄭《注》又說「齊或為醮」，這字也是後人所改的。不過鄭氏所據之本，尚作「齊」字，即其所見改為醮字之本，亦尚未竄入「故夫死不嫁」五字罷了。此可見古書逐漸竄改之跡。

後世男子的權利，愈行伸張，則其壓迫女子愈甚。此可於其重視為女時的貞操，及其賤視再醮婦見之。女子的守貞，實為對於其夫之一種義務。以契約論，固然只在婚姻成立後、持續時為有效；以事實論，亦只須如此。所以野蠻社會的風俗，無不是如此的，而所謂文明社會，卻有超過這限度的要求。這沒有別的原因，不過男權社會的要求更進一步而已。女子的離婚，在後世本比古代還難，因為古代的財產，帶家族共有的意思多，一家中人，當然都有享受之分。所以除所謂有所受無所歸者外，離婚的女子，都不怕窮無所歸。後世的財產，漸益視為個人所有，對於已嫁大

歸之女，大都不願加以扶養；而世俗又賤視再醮之婦，肯娶者少；棄婦
的境遇，就更覺淒慘可憐了。法律上對於女子亦未嘗加以保護，如《清
律》：「凡妻無應出及義絕之狀而出之者，杖八十。雖犯七出，有三不去
而出之者，減二等，追還完聚。」似乎是為無所歸的女子特設的保護條
文。然追還完聚之後，當如何設法保障，使其不為夫及夫之家族中人所
虐待，則絕無辦法。又說：「若夫妻不相和諧而兩願離者不坐。」不相和
諧，即可離異，似極自由。然夫之虐待其妻者，大都榨取其妻之勞力以自
利，安能得其願離？離婚而必以兩願為條件，直使被虐待者永無脫離苦海
之日。而背夫私逃之罪，則是「杖一百，從夫嫁賣」。被虐待的女子，又
何以自全呢？徹底言之：現在所謂夫婦制度，本無維持的價值。然進化
非一蹴所可幾，即制度非旦夕所能改。以現在的立法論，在原則上當定：
（一）離婚之訴，自妻提出者無不許；（二）其生有子女者，撫養歸其母，
費用則由其父負擔；（三）夫之財產中，其一部分應視為其妻所應得，離
婚後當給與其妻；（四）夫妻異財者勿論。其同財者，嫁資應視為妻之私
財，離婚時給還其妻；其業經銷用者應賠償。這固然不是根本解決的辦
法，然而在今日，立法上亦只得如此了。而在今日，立法上亦正該如此。

　　古書中所載的禮，大抵是父系家庭時代的習慣風俗。後世社會組織，
迄未改變，所以奉其說為天經地義。而因這種說法被視為天經地義之故，
亦有助於維持這個制度。天下事原總是互為因果的，但古書中的事實，
足以表示家族主義形成前的制度的亦不少，此亦不可不注意。《禮記·禮
運》：「合男女，頒爵位，必當年德。」《管子·幼官篇》，亦有「合男
女」之文。合男女，即《周禮》媒氏及《管子·入國篇》的合獨之政。
《周禮》媒氏：「凡男女自成名以上，皆書年月日名焉。令男三十而娶，
女二十而嫁。中春之月，令會男女。於是時也，奔者不禁（謂不備聘娶之
禮，說見下）。司男女之無夫家者而會之。」合獨為九惠之政之一。其文

云：「取鰥寡而和合之，與田宅而家室之，三年然後事之。」此實男女妃合，不由家族主持，而由部族主持之遺跡。其初蓋普遍如此。到家族發達之後，部族於通常之結婚，才置諸不管，而只干涉其違法者，而救濟其不能婚嫁者了。

當男女婚配由部族主持之世，結婚的年齡和每年中結婚的季節，都是有一定的。婚年：儒家的主張，是男三十而娶，女二十而嫁。《禮記·曲禮》、〈內則〉等篇，都是如此。《大戴禮記·本命篇》說，這是中古之禮。太古五十而室，三十而嫁。《墨子》（〈節用〉）、《韓非子》（〈外儲說右下〉）則說男二十而娶，女十五而嫁。結婚的年齡，當然不能整齊畫一。王肅說：男十六而精通，女十四而能化，自此以往，便可結婚；所謂三十、二十等，乃系為之極限，使不可過。又所謂男三十，女二十，不過大致如此，並非必以三十之男配二十之女，其說自通（見《詩經·摽有梅疏》）。《大戴禮》說：「三十而室，二十而嫁，天子庶人同禮。」《左傳》說：「天子十五而生子；三十而室，乃庶人之禮。」（《五經異義》）貴族生計，較庶人為寬裕，結婚年齡，可以提早，說亦可通。至《墨子》、《韓非子》之說，則是求蕃育人民之意，古代這種政令甚多，亦不足怪。所可怪者，人類生理今古相同，婚配的要求，少壯之時，最為急切，太古時何以能遲至五十、三十？案羅維（Robert H. Lowie）所著的《初民社會》（呂叔湘譯，商務印書館本），說巴西的波洛洛人（Bororo），男女性交和結婚，並非一事。當其少年時，男女之間，早已發生性的關係，然而常是過著浪漫的生活，並不專於一人。倒是年事較長，性慾較淡，彼此皆欲安居時，才擇定配偶，相與同居。按人類的性質，本是多婚的。男女同居，乃為兩性間的分工互助，實與性慾無甚關係。波洛洛人的制度，實在是較為合理的。社會制度，往往早期的較後期的為合理（這是因以往的文化，多有病態，時期愈晚，病態愈深之故）。中國太古之世，婚年較晚的

理由，也可以借鑑而明瞭。人類性慾的開始，實在二七、二八之年，自此以往，更閱數年，遂臻極盛（這是中國古說，見《素問・上古天真論》。《大戴禮記》、《韓詩外傳》、《孔子家語》等說皆同）。根於生理的欲念，宜宣洩不宜壓抑。壓抑之，往往為精神病的根源。然後世將經濟上的自立，責之於既結婚的夫婦，則非十餘齡的男女所及；又教養子女之責，專由父母任之，亦非十餘齡的男女所能；遂不得不將結婚的年齡展緩。在近代，並有因生計艱難，而抱獨身主義的。性慾受壓抑而橫溢，個人及社會兩方面，均易招致不幸的結果，這亦是社會制度與人性不能調和的一端。倘使將經濟及兒童教養的問題和兩性問題分開，就不至有此患了。所以目前的辦法在以節育及兒童公育，以救濟遲婚及獨身問題。結婚的季節，《春秋繁露》說：「霜降逆女，冰泮殺止（〈循天之道篇〉）。」《荀子》同（〈大略篇〉）。王肅說：自九月至正月（見《詩經・綢繆疏》）。其說良是。古人冬則居邑，春則居野（參看第六章、第十四章）。結婚的月分，實在是和其聚居的時期相應的。仲春則婚時已過，至此而猶不克婚，則其貧不能備禮可知，所以奔者不禁了。

多妻之源，起於男子的淫侈。生物界的事實，兩性的數目，常大略相等。婚姻而無禁例，或雖有禁例而不嚴密則已，若既限定對於法定的配偶以外不許發生性的關係，而又有若干人欲多占異性為己有，則有多占的人，即有無偶的人。所以古今中外，有夫婦之制的社會，必皆以一夫一妻為原則。但亦總有若干例外。古代貴族，妻以外發生性的關係的人有兩種：一種是妻家帶來的，謂之媵；一種是自己家裡所固有的，謂之妾（後世媵之實消滅，故其名稱亦消滅，但以妾為配偶以外發生性的關係之人之總稱）。媵之義為送，即妻家送女的人（並不限於女子，如伊尹為有莘氏媵臣是），與婿家跟著新郎去迎接新娘的禦相同。媵禦的原始，實猶今日結婚時之男女儐相，本無可發生性的關係的理由。後來有特權的男子，不

止娶於一家，正妻以外的旁妻，無以名之，亦名之曰媵，媵遂有正妻以外之配偶之義。古代的婚姻，最致謹於輩行，而此規則，亦為有特權者所破壞。娶一妻者，不但兼及其娣，而且兼及其姪，於是有諸侯一娶九女之制。取一國則二國往媵，各以姪娣從。一娶九女之制，據《白虎通義·嫁娶篇》說，天子與諸侯同。亦有以為天子娶十二女的，如《春秋繁露·爵國篇》是。這恐怕是以天子與諸侯同禮為不安而改之。其實在古代，天子諸侯，在實際上，未必有多大的區別。《禮記·昏義》末節說：「天子有一后，三夫人，九嬪，二十七世婦，八十一御妻。」案〈昏義〉為《儀禮·士昏禮》之傳，傳文皆以釋經，獨〈昏義〉此節，與經無涉，文亦不類傳體，其說在他處又無所見；而適與王莽立后，備和、嬪、美、禦，和人三，嬪人九，美人二十七，御人八十一之制相合（見《漢書·莽傳》）。其為後人竄入，自無可疑。〈冠義〉說：「無大夫冠禮而有其昏禮？古者五十而後爵，何大夫冠禮之有？」五十而後娶，其為再娶可知。諸侯以一娶九女之故，不得再娶（《公羊·莊公十九年》）。大夫若亦有媵，安得再娶？管氏有三歸，孔子譏其不儉（《論語·八佾》：「包咸云：三歸，娶三姓女。」），即是譏其僭人君之禮。所以除人君以外，是絕無媵的。至於妾，則為家中的女子，得與家主相接之義。家族主義發達的時代，門以內的事情，國法本不甚干涉。家主在家庭中的地位，亦無人可以制裁他。家中苟有女奴，家主要破壞她的貞操，自無從加以制裁。所以有妾與否，是個事實問題，在法律上，或者並無限制。然而，古代依身分而立別的習慣是非常多的，或有限制，亦未可知。後世等級漸平，依身分而立區別的習慣大半消除，娶妾遂成為男子普遍的權利了。雖然如此，法律上仍有依身分之貴賤，而定妾之有無多寡的。如《唐書·百官志》：「親王有孺人二人，媵十人；二品媵八人；國公及三品媵六人；四品媵四人；五品媵三人。」《明律》：「其民年四十以上無子者，方聽娶妾，違者笞四十。」但

這種法律，多成具文，而在事實上，則多妻之權利，為富者所享受。嫡庶之別，古代頗嚴。因為古代等級本來嚴峻，妻和妾一出於貴族，一出於賤族，其在社會上的身分，本相懸殊之故。後世等級既平，妻妾之身分，本來的相差，不如前代之甚，所以事實上貴賤之相差亦較微。僅在法律上、風俗上，因要維持家庭間的秩序，不得不略存區別而已。

《顏氏家訓》說：「江左不諱庶孽，喪室之後，多以妾勝終家事。河北鄙於側室，不預人流，是以必須重娶，至於三四。」這是江左猶沿古代有勝不再娶的舊風，河北就蕩然了。但以妾勝終家事，必本有妾勝而後能然；如其無之，自不能不再娶；再娶自不能視之為妾。《唐書·儒學傳》說：「鄭餘慶廟有二妣，疑於祔祭，請於有司。博士韋公肅議曰：『古諸侯一娶九女，故廟無二嫡。自秦以來有再娶，前娶後繼皆嫡也，兩祔無嫌。』」自秦以來有再娶，即因封建破壞，無復一娶九女及三歸等制度之故。韋公肅之議，為前娶後繼，皆為嫡室禮文上的明據。但從禮意上說，同時不能有二嫡的，所以世俗所謂兼祧雙娶，為法律所不許（大理院解釋，以後娶者為妾）。

人類的性質，本來是多婚的（男女皆然）。雖由社會的勢力加以壓迫，終不能改變其本性，所以壓迫之力一弛，本性隨即呈露。在現代社會制度之下，最普遍而易見的，是為通姦與賣淫。通姦，因其為祕密之事，無從統計其多少。然而就現代社會和歷史記載上觀察，實可信其極為普遍。賣淫亦然。社會學家說：「凡是法律和習慣限制男女性交之處，即有賣淫之事隨之出現。」史家推原賣淫之始，多以為起於宗教賣淫。王書奴著《中國娼妓史》（生活書店本），亦力主此說。然則原始宗教界中淫亂的現象，實未可稱為賣淫。因為男女的交際，其初本極自由，後來強橫的男子，雖把一部分女子占為己有，然只限於平時，至於眾人集會之時，則仍須回復其故態。所以各個民族，往往大集會之時，即為男女混雜之際。

如鄭國之俗，三月上巳之日，於溱洧兩水之上，招魂續魄，拂除不祥，士女往觀而相謔（《韓詩》說，據陳喬樅《三家詩遺說考》）。《史記·列傳》載淳于髡說：「州閭之會，男女雜坐。行酒稽留，六博投壺，相引為曹。握手無罰，目眙不禁。前有墮珥，後有遺簪。」「日暮酒闌，合尊促坐。男女同席，履舄交錯，杯盤狼籍。堂上燭滅，主人留髡而送客，羅襦襟解，微聞薌澤。」又如前文所引的燕國「嫁娶之夕，男女無別」都是。宗教上的寺院等，也是大眾集會之地，而且是聖地，其地的習慣，是不易破壞的。《漢書·禮樂志》說：漢武帝立樂府，「采詩夜誦」。顏師古《注》說：「其言辭或祕，不可宣露，故於夜中歌誦。」案《後漢書·高句驪傳》說：「其俗淫，暮夜輒男女群聚為倡樂。」高句驪是好祠鬼神的，而樂府之立，亦和祭禮有關。然則采詩夜誦，怕不僅因其言辭或祕吧？男女混雜之事，後世所謂邪教中亦恆有之。正和邪有何標準？不過古代之俗，漸與後世不合，則被視為邪而已。然則宗教中初期的淫亂，實不可謂之賣淫。不過限制男女交際的自由，往往與私有財產制度伴隨而起。既有私有財產，自有所謂買賣；既有所謂買賣，淫亦自可為買賣的標的。在此情形之下，本非買賣之事，變為買賣的多了，亦不僅淫之一端。

賣淫的根源，舊說以為起於齊之女閭。其事見於《戰國策》的〈東周策〉。〈東周策〉載一個辯士的話道：「國必有誹譽。忠臣令誹在己，譽在上。齊桓公宮中七市，女閭七百，國人非之，管仲故為三歸之家，以掩桓公非，自傷於民也。」則市與女閭，確為淫樂之地。《商君書·墾令篇》說：「令軍市無有女子。」又說：「輕惰之民，不遊軍市，則農民不淫」，亦市為淫樂之地之一證。女閭則他處無文。案《太平御覽》引《吳越春秋》說：「勾踐輸有過寡婦於山上，使士之憂思者遊之，以娛其意」（今本無），亦即女閭之類。女閭，蓋後世所謂女戶者所聚居。女戶以女為戶主，可見其家中是沒有壯男的。《周禮·內宰》：「凡建國，佐後立市。」

《左傳‧昭公二十年》，晏嬰說：「內寵之妾，肆奪於市」；則古代的市，本由女子管理。所以到後來，聚居市中的女子還很多。市和女閭，都不過因其為女子聚居之所，遂成為縱淫之地罷了。其初，也未必是賣淫的。

　　賣淫的又一來源，是為女樂。女樂是貴族家裡的婢妾，擅長歌舞等事的，令其「執技以事上」。婢妾的貞操，本來是沒有保障的，自不因其為音樂隊員而有異。封建制度破壞，貴族的特權為平民所僭者甚多，自將流布於民間。《史記‧貨殖列傳》說：趙國的女子，「鼓鳴瑟，跕屣（現在的拖鞋，在古時為舞屣），游媚貴富，入後宮，遍諸侯。」「鄭、衛俗與趙相類。」又說：「今夫趙女鄭姬，設形容，揳鳴琴，揄長袂，躡利屣，目挑心招，出不遠千里，不擇老少者，奔富厚也。」即其事。倡伎本來是對有技藝的人的稱謂，並非專指女子。所以女子有這種技藝的，還特稱為女伎。然而其實是性的誘惑的成分多，欣賞其技藝的成分少。於是倡伎轉變為女子賣淫者的稱謂，其字也改從女旁了（即娼妓。男子之有技藝者，不復稱倡伎）。為倡伎之女子，本屬婢妾之流，故自古即可買賣。《戰國策‧韓策》說「韓賣美人，秦買之三千金」其證。後世當娼妓的，也都是經濟上落伍的人，自然始終是可以買賣的了。資本的勢力愈盛，遂並有買得女子，使操淫業以謀利的。古代的女伎，是婢妾所為，後世政治上還沿襲其遺制，是為樂戶，是以罪人家屬沒入者為之。唐時，其籍屬於太常，其額設的樂員，屬於教坊司。這是國家的女樂隊員，但因其本為賤族，貞操亦無保障，官員等皆可使之執技薦寢以自娛，是為官妓。軍營中有時亦有隨營的女子，則謂之營妓。民間女子賣淫的，謂之私娼。在本地的稱土娼，在異鄉的稱流娼。清世祖順治十六年，停止教坊女樂，改用內監；世宗雍正七年，改教坊司為和聲署。是時各地方的樂戶，亦皆除籍為民。於是在法律上除去一種賤族，亦無所謂官妓。但私娼在當時則是無從禁止的。律例雖有「舉貢生員，宿娼者斥革」的條文，亦不過為管束舉、貢、

生員起見而已，並非禁娼。

　　古代掠奪婚姻的習慣，仍有存於後世的。趙翼《陔餘叢考》說：「村俗有以婚姻議財不諧，而糾眾劫女成婚者，謂之搶親。《北史·高昂傳》：昂兄乾，求博陵崔聖念女為婚，崔不許。昂與兄往劫之。置女村外，謂見日：何不行禮？於是野合而歸。是劫婚之事，古亦有之。然今俗劫婚，皆已經許字者，昂所劫則未字，固不同也。」案《清律》：「凡豪勢之人，強奪良家妻女，奸占為妻妾者絞。配與子孫、弟侄、家人者，罪亦如之。」此指無婚姻契約而強搶的。又說：「應為婚者，雖已納聘財，期未至，而男家強娶者，笞五十。」（指主婚人）「女家悔盟，男家不告官司強搶者，照強娶律減二等。」此即趙氏所謂已經許字之女，照法律亦有罪，但為習俗所囿，法律多不能實行。又有男女兩家，因不能負擔結婚時的費用，私相協議，令男家以強搶的形式出之的。則其表面為武力的，內容實為經濟的了。搶孀等事，亦自古即有。《潛夫論·斷訟篇》云：「貞潔寡婦，遭直不仁世叔、無義兄弟，或利其聘幣，或貪其財賄，或私其兒子，則迫脅遣送，有自縊房中，飲藥車上，絕命喪軀，孤捐童孩者。」又有「後夫多設人客，威力脅載者」。這其中，亦含有武力的、經濟的兩種成分。

　　買賣婚姻，則無其名而有其實。〈斷訟篇〉又說：「諸女一許數家，雖生十子，更百赦，勿令得蒙一，還私家，則此奸絕矣。不則髡其夫妻，徙千里外劇縣，乃可以毒其心而絕其後。」《抱樸子·弭訟篇》述其姑子劉士由之論說：「末世舉不修義，許而弗與。訟閱穢縟，煩塞官曹。今可使諸爭婚者，未及同牢，皆聽義絕，而倍還酒禮，歸其幣帛。其嘗已再離，一倍裨聘（裨即現在賠償的賠字）。其三絕者，再倍裨聘。如此，離者不生訟心，貪者無利重受。」葛洪又申說自己的意見道：「責裨聘倍，貧者所憚，豐於財者，則適其願矣。後所許者，或能富殖，助其裨聘，必所甘心。然則先家拱默，不得有言，原情論之，能無怨嘆乎？」葛洪之

意，要令「女氏受聘，禮無豐約（謂不論聘財多少），皆以即日報版。又使時人署姓名於別版，必十人以上，以備遠行及死亡。又令女之父兄若伯叔，答婿家書，必手書一紙。若有變悔而證據明者，女氏父母兄弟，皆加刑罰罪」。可見漢晉之世買賣婚姻之盛。後世契約效力較強，無人敢做這種事，但嫁女計較聘禮，娶妻覬覦妝奩，其內容還是一樣的，此非經濟制度改變，無法可以改良了。

後世的婚姻，多全由父母做主，本人概不與聞，甚至有指腹為婚等惡習（見《南史・韋放傳》。案《清律》，指腹為婚有禁）。這誠然是很壞的。然論者遂以夫婦之道苦，概歸咎於婚姻的不自由，則亦未必其然。人之性，本是多婚的，男女皆然，所以愛情很難持之永久。即使結婚之時，純出兩情愛慕，絕無別種作用摻雜其間，尚難保其永久，何況現在的婚姻，有別種作用摻雜的且居多數呢？欲救夫婦道苦之弊，與其審慎於結婚之時，不如寬大於離婚之際。因為愛情本有變動，結婚時無論如何審慎，也控制不住後來的變化的。習俗所以重視離婚，法律也盡力禁阻，不過是要維持家庭。然而家庭制度，實在不是怎麼值得維持的東西，參看下章可明。

統觀兩性關係，自氏族時代以後，即已漸失其正常。其理由：因女子在產育上所負的責任較男子為多，因而其鬥爭的力量較男子為弱。不論在人類憑恃武力相鬥爭，或憑恃財力相鬥爭的時代，女子均漸淪於被保護的地位，失其獨立而附屬於男子。社會的組織，宜於寬平坦蕩，個人與總體之間，若多設等級，使這一部分人隸屬於那一部分人，那就要逐漸產生不公平的制度，積久而其弊愈深了。近代女權的漸漸伸張，實因工業革命以來，女子漸加入社會的機構，非如昔日蟄居家庭之中，專做輔助男子的事情之故。女子在產育上多盡了責任，男子就該在別一方面多盡些義務，這是公道。乘此機會壓迫女子，多占權利，是很不正當的。而欲實行公道，

則必自剗除等級始。所以有人說：社群制度是女子之友，家庭制度是女子之敵。然則「女子回到家庭去」的口號，當然只有開倒車的人才會去高呼了。人家都說現在的女學生壞了，不如從前舊式的女子，因其對於家政生疏了，且不耐煩。殊不知這正是現代女子進步的徵兆。因為對於家政生疏，對於參與社會的工作，卻熟練了。這正是小的、自私的、自利的組織，將逐漸破壞；大的、公平的、博愛的制度，將逐漸形成的徵兆。賢母良妻，只是賢奴良隸。這種教育，亦只好落伍的國家去提倡。我們該教一切男女以天下為公的志願，廣大無邊的組織。

第一章　婚姻

第二章　族制

　　人是非團結不能生存的。當用何法團結呢？過去的事情，已非我們所能盡知；將來的事情，又非我們所能預料。我們現在只能就我們所知道的，略加述說而已。

　　在有史時期，血緣是人類團結的一個重要因素。人恆狃於其所見聞，遂以此為人類團結唯一的因素，在過去都是如此，在將來也非如此不可了。其實人類的團結，並非是專恃血緣的。極遠之事且勿論，即上章所說的以年齡分階層之世，亦大致是分為老、壯、幼三輩（間有分為四輩的，但以分做三輩為最普通。《禮記‧禮運》說：「使老有所終，壯有所用，幼有所長」；《論語‧雍也篇》說：「老者安之，朋友信之，少者懷之」；亦都是分為三輩），而不再問其人與人之間的關係的。當此之時，哪有所謂夫婦、父子、兄弟之倫呢？《禮記‧禮運》說：大同之世，「人不獨親其親，不獨子其子」，《左傳》載富辰的話，也說：「大上以德撫民，其次親親，以相及也」（〈僖公二十四年〉）。可見親族關係，是後起的情形了。

　　人類愈進步，則其分化愈甚，而其組織的方法亦愈多。於是有所謂血族團體。血族團體，其初必以女子為中心。因為夫婦之倫未立，父不可知；即使可知，而父子的關係，亦不如母子之密之故（如上章所述）。人類實在是社群動物，而非家庭動物，所以其聚居，並不限於兩代。母及同母之人以外，又有母的母，母的同母等；自己而下推，亦是如此；逐漸成為母系氏族。每一個母系氏族，都有一個名稱，是即所謂姓。一姓總有一個始祖母的，如殷之簡狄，周之姜嫄即是。簡狄之子契，姜嫄之子稷，都是無父而生的。因為在傳說中，這種始祖母本來無夫之故。記載上又說她倆都是帝嚳之妃，一定是後來附會的（契、稷皆無父而生，見《詩經‧玄鳥》、〈生民〉。《史記‧殷周本紀》所載，即是《詩經》所說。據陳喬樅《三家詩遺說考》所考證，太史公是用魯詩說的。姜嫄、簡狄，皆帝嚳之妃，見《大戴禮記‧帝系篇》。《史記‧五帝本紀》，亦用其說）。

女系氏族的權力，亦有時在男子手中（參看下章）。此即所謂舅權制。這種權力，大抵兄弟相傳，而不父子相繼。因為兄弟是同氏族人，父子則異氏族之故。中國商朝和春秋時的魯國、吳國，都有兄弟相及的遺跡（魯自莊公以前，都一代傳子，一代傳弟，見《史記·魯世家》）。這是由於東南一帶，母系氏族消滅較晚之故，已見上章。

　　由於生業的轉變，財產和權力都轉入男子手中，婚姻非復男子入居女子的氏族，而為女子入居男子的氏族（見上章）。於是組織亦以男為主，而母系氏族遂變為父系氏族。商周自契、稷以後，即奉契、稷為始祖，便是這種轉變的一件史實。

　　族之組織，是根據於血緣的。血緣之制既興，人類自將根據親等的遠近，以別親疏。一姓的人口漸繁，又行外婚之制，則同姓的人，血緣不必親，異姓的人，血緣或轉相接近。所謂族與姓，遂不得不分化為兩種組織。族制，我們所知道的，是周代的九族：（一）父姓五服以內。（二）姑母和他的兒子。（三）姊妹和他的兒子。（四）女兒和他的兒子；是為父族四。（五）母的父姓，即現在所謂外家。（六）母的母姓，即母親的外家。（七）母的姊妹和她們的兒子，是為母族三。（八）妻之父姓。（九）妻之母姓，是為妻族二。這是漢代今文家之說，見於《五經異義》（《詩經·葛藟疏》引。《白虎通·宗族篇》同）。古文家說，以上自高祖，下至玄孫為九族，此乃秦漢時制，其事較晚，不如今文家所說之古了。然《白虎通義》又載或說，謂堯時父母妻之族各三，周貶妻族以附父族，則今文家所說，亦已非極古之制。《白虎通義》此段，文有脫誤，堯時之九族，無從知其詳。然而觀下文引《詩經》「邢侯之姨」，則其中該有妻之姊妹。總而言之，族制是隨時改變的，然則總是血緣上相近的人，和後世稱父之同姓為族人，混同姓與同族為一不同，則是周以前所同的。九族中人，都是有服的；其無服的，則謂之黨（《禮記·奔喪》鄭

《注》），是為父黨、母黨、妻黨。

同姓的人，因人口眾多，血緣漸見疏遠，其團結是否因此就鬆懈了呢？不。所謂九族者，除父姓外，血緣上雖然親近，卻不是同居的。同姓則雖疏遠而仍同居，所以生活共同，利害亦共同。在同居之時，固有其緊密的組織；即到人口多了，不能不分居，而彼此之間，仍有一定的連結，此即所謂宗法。宗法和古代的社會組織，有極大的關係，今略述其制如下：

（一）凡同宗的人，都同奉一個始祖（均是此始祖之後）。

（二）始祖的嫡長子，為大宗宗子。自此以後，嫡長子代代承襲，為大宗宗子。凡始祖的後人，都要尊奉他，受他的治理；窮困的卻亦可以受他的救濟。大宗宗子和族人的關係，是不論親疏遠近，永遠如此的，是謂大宗「百世不遷」。

（三）始祖之眾子（嫡長子以外之子），皆別為小宗宗子。其嫡長子為繼禰小宗，繼禰小宗的嫡長子為繼祖小宗，繼祖小宗的嫡長子為繼曾祖小宗，繼曾祖小宗的嫡長子為繼高祖小宗。繼禰小宗，親兄弟宗事他（受他治理，亦受他救濟）。繼祖小宗，從兄弟宗事他；繼曾祖小宗，再從兄弟宗事他；繼高祖小宗，三從兄弟宗事他；至四從兄弟，則與繼六世祖之小宗宗子，親盡無服，不再宗事他。是為小宗「五世則遷」（以一人之身論，當宗事與我同高、曾、祖、考四代的小宗宗子及大宗宗子。故曰：「小宗四，與大宗凡五。」）。

（四）如此，則或有無宗可歸的人。但大宗宗子，還是要管理他、救濟他的。而同出於一始祖之人，設或殤與無後，大宗的宗子，亦都得祭祀他。所以有一大宗宗子，則活人的治理、救濟，死人的祭祀問題，都解決了。所以小宗可絕，大宗不可絕。大宗宗子無後，族人都當絕後以後大宗。

以上是周代宗法的大略，見於《禮記·大傳》的。〈大傳〉所說大宗的始祖，是國君的眾子。因為古者諸侯不敢祖天子，大夫不敢祖諸侯（《禮記·郊特牲》謂不敢立其廟而祭之。其實大宗的始祖，非大宗宗子，亦不敢祭。所以諸侯和天子，大夫和諸侯，大宗宗子和小宗宗子，小宗宗子和非宗子，其關係是一樣的），所以國君的眾子，要別立一宗。鄭《注》又推而廣之，及於始適異國的大夫。據此，宗法之立，實緣同出一祖的人太多了，一個承襲始祖的地位的人，管理有所不及，乃不得不隨其支派，立此節級的組織，以便管理。遷居異地的人，舊時的族長，事實上無從管理他。這種組織，自然更為必要了。觀此，即知宗法與封建大有關係。因為封建是要將本族的人分一部分出去的，有宗法的組織，則封之者和所封者之間，就可保持著一種連結了。然則宗法確能把同姓中親盡情疏的人連結在一起。他在九族之中，雖只連結得父姓一族，然而在父姓之中，所連結者，卻遠較九族之制為廣，怕合九族的總數，還不足以敵他；而且都是同居的人，又有嚴密的組織。母系氏族中，不知是否有與此相類的制度；即使有之，其功用怕亦不如父系氏族的顯著。因為氏族從母系轉變到父系，本是和鬥爭有關係的。父系氏族而有此廣大嚴密的組織，自然更能發揮其鬥爭的力量。我們所知，宗法之制以周代為最完備，周這個氏族，在鬥爭上是得到勝利的，宗法的組織，或者也是其中的一個原因。

有族制以團結血緣相近的人，又有宗法以團結同出一祖的人，人類因血族而來的團結，可謂臻於極盛了。然而當其極盛之時，即其將衰之候，這是什麼原因呢？社會組織的變化，經濟實為其中最重要的原因。當進化尚淺之時，人類的互助，幾於有合作而無分工。其後雖有分工，亦不甚繁複。大家所做的事，既然大致相同，又何必把過多的人連結在一起？所以人類連結的廣大，是隨著分工的精密而進展的。分工既密之後，自能將毫不相干的人連結在一起。這種互相倚賴的人，雖然彼此未必相知，然

則必直接間接互相接觸。接觸既繁，前此因不相了解而互相猜忌的感情，就因之消除了。所以商業的興起，實能消除異部族間敵對的感情。分工使個性顯著，有特殊才能的人，容易發揮其所長，獲得致富的機會。氏族中有私財的人逐漸多，買賣婚即於此時成立（說見上章）。於是父權家庭成立了。孟子說：當時農夫之家，是五口和八口。說者以為一夫上父母下妻子；農民有弟，則為餘夫，要另行授田（〈梁惠王〉及〈滕文公〉上篇）。可見其家庭已和現在普通的家庭一樣了。士大夫之家，《儀禮·喪服傳》說大功同財，似乎比農民的家庭要大些。然又說當時兄弟之間的情形道：「有東宮，有西宮，有南宮，有北宮，異居而同財。有餘則歸之宗，不足則資之宗。」則業已各住一所屋子，各有各的財產，不過幾房之中，還保有一筆公款而已。其連結實在是很薄弱的，和農夫的家庭，也相去無幾了。在當時，只有有廣大封土的人，其家庭要大些。這是因為：其一，他的原始，是以一氏族征服異氏族，而食其租稅以自養的，所以宜於聚族而居，常作戰鬥的戒備。只要看《禮記》的〈文王世子〉，就知道古代所謂公族者，是怎樣一個組織了。後來時異勢殊，這種組織，實已無存在的必要。然而既已習為故常，就難於猝然改革。這是一切制度都有這種惰性的。其二，其收入既多，生活日趨淫侈，家庭中管事服役的奴僕以及技術人員非常眾多，其家庭遂特別大。這只要看《周禮》的〈天官〉，就可以知道其情形。然這種家庭，隨著封建的消滅而亦漸趨消滅了。雖不乏新興階級的富豪，其自奉養，亦與素封之家無異，但畢竟是少數。於是氏族崩潰，家庭代之而興。家庭的組織，是經濟上的一個單位，所以是盡相生相養之道的。相生相養之道，是老者需人奉養，幼者需人撫育。這些事，自氏族崩潰後，既已無人負責，而專為中間一輩所謂一夫一婦者的責任，自然家庭的組織，不能不以一夫上父母下妻子為範圍了。幾千年以來，社會的生活情形，未曾大變，所以此種組織，迄今亦未曾改變。

從以上所述，可見族制的變遷，實以生活為其背景；而生活的變遷，則以經濟為其最重要的原因。因為經濟是最廣泛，和社會上個個人都有關係；而且其關係，是永遠持續、無時間斷的，自然對於人的影響異常深刻。各種上層組織，都不得不隨其變遷而變遷；而精神現象，亦受其左右而不自知了。在氏族時代，分工未密，一個氏族，在經濟上，就是一個自給自足的團體，生活既互相倚賴，感情自然容易密切。不但對於同時的人如此，即對於以往的人亦然。因為我所賴以生存的團體，是由前人遺留下來的；一切知識技術等，亦自前輩遞傳給後輩。這時候的人，其生活，實與時間上已經過去的人關係深，而與空間上並時存在的人關係淺。尊祖、崇古等觀念，自會油然而生。這種觀念，實在是生活情形所造成的。後人不知此理，以為這是倫理道德上的當然，而要據之以制定人的生活，那就和社會進化的趨勢背道而馳了。大家族、小家庭等字樣，現在的人用來，意義頗為混淆。西洋人學術上的用語，稱一夫一婦，包括未婚子女的為小家庭；超過於此的為大家庭。中國社會，小家庭和一夫上父母下妻子的家庭，同樣普遍。兄弟同居的，亦自不乏。至於五世同居、九世同居、宗族百口等，則為罕有的現象了。趙翼《陔餘叢考》，嘗統計這種極大的家庭（第四種）。見於正史孝義、孝友傳的：《南史》三人，《北史》十二人，《唐書》三十八人，《五代史》二人，《宋史》五十人，《元史》五人，《明史》二十六人。自然有不在孝義、孝友傳，而散見於他篇的；又有正史不載，而見於他書的；或竟未見記載的。然以中國之大，歷史上時間之長，這種極大的家庭，總之是極少數，則理有可信。這種雖或由於倫理道德的提倡（顧炎武〈華陰王氏宗祠記〉：「至宋程朱諸子卓然有見於遺經，而金元之代，有志者多求其說於南方以授學者。及乎有明之初，風俗淳厚，而愛親敬長之道達諸天下。其能以宗法訓其家人，或累世同居，稱為義門者，亦往往而有。」可見同居之盛，由於理學家的提倡者不少），恐仍以

別有原因者居多（《日知錄》：「杜氏《通典》言：北齊之代，瀛、冀諸劉，清河張、宋，並州王氏，濮陽侯族，諸如此輩，將近萬室。《北史‧薛胤傳》：為河北太守，有韓馬兩姓，各二千餘家。今日中原北方，雖號甲族，無有至千丁者。戶口之寡，族姓之衰，與江南相去夐絕。」陳宏謀〈與楊樸園書〉：「今直省惟閩中、江西、湖南皆聚族而居，族各有祠。」則聚居之風，古代北盛於南，近世南盛於北，似由北齊之世，喪亂頻仍，民皆合族以自衛；而南方山嶺崎嶇之地進化較遲，土著者既與合族而居之時相去未遠；流移者亦須合族而居，互相保衛之故）。似可認為古代氏族的遺跡，或是後世家族的變形。然而氏族所以崩潰，正由家族潛滋暗長於其中。這種所謂義門，縱或有古代之遺，亦必衰頹已甚。況且又有因環境的特別，而把分立的家庭硬行連結起來的，形式是而精神非，其不能持久，自然無待於言了。《後漢書‧樊宏傳》，說他先代三世共財，有田三百餘頃。自己的田地裡，就有陂渠，可以互相灌注。又有池魚、牧畜，有求必給。「營理產業，物無所棄（這是因其生產的種類較多之故）。課役童隸，各得其宜（分工之法）。」要造器物，則先種梓漆，簡直是一個大規模的生產自給自足的團體。歷代類乎氏族的大家族，多有此意。此豈不問環境所可強為？然而社會的廣大，到底非這種大家族所能與之相敵，所以愈到後世，愈到開化的地方，其數愈少。這是類乎氏族的大家族，所以崩潰的真正原因，畢竟還在經濟上。但在政治上，亦自有其原因。因為所謂氏族，不但盡相生相養之責，亦有治理其族眾之權。在國家興起以後，此項權力，實與國權相衝突。所以國家在倫理上，對於這種大家族，雖或加以褒揚，而在政治上，又不得不加以摧折。所謂強宗巨家，遂多因國家的干涉，而益趨於崩潰了。略大於小家庭的家庭（第二、第三種）表面上似為倫理道德的見解所維持（歷代屢有禁民父母在別籍異財等詔令，可參看《日知錄》卷十三〈分居〉條），實則亦為經濟狀況所限制。因為

在經濟上，合則力強，分則力弱。以昔時的生活程度論，一夫一婦，在生產和消費方面，實多不能自立的。儒者以這種家庭之多，誇獎某地方風俗之厚，或且自詡其教化之功，就大謬不然了。然則經濟上雖有此需要，而私產制度，業已深入人心，父子兄弟之間，亦不能無分彼此。於是一方面牽於舊見解，迫於經濟情形，不能不合；另一方面，則受私有財產風氣的影響，而要求分；暗鬥明爭，家庭遂成為苦海。試看舊時倫理道德上的教訓，戒人好貨財、私妻子，而薄父母兄弟之說之多，便知此項家庭制度之岌岌可危。制度果然自己站得住，何須如此扶持呢？所以到近代，除了極迂腐的人外，亦都不主張維持大家庭。如李紱有〈別籍異財議〉，即其一證。至西洋文化輸入，論者更其提倡小家庭而排斥大家庭了。然而小家庭又是值得提倡的嗎？

　　不論何等組織，總得和實際的生活相應，才能持久。小家庭制度是否和現代人的生活相應呢？歷來有句俗話，叫做「養兒防老，積穀防飢」。可見所謂家庭，實以扶養老者、撫育兒童為其天職。然而在今日，像這樣的責任，不但苦於知識之不足（如看護病人，撫養教育兒童，均需專門知識），實亦為其力量所不及（兼日力財力言之，如一主婦不易看顧多數兒童兼操家政；又如醫藥、教育的費用，不易負擔）。在古代，勞力重於資本，丁多即可致富；而在今日，則適成為窮困的原因。因為生產的機鍵，自家庭而移於社會了，多丁不能增加生產，反要增加消費（如紡織事業）。兒童的教育，年限加長了，不但不能如從前，稍長大即為家庭賺錢，反需支出教育費。而一切家務，合之則省力，分之則多費力（如烹調、洗濯）。又因家庭範圍太小，而浪費物質及勞力。男子終歲勞動，所入尚不足以贍其家；女子忙得和奴隸一般，家事還不能措置得妥貼。於是獨身、晚婚等現象，相繼發生。這些都是舶來品，和中國舊俗，大相徑庭，然則不久，其思想即已普遍於中流社會了。凡事切於生活的，總是容

易風行的，從今以後，窮鄉僻壤的兒女，也未必死心塌地甘做家庭的奴隸了。固然，個人是很難打破舊制度，自定辦法的。而性慾出於天然，自能把許多可憐的兒女牽入這個陳舊組織之中，然亦不過使老者不得其養，幼者不遂其長，而仍以生子不舉等人為淘汰之法為救濟罷了。這種現象，固已持續數千年，然而在今日，業經覺悟之後，又何能坐視其如此呢？況且家庭的成立，本是以婦女的奴役為其原因的。在今日個人主義抬頭，人格要受尊重的時代，婦女又何能長此被壓制呢？資本主義的學者，每說動物有雌雄兩性，共同鞠育其幼兒，而其同居期限，亦因以延長的，以為家庭的組織，實根於人類的天性，而無可改變。姑無論其所說動物界的情形並不確實，即使退一步，承認其確實，而人是人，動物是動物。人雖然亦是動物之一，到底是動物中的人，人類的現象，安能以動物界的現象為限？他姑弗論，動物雌雄協力求食，即足以哺育其幼兒；人為什麼有夫婦協力，尚不能養活其子女的呢？別種動物，愛情限於家庭，而人類的愛情，超出於此以外。這正是人之所以為人，人之所以異於動物。論者不知人之愛家，乃因社會先有家庭的組織，使人之愛，以此形式而出現，正猶水之因方而為圭，遇圓而成璧；而反以為人類先有愛家之心，然後造成家庭制度。若將家庭破壞，便要「疾病不養，老幼孤獨，不得其所」（《禮記‧樂記》：「強者脅弱，眾者暴寡；知者詐愚，勇者苦怯；疾病不養，老幼孤獨，不得其所，此大亂之道也。」），這真是倒果為因。殊不知家庭之制，把人分為五口八口的小團體，明明是互相倚賴的，偏使之此疆彼界，處於半敵對的地位，這正是疾病之所以不養，老幼孤獨之所以不得其所。無後是中國人所引為大戚的，論者每說，這是拘於「不孝有三，無後為大」之義（《孟子‧離婁上篇》）。而其以無後為不孝，則是迷信「鬼猶求食」（見《左傳‧宣公四年》），深慮祭祀之絕。殊不知，此乃古人的迷信，今人誰還迷信鬼猶求食來？其所以深慮無後，不過不願其家之絕；所

以不願其家之絕，則由於人總有盡力經營的一件事，不忍坐視其滅亡，而家是中國人所盡力經營的，所以如此。家族之制，固然使人各分畛域，造成互相敵對的情形，然而此自制度之咎，以愛家者之心論：則不但（一）夫婦、父子、兄弟之間，互盡扶養之責。（二）且推及於凡與家族有關係的人（如宗族姻親等）。（三）並且懸念已死的祖宗。（四）以及未來不知誰何的子孫。前人傳給我的基業，我必不肯毀壞，必要保持之，光大之，以傳給後人，這正是極端利他心的表現。利他心是無一定形式的，在何種制度之下，即表現為何種形式。然而我們為什麼要拘制著它，一定只許它在這種制度中表現呢？

　　以上論族制的變遷，大略已具。現再略論繼承之法。一個團體，總有一個領袖。在血緣團體之內，所謂父或母，自然很容易處於領袖地位的。父母死後，亦當然有一個繼承其地位的人。女系氏族，在中國歷史上，可考的有兩種繼承之法：一是以女子承襲財產，掌管祭祀。前章所述齊國的巫兒，即其遺跡。這大約是平時的族長。二是至於戰時及帶有政治性質的領袖，則大約由男子屍其責，而由弟兄相及。殷代繼承之法，是其遺跡。男系氏族，則由父子相繼。其法又有多端：（一）如《左傳·文西元年》所說：「楚國之舉，恆在少者。」這大約因幼子恆與父母同居，所以承襲其遺產（蒙古人之遺產，即歸幼子承襲。其幼子稱斡赤斤，譯言守灶）。（二）至於承襲其父之威權地位，則自以長子為宜，而事實上亦以長子為易。（三）又古代妻妾，在社會上之地位亦大異。妻多出於貴族，妾則出於賤族，或竟是無母家的。古重婚姻，強大的外家及妻家，對於個人，是強有力的外援（如鄭莊公的太子忽，不婚於齊，後來以無外援失位）。對於部族，亦是一個強有力的與國；所以立子又以嫡為宜。周人即是如此。以嫡為第一條件，長為第二條件。後來周代的文化，普行於全國，此項繼承之法，遂為法律和習慣所共認了。然而這只是承襲家長的地位，至於

財產，則總是眾子均分的。《清律》：分析家財、田產，不問妻、妾、婢生，但以子數均分（奸生之子，依子量與半分。無子立繼者，與私生子均分）。所以中國的財產，不因遺產承襲而生不均的問題。這是眾子襲產優於一子襲產之點。

　　無後是人所不能免的，於是發生立後的問題。宗法盛行之世，有一大宗宗子，即生者的扶養、死者的祭祀，都可以不成問題，所以立後問題，容易解決。宗法既廢，勢非人人有後不可，就難了。在此情形之下，解決之法有三：一是以女為後。二是任立一人為後，不問其為同異姓。三是在同姓中擇立一人為後。第一種情況於情理最近，但宗祧繼承，非徒承襲財產，亦兼掌管祭祀。以女為後，是和習慣相反的（春秋時，鄭國以外孫為後，其外孫是莒國的兒子，《春秋》遂書「莒人滅鄭」，見《公羊・襄公五、六年》。按此實在是論國君承襲的，乃公法上的關係，然後世把經義普遍推行之於各方面，亦不管其為公法私法了）。既和習慣相反，則覬覦財產的人，勢必群起而攻，官廳格於習俗，勢必不能切實保護。本欲保其家的，或反因此而發生糾紛，所以勢不能行。其二者即所謂養子，與家族主義的重視血統，而欲保其純潔的趨勢不合。於是只剩得第三的一途。法律欲維持傳統觀念，禁立異姓為後，在同姓中並禁亂昭穆之序（謂必輩行相當，如不得以弟為子等。其實此為古人所不禁，所謂「為人後者為之子」，見《公羊・成公十五年》）。於是欲人人有後益難，清高宗時，乃立兼祧之法，以濟其窮（一人可承數房之祀。生子多者，仍依次序，分承各房之後。依律例：大宗子兼祧小宗，小宗子兼祧大宗，皆以大宗為重，為大宗父母服三年，為小宗父母服期。小宗子兼祧小宗，以本生為重，為本生父母服三年，為兼祧父母服期。此所謂大宗，指長房，所謂小宗，指次房以下，與古所謂大宗小宗者異義。世俗有為本生父母及所兼祧之父母均服三年的，與律例不合）。宗祧繼承之法，進化至此，可謂無遺憾了。

然其間卻有一難題。私有財產之世，法律理應保護個人的產權，他要給誰就給誰，要不給誰就不給誰。為後之子，既兼有承襲財產之權利，而法律上替他規定了種種條件，就不啻干涉其財產的傳授了。於是傳統的倫理觀念和私有財產制度發生了衝突。到底傳統的倫理觀念是個陳舊不切實際的東西，表面上雖然像煞有介事，很有威權，實際上已和現代人的觀念不合了。私有財產制度，乃現代社會秩序的根柢，誰能加以搖動？於是衝突之下，倫理觀念乃不得不敗北而讓步，法律上乃不得不承認所謂立愛，而且多方保護其產權（《清律例》：「繼子不得於所後之親，聽其告官別立。其或擇立賢能，及所親愛者，不許宗族以次序告爭，並官司受理。」）。至於養子，法律雖禁其為嗣（實際上仍有之），亦不得不聽其存在，且不得不聽其酌給財產（亦見《清律例》）。因為國家到底是全國人民的國家，在可能範圍內，必須兼顧全國人民各方面的要求，不能專代表家族的排外自私之念。在現制度之下，既不能無流離失所之人；家族主義者流，既勇於爭襲遺產，而怯於收養同宗；有異姓的人肯收養他，國家其勢說不出要禁止，不但說不出要禁止，從代表人道主義和維持治安的立場來說，毋寧還是國家所希望的。既承認養子的存在，在事實上，自不得不聽其酌給遺產了。這是偏私的家族觀念對於公平的人道主義的讓步，也可說是倫理觀念的進步。

假使宗祧繼承的意思，而真是專於宗祧繼承，則擁護同姓之男，排斥親生之女，倒也還使人心服。因為立嗣之意，無非欲保其家，而家族的存在，是帶著幾分鬥爭性質的。在現行制度之下，使男子從事於鬥爭，確較女子為適宜（這並非從個人的身心能力來說，乃是從社會關係而）。這也是事實。無如世俗爭繼的，口在宗祧，心存財產，都是前人所謂「其言藹如，其心不可問」的。如此而霸占無子者的財產，排斥其親生女，就未免使人不服了。所以有國民政府以來，有廢止宗祧繼承，男女均分遺產的立

法。這件事於理固當，而在短時間內，能否推行盡利，卻是問題。舊律，遺產本是無男歸女，無女入官的（近人筆記云：「宋初新定《刑統》，戶絕資產下引《喪葬令》：諸身喪戶絕者，所有部曲、客女、奴婢、店宅、資財，並令近親轉易貨賣，將營葬事，及量營功德之外，餘財並與女。無女均入以次近親。無親戚者，官為檢校。若亡人在日，自有遺囑處分，證驗分明者，不用此令。此《喪葬令》乃《唐令》，知唐時所謂戶絕，不必無近親。雖有近親，為營喪葬，不必立近親為嗣子，而遠親不能爭嗣，更無論矣。雖有近親，為之處分，所餘財產，仍傳之親女，而遠親不能爭產，更無論矣。此蓋先世相傳之法，不始於唐。」按部曲、客女，見第四章）。入官非人情所願，強力推行，必多流弊，或至窒礙難行（如隱匿遺產，或近親不易查明，以致事懸不決，其間更生他弊等）。歸之親女，最協人情。然而從前的立嗣，除祭祀外，尚有一個年老奉養的問題。而家族主義是自私的。男系家族，尤其以男子為本位，而蔑視女子的人格。女子出嫁之後，更欲奉養其父母，勢實有所為難。所以舊時論立嗣問題的人，都說最好是聽其擇立一人為嗣，主其奉養、喪葬、祭祀，而承襲其遺產。這不啻以本人的遺產，換得一個垂老的扶養和死後的喪葬祭祀。今欲破除迷信，祭祀固無問題，對於奉養及喪葬，似亦不可無善法解決。不有遺產以為交易，在私有制度之下，誰肯顧及他人的生養死葬呢？所以有子者遺產男女均分，倒無問題，無子者財產全歸於女，倒是有問題的。所以變法貴全變，革命要徹底，枝枝節節而為之，總只是頭痛醫頭、腳痛醫腳的對證療法。

　　姓氏的變遷，今亦須更一陳論。姓的起源，是氏族的稱號，由女系易而為男系，說已見前。後來姓之外又有所謂氏。什麼叫做氏呢？氏是所以表一姓之中的支派的。如後稷之後都姓姬，周公封於周，則以周為氏；其子伯禽封於魯，則以魯為氏（國君即以國為氏）；魯桓公的三子，又分

為孟孫、叔孫、季孫三氏是。始祖之姓，謂之正姓，氏亦謂之庶姓。正姓是永遠不改的，庶姓則隨時可改。因為同出於一祖的人太多了，其支分派別，亦不可無專名以表之，而專名沿襲太久，則共此一名的人太多，所以又不得不改（改氏的原因甚多，此只舉其要改的根本原理。此外如因避難故而改氏以示別族等，亦是改氏的一種原因）。《後漢書‥傳》說：羌人種姓中，出了一個豪健的人，便要改用他的名字做種姓。如爰劍之後，五世至研，豪健，其子孫改稱研種。十三世至燒當，復豪健，其子孫又改稱燒當種是。這正和中國古代的改氏原理相同。假如我們在魯國，遇見一個人，問他尊姓，他說姓姬。這固然足以表示他和魯君是一家。然而魯君一家的人太多了，魯君未必能個個照顧到，這個人，就未必一定有勢力，我們聽了，也未必肅然起敬。假若問他貴氏，他說是季孫，我們就知道他是赫赫有名的正卿的一家。正卿的同族，較之國君的同姓，人數要少些，其和正卿的關係，必較密切，我們聞言之下，就覺得炙手可熱，不敢輕慢於他了。這是舉其一端，其餘可以類推（如以技為官，以官為氏，問其氏，即既可知其官，又可知其技）。所以古人的氏，確是有用的。至於正姓，雖不若庶姓的親切，然而婚姻之可通與否，全論正姓的異同，所以也是有用的。顧炎武〈原姓篇〉說春秋以前，男子稱氏，女子稱姓（在室冠之以序，如叔隗、季隗之類。出嫁，更冠以其夫之氏族，如宋伯姬、趙姬、盧蒲姜之類。在其所適之族，不必舉出自己的氏族來，則亦以其父之氏族冠之，如驪姬、梁嬴之類。又有冠之以諡的，如成風、敬姜之類）。這不是男子不論姓，不過舉氏則姓可知罷了。女子和社會上無甚關係，所以但稱姓而不稱其氏，這又可以見得氏的作用。

貴族的世系，在古代是有史官為之記載的，此即《周禮》小史之職。記載天子世系的，謂之帝系；記載諸侯卿大夫世系的，謂之世本。這不過是後來的異名，其初原是一物。又瞽矇之職，「諷誦詩，世奠系」（疑當

作奠世系）。《注》引杜子春說：謂瞽矇「主誦詩，並誦世系」。世系而可誦，似乎除統緒之外，還有其性行事蹟等。頗疑《大戴禮記》的〈帝系姓〉，原出於小史所記；〈五帝德〉則是原出於瞽矇所誦的（自然不是完全的）。這是說貴族。至於平民，既無人代他記載，而他自己又不能記載，遂有昧於其所自出的。《禮記・曲禮》謂買妾不知其姓，即由於此。然而後世的士大夫，亦多不知其姓氏之所由來的。這是因為譜牒掌於史官，封建政體的崩潰，國破家亡，譜牒散失，自然不能知其姓氏之所由來了。婚姻的可通與否，既不復論古代的姓，新造姓氏之事亦甚少，即有之，亦歷久不改。閱一時焉，即不復能表示其切近的關係，而為大多數人之所共，與古之正姓同。姓遂成為無用的長物，不過以其為人人之所有，囿於習慣，不能廢除罷了。然而各地方的強宗巨家，姓氏之所由來，雖不可知，而其在實際上的勢力自在，各地方的人，也還尊奉他。在秦漢之世，習為固然，不受眾人的注意。漢末大亂，各地方的強宗巨家，開始播遷，到了一個新地方，還要表明其本是某地方的某姓；而此時的選舉制度，又重視門閥；於是又看重家世，而有魏晉以來的譜學了（詳見第四章）。

第三章　政體

第三章　政體

社會發達到一定的程度，國家就出現了。在國家出現之前，人類團結的方法，只靠血緣。其時重要的組織，就是氏族，對內的治理，對外的防禦，都靠著它。世運漸進，血緣相異的人，接觸漸多，人類的組織，遂不復以血統相同為限，聚居一地方的，亦不限於血統相同的人。於是氏族進而為部落。統治者的資格，非復族長，而為酋長。其統治亦兼論地域，開國家領土的先河了。

從氏族變為部落，大概經過這樣的情形。在氏族的內部，因職業的分化，家族漸漸興起，氏族的本身，遂至崩潰。各家族非如其在氏族時代絕對平等，而有貧富之分。財富即是權力，氏族平和的情形，遂漸漸破壞，貧者和富者之間，發生了矛盾，不得不用權力統治。其在異氏族之間，則戰鬥甚烈。勝者以敗者為俘虜，使服勞役，是為奴隸；其但徵收其貢賦的，則為農奴。農奴、奴隸和主人之間，自然有更大的矛盾，需要強力鎮壓。因為這個原因，益發促成征服氏族的本身發生變化。征服氏族的全體，是為平民；其中掌握事權的若干人，形成貴族；貴族中如有一個最高的首領，即為君主的前身。其初是貴族與平民相去近，平民和農奴、奴隸相去遠。其後血統相同的作用漸微，掌握政權與否之關係漸大，則平民與農奴、奴隸相去轉近，而其與貴族相去轉遠（參看下章）。但平民總仍略有參政之權，農奴和奴隸則否。政權的決定，在名義上最後屬於一人的，是為君主政體；屬於較少數人的，是為貴族政體；屬於較多數人的，是為民主政體。這種分類之法，是出於亞里斯多德（Aristotle）的。雖與今日情形不同，但用以論古代的政體，則仍覺其適合。

氏族與部落，在實際上是不易嚴密區分的。因為進化到部落時代，其內部總還保有若干氏族時代的意味。從理論上言，則其團結，由於血統相同（雖實際未必相同，然苟被收容於其團體之內，即亦和血統相同的人一律看待），而其統治亦全本於親族關係的，則為氏族；其不然的，則為部

落。因其二者雜糅，不易區別，我們亦可借用《遼史》上的名詞，稱之為部族（見〈營衛志〉）。至於古代所謂國家，其意義全和現在不同。古所謂國，是指諸侯的私產而言。包括其住居之所，及其有收益的土地。大夫之所謂家者亦然（古書上所謂國，多指諸侯的都城言。都城的起源，即為諸侯的住所。諸侯的封域以內，以財產意義而言，並非全屬諸侯所私有。其一部分，還是要用以分封的。對於這種地方，諸侯僅能收其貢而不能收其稅賦。其能直接收其稅賦以為財產上的收入的，亦限於諸侯的埰地。《尚書·大傳》說：「古者諸侯始受封，必有埰地。其後子孫雖有罪黜，其埰地不黜，使子孫賢者守之世世，以祠其始受封之人，此之謂興滅國，繼絕世」，即指此。埰地從財產上論，是應該包括於國字之內的。《禮記·禮運》說：「天子有田以處其子孫，諸侯有國以處其子孫。」乃所謂互言以相備。說天子有田，即見得諸侯亦有田；說諸侯有國，即見得天子亦有國；在這種用法之下，田字的意義，亦包括國，國字的意義，亦包括田。乃古人語法如此）。今之所謂國家，古無此語。必欲求其相近的，則為「社稷」二字或「邦」字。社是土神，稷是穀神，是住居於同一地方的人所共同崇奉的。故說社稷淪亡，即有整個團體覆滅之意。邦和封是一語。封之義為累土。兩個部族交界之處，把土堆高些，以為標識，則謂之封。引申起來，任用何種方法，以表示疆界，都可以謂之封（如掘土為溝，以示疆界，亦可謂之封。故今遼寧省內，有地名溝幫子。幫字即邦字，亦即封字。上海洋涇浜之浜字，亦當作封）。疆界所至之地，即謂之邦。古邦字和國字，意義本各不同。漢高祖名邦，漢人諱邦字，都改作國。於是國字和邦字的意義混淆了。現在古書中有若干「國」字，本來是當作「邦」字的。如《詩經》裡的「日辟國百里」「日蹙國百里」便是。封域可以時有贏縮，城郭是不能時時改造的（國與域同從或聲，其初當亦屬一語，則國亦有界域之意。然久已分化為兩語了。古書中用國字域字，十之九意義

是不同的）。

　　貴族政體和民主政體，在古書上，亦未嘗無相類的制度。然而以大體言之，則君權之在中國，極為發達。君主的第一個資格，是從氏族時代的族長沿襲而來的，所以古書上總說君是民之父母；其二則為政治或軍事上之首領；其三則兼為宗教上之首領。所以天子祭天地，諸侯祭社稷等（《禮記·王制》），均有代表其群下而為祭司之權，而《書經》上說：「天降下民，作之君，作之師」（《孟子·梁惠王下篇》引），君主又操有最高的教育之權。

　　君主前身，既然是氏族的族長，所以他的繼承法，亦即是氏族族長的繼承法（已見前章）。在母系社會，則為兄終弟及，在父系社會，則為父死子繼。當其為氏族族長時，無甚權利可爭，而其關係亦小，所以立法並不十分精密。《左傳·昭公二十六年》，王子朝告諸侯，說周朝的繼承法，嫡庶相同則論年，「年鈞以德，德鈞則卜」。兩個人同年，是很容易的事情，同月、同日、同時則甚難，何至辨不出長幼來，而要用德、卜等漫無標準的條件？可見舊法並不甚密。《公羊·隱西元年》何《注》說：「禮：適夫人無子，立右媵。右媵無子，立左媵。左媵無子，立適姪娣。適姪娣無子，立右媵姪娣。右媵姪娣無子，立左媵姪娣。質家親親先立娣，文家尊尊先立姪（《春秋》以殷為質家，周為文家），適子有孫而死，質家親親先立弟，文家尊尊先立孫。其雙生，質家據見立先生，文家據本意立後生。」定得非常嚴密。這是後人因國君的繼承關係重大而為之補充的，乃為學說而非事實。

　　周厲王被逐，宣王未立，周召二公共和行政，凡十四年。主權不屬於一人，和歐洲的貴族政體最為相像。案《左傳·襄公十四年》，衛獻公出奔，衛人立公孫剽，孫林父、甯殖相之，以聽命於諸侯。此雖有君，實權皆在二相，和周召的共和，實際也有些相像。但形式上還是有君的。至於

魯昭公出奔，則魯國亦並未立君，季氏對於國政，絕不能一人專斷，和共和之治，相像更甚了。可見貴族政體，古代亦有其端倪，不過未曾發達而成為一種制度。

至於民主政治，則其遺跡更多了。我們簡直可以說：古代是確實有這種制度，而後來才破壞掉的。《周禮》有大詢於眾庶之法，鄉大夫「各帥其鄉之眾寡而致於朝」，小司寇「擯以序進而問焉」。其事項：為詢國危，詢國遷，詢立君。案《左傳·定公八年》，衛侯欲叛晉，朝國人使王孫賈問焉。哀西元年，吳召陳懷公，懷公亦朝國人而問。此即所謂「詢國危」。盤庚要遷都於殷，人民不肯，盤庚「命眾悉造於庭」，反覆曉諭，其言即今《書經》裡的〈盤庚篇〉。周太王要遷居於岐，「屬其父老而告之」（《孟子·梁惠王下篇》）。此即所謂「詢國遷」。《左傳·昭公二十四年》，周朝的王子朝和敬王爭立，晉侯使士景伯往問。士伯立於乾祭（城門名），而問於介眾（介眾，大眾）。哀公二十六年，越人納衛侯，衛人亦致眾而問。此即所謂「詢立君」。可見《周禮》之言，系根據古代政治上的習慣，並非理想之談。《書經·洪範》：「汝則有大疑，謀及乃心，謀及卿士，謀及庶人，謀及卜筮。汝則從，龜從，筮從，卿士從，庶民從，是之謂大同。身其康強，子孫其逢，吉。汝則從，龜從，筮從，卿士逆，庶民逆，吉。卿士從，龜從，筮從，汝則逆，庶民逆，吉。庶民從，龜從，筮從，汝則逆，卿士逆，吉。汝則從，龜從，筮逆，卿士逆，庶民逆，作內吉，作外凶。龜筮共違於人，用靜吉，用作凶。」此以一君主、二卿士、三庶人、四龜、五筮，各占一權，而以其多少數定吉凶，亦必屬一種會議之法，並非隨意詢問。至於隨意詢問之事，如《孟子》所謂「國人皆曰賢，然後察之，見賢焉，然後用之」；「國人皆曰不可，然後察之，見不可焉，然後去之」；「國人皆曰可殺，然後察之，見可殺焉，然後殺之」（〈梁惠王〉下篇）。以及《管子》所謂嘖室之議等（見〈桓

公問篇〉）。似乎不過是周諮博采，並無必從的義務。然而其初怕亦不然。野蠻部落，內部和同，無甚矛盾，輿論自極忠實。有大事及疑難之事，會議時竟有須全體通過，然後能行，並無所謂多數決的。然則輿論到後來，雖然效力漸薄，竟有如鄭人游於鄉校，以議執政，而然明欲毀鄉校之事（見《左傳‧襄公三十年》）。然而在古初，必能影響行政，使當局者不能不從，又理有可信了。原始的制度，總是民主的。到後來，各方面的利害、衝突既深，政治的性質亦益複雜，才變而由少數人專斷。這是普遍的現象，無須懷疑的。有人說：中國自古就是專制，國人的政治能力，實在不及西人，固然抹殺史實。有人舉這樣的民權遺跡以自豪，也是可以不必的。

以上所述，是各部族內部的情形；至於合全國而觀之，則是時正在部族林立之世。從前的史家，率稱統一以前為封建時代，此語頗須斟酌。學術上的用語，不該太拘於文字的初詁。封建二字，原不妨擴而充之，兼包列國並立的事實，不必泥定字面，要有一個封他的人。然列國本來並立和有一個封他的人，二者之間，究應立一區別。我以為昔人所謂封建時代，應再分為：（一）部族時代（或稱先封建時代）；（二）封建時代，較妥。所謂封建，應指（甲）懾服異部族，使其表示服從；（乙）打破異部族，改立自己的人為酋長；（丙）使本部族移殖於外言之。

中國以統一之早聞於世界。然而秦始皇的滅六國，事在民國紀元前二一三二年（西元紀年前二二一年），自此上溯至有史之初，似尚不止此數；若更加以先史時期，則自秦至今的年代，幾乎微末不足道了。所以歷史上像中國這樣的大國，實在是到很晚的時期才出現的。

從部族時代，進而至於封建時代，是從無關係進到有關係，這是統一的第一步。更進一步而開拓荒地，互相兼併，這是統一的第二步。這其間的進展，全是文化上的關係。因為必先：（一）國力充實，然後可以征服他國；（二）亦必先開拓疆土，人口漸多，經濟漸有進步，國力方能充

實；（三）又必開拓漸廣，各國間壤地相接，然後有劇烈的鬥爭；（四）而交通便利，風俗漸次相同，便於統治等，尤為統一必要的條件。所以從分立而至於統一，全是一個文化上的進展。向來讀史的人，都只注意於政治方面，實在是掛一漏萬的。

要知道封建各國的漸趨於統一，只要看其封土的擴大，便可知道。今文家說列國的封土，是天子之地方千里，公、侯皆方百里，伯七十里，子、男五十里，不滿五十里的為附庸（《孟子・萬章下篇》、《禮記・王制》）。古文家則說：公方五百里，侯四百里，伯三百里，子二百里，男百里（《周禮・大司徒》）。這固然是虛擬之辭，不是事實（不論今古文和諸子書，所說的制度，都是著書的人以為該怎樣辦所擬的一個草案，並不全是古代的事實）。然亦必以當時的情勢為根據。《穀梁》說：「古者天子封諸侯，其地足以容其民，其民足以滿城而自守也（〈襄公二十九年〉）。」這是古代封土，必須有一個制限，而不容任意擴大的原因。今古文異說，今文所代表的常為早一時期的制度，古文所代表的則較晚。秦漢時的縣，大致方百里（見《漢書・百官公卿表》）。可見方百里實為古代的一個政治區域，此今文家大國之封所由來。其超過於此的，如《禮記・明堂位》說：「成王封周公於曲阜，地方七百里。」《史記・漢興以來諸侯年表》說：「周封伯禽、康叔於魯衛，地各四百里；太公於齊，兼五侯地。」這都是後來開拓的結果，而說者誤以為初封時的事實。列國既開拓至此，談封建制度的人，自然不能斫而小之，亦不必斫而小之，就有如古文家所說的制度了。以事實言之：今文家所說的大國，在東周時代，已是小國。古文家所說的大國，則為其時的次等國。至其時的所謂大國，則子產稱其「地方數圻」（圻同畿，即方數千里，見《左傳・襄公三十五年》）。《孟子》說：「海內之國，方千里者九，齊集有其一（〈梁惠王上篇〉）。」惟晉、楚、齊、秦等足以當之。此等大國，從無受封於人的；

即古文家心目中，以為當封建之國，亦不能如此其大；所以談封建制度的不之及。

　　此等大國，其實際，實即當時談封建制度者之所謂王。《禮記》說：「天無二日，民無二王」（〈曾子問〉），這只是古人的一個希望，事實上並不能如此。事實上，當時的中國，是分為若干區域，每區域之中，各自有王的。所以春秋時吳、楚皆稱王，戰國時七國亦皆稱王。公、侯、伯、子、男等，均是美稱。論其實，則在一國之內，有最高主權的，皆稱為君（《禮記·曲禮》：「九州之伯，入天子之國曰牧，於外曰侯，於其國曰君」）。其為一方所歸往的，即為此一區域中的王。《管子·霸言》說：「強國眾，則合強攻弱以圖霸；強國少，則合小攻大以圖王。」此為春秋時吳、楚等國均稱王，而齊晉等國僅稱霸的原因。因為南方草昧初開，聲明文物之國少，肯承認吳、楚等國為王；北方魯、衛、宋、鄭等國，就未必肯承認齊、晉為王了。倒是周朝，雖然弱小，然其稱王，是自古相沿下來的，未必有人定要反對他；而當時較大之國，其初大抵是他所封建，有同姓或親戚的關係，提起他來，還多少有點好感；而在國際的秩序上，亦一時不好否認他；於是齊桓、晉文等，就有挾天子以令諸侯之舉了。霸為伯的假借字，伯的本義為長。《禮記·王制》說：「千里之外設方伯，五國以為屬，屬有長；十國以為連，連有帥；三十國以為卒，卒有正；二百一十國以為州，州有伯。八州八伯，五十六正，百六十八帥，三百三十六長。八伯各以其屬，屬於天子之老二人。分天下以為左右，曰二伯。」這又是虛擬的制度，然而亦有事實做根據的。凡古書所說朝貢、巡守等制度，大抵是邦畿千里之內的規模，或者還更小於此（如《孟子·梁惠王下篇》說天子巡守的制度，是「春省耕而補不足，秋省斂而助不給」，這只是後世知縣的勸農）。後人擴而充之，以為行之於如〈禹貢〉等書所說的九州之地，於理就不可通了（春天跑到泰山，夏天跑到衡山，

秋天跑到華山，冬天跑到恆山，無論其為回了京城再出去，或者從東跑到南，從南跑到西，從西跑到北，總之來不及）。然其說自有所本。《公羊·隱公五年》說：「自陝以東，周公主之；自陝以西，召公主之」，此即二伯之說所由來。分〈王制〉的九州為左右，各方一伯，古無此事；就周初的封域，分而為二，使周公、召公各主其一，則不能謂無此事的。然則所謂八州八伯，恐亦不過就王畿之內，再分為九，天子自治其一，而再命八個諸侯各主一區而已。此項制度，擴而大之，則如《左傳·僖公四年》，管仲對楚使所說：「昔召康公命我先君太公曰：『五侯九伯，女實征之，以夾輔周室。』賜我先君履，東至於海，西至於河，南至於穆陵，北至於無棣。」等於〈王制〉中所說的一州之伯了。此自非周初的事實，然管仲之說，亦非憑空造作，亦仍以小規模的伯為根據。然則齊桓、晉文等會盟征伐，所牽連而及的，要達於〈王制〉所說的數州之廣，其規模雖又較大，而其霸主之稱，還是根據於此等一州之伯的，又可推而知了。春秋時，晉、楚、齊、秦等國，其封土，實大於殷周之初，其會盟征伐的規模，亦必較殷周之初，有過之無不及。特以強國較多，地醜德齊，莫能相尚，不能稱王（吳、楚等雖稱王，只是在一定區域之內得其小國的承認）。至於戰國時，就老實不客氣，各自在其區域之中建立王號了。然而此時的局勢，卻又演進到諸王之上，要有一個共主。而更高於王的稱號，從來是沒有的，乃借用天神之名，而稱之為帝。齊湣王和秦昭王，曾一度並稱東西帝；其後秦圍邯鄲，魏王又使辛垣衍勸趙尊秦為帝，即其事。此時研究歷史的人，就把三代以前的酋長，揀了五個人，稱之為五帝（所以太昊、炎帝、黃帝、少昊、顓頊之稱，是人神相同的）。後來又再推上去，在五帝以前，揀了三個酋長，以說明社會開化的次序，更欲立一專名以名之，這卻真窮於辭了。乃據「始王天下」之義，加「自」字於「王」字之上，造成一個「皇」字，而有所謂「三皇」（見《說文》。皇王二

字，形異音同，可知其實為一語）。至秦王政並天下，遂合此二字，以為自己的稱號，自漢以後，相沿不改。

列國漸相吞併，在大國之中，就建立起郡縣制度來。〈王制〉說：「天子之縣內諸侯，祿也；外諸侯，嗣也。」又說：「諸侯之大夫，不世爵祿。」可見內諸侯和大夫，法律上本來不該世襲的。事實上雖不能盡然，亦不必盡不然；尤其是在君主權力擴張的時候。儻使天子在其畿內，大國的諸侯在其國內，能切實將此制推行，而於其所吞滅之國，亦能推行此制，封建就漸變為郡縣了。春秋戰國時，滅國而以為縣的很多，如楚之於陳、蔡即是。有些滅亡不見記載，然而秦漢時的縣名和古國名相同的甚多，亦可推見其本為一國，沒入大國之中而為其一縣。還有卿大夫之地發達而成為縣的。如《左傳・昭公二年》，晉分祁氏之田以為七縣，羊舌氏之田以為三縣是。又有因便於戰守起見，有意設立起來的，如商君治秦，並小都、鄉、邑，聚以為縣是（見《史記・商君列傳》）。至於郡，則其區域本較縣為小，且為縣所統屬（《周書・作雒篇》：「千里百縣，縣有四郡」）。其與縣分立的，則較縣為荒陋（《左傳・哀公二年》，趙簡子誓師之辭，說「克敵者上大夫受縣，下大夫受郡」）。然而此等與縣分立之郡，因其在邊地之故，其兵力反較縣為充足，所以後來在軍事上須要控扼之地，轉多設立（甘茂謂秦王曰：「宜陽，大縣也。上黨、南陽，積之久矣，名曰縣，其實郡也。」春申君言於楚王曰：「淮北地邊齊，其事急，請以為郡便。」皆見《史記》本傳）。事實上以郡統制縣，保護縣，亦覺便利，而縣遂轉屬於郡。戰國時，列國的設郡，還是在沿邊新開闢之地的（如楚之巫、黔中，趙之雲中、雁門、代郡，燕之上谷、漁陽、右北平、遼西、遼東郡等）。到秦始皇滅六國後，覺得到處都有駐兵鎮壓的必要，就要分天下為三十六郡了。

封建政體，沿襲了幾千年，斷無沒有反動之力之理。所以秦滅六國未

幾，而反動即起。秦漢之間以及漢初的封建，是和後世不同的。在後世，像晉朝、明朝的封建，不過出於帝王自私之心，天下的人，大都不以為然。即封建之人，對於此制，亦未必敢有何等奢望，不過捨此別無他法；還想借此牽制異姓，使其不敢輕於篡奪而已。受封者亦知其與時勢不宜，惴惴然不敢自安。所以唐太宗要封功臣，功臣竟不敢受（見《唐書・長孫無忌傳》）。至於秦漢間人，則其見解大異。當時的人，蓋實以封建為當然，視統一轉為變局，所以皆視秦之滅六國為無道之舉，稱之為暴秦，為強虎狼之秦。然則前此為六國所滅之國如何呢？秦滅六國，當恢復原狀；為六國所滅之國，豈不當一一興滅繼絕嗎？儻使以此為難，論者自將無辭可對。然大多數人的見解，是不能以邏輯論，而其欲望之所在，亦是不可以口舌爭的。所以秦亡之後，在戲下的諸侯，立即決定分封的方法。當時所封建的是六國之後或亡秦有功之人。此時的封建，因漢高祖藉口於項王背約，奪其關中之地而起兵，漢代史家所記述，遂像煞是由項王一個人作主，其實至少是以會議的形式決定的。所以在〈太史公自序〉裡，還無意間透露出一句真消息來，謂之「諸侯之相王」。當時的封爵，分為二等：大者王，小者侯，這是沿襲戰國時代的故事的（戰國時，列國封其臣者，或稱侯，或稱君，如穰侯、文信侯、孟嘗君、望諸君等是。侯之爵較君為高，其地當亦較君為大。此時所封的國，大小無和戰國之君相當的，故亦無君之稱）。諸侯之大者皆稱王，項羽以霸王為之長，而義帝以空名加於其上，也是取法於東周以後，實權皆在霸主，而天子僅存虛名的。以大體言，實不可謂之不愜當。然人的見解，常較時勢為落後，人心雖以為允洽，而事勢已不容許，總是不能維持的。所以不過五年，而天下復歸於統一了。然而當時的人心仍未覺悟，韓信始終不肯背漢，至後來死於呂后之手，讀史者多以為至愚。其實韓信再老實些，也不會以漢高祖為可信，韓信當時的見解，必以為舉天下而統屬於一人，乃事理所必無。韓信非自信

功高，以為漢終不奪其主，乃漢奪其王之事，為信當時所不能想像。此恐非獨韓信如此，漢初的功臣，莫不如此。若使當時韓信等預料奉漢王以皇帝的空名，漢王即能利用之把自己誅滅，又豈肯如此做？確實，漢高祖翦滅所封的異姓，也是一半靠陰謀，一半靠實力的，並非靠皇帝的虛名。若就法理而論，就自古相傳列國間的習慣，當時的人心認為正義者論，皇帝對於當時的王，可否如此任意誅滅呢？也還是一個疑問。所以漢高祖的盡滅異姓之國（楚王韓信，梁王彭越，韓王信，淮南王英布，燕王臧荼、盧綰；惟長沙王吳芮僅存）。雖然不動干戈，實在和其盡滅戲下所封諸國，是同樣的一個奇蹟。不但如此，漢高祖所封同姓諸國，後來醞釀成吳楚七國這樣的一個大亂，竟會在短期間戡定；戡定之後，景帝摧抑諸侯，使不得自治民補吏；武帝又用主父偃之策，令諸侯各以國邑分封子弟；而漢初的封建，居然就名存而實亡，怕也是漢初的人所不能預料的。

　　封建的元素，本有兩個：一為爵祿，受封者與凡官吏同。一為君國子民，子孫世襲，則其為部落酋長時固有的權利，為受封者所獨。後者有害於統一，前者則不然。漢世關內侯，有虛名而無土地，後來列侯亦有如此的（《文獻通考・封建考》云：「秦漢以來，所謂列侯者，非但食其邑入而已，可以臣吏民，可以布政令；若關內侯，則惟以虛名受廩祿而已。西都景、武而後，始令諸侯王不得治民，漢置內史治之。自是以後，雖諸侯王，亦無君國子民之實，不過食其所封之邑入，況列侯乎？然所謂侯者，尚裂土以封之也。至東都，始有未與國邑，先賜美名之例，如靈壽王、征羌侯之類是也。至明帝時，有四姓小侯，乃樊氏、郭氏、陰氏、馬氏諸外戚子弟，以少年獲封者。又肅宗賜東平王蒼列侯印十九枚，令王子五歲以上能趨拜者，皆令帶之。此二者，皆是未有土地，先佩印，受俸廩。蓋至此，則列侯有同於關內侯者矣。」），然尚須給以廩祿。唐宋以後，必食實封的，才給以祿，則並物質之耗費而亦除去之。封建至此，遂全然無礙

於政治了。

　　後世在中國境內仍有封建之實的，為西南的土官。土官有兩種：一是文的，如土知府、土知州、土知縣之類；一是武的，凡以司名的，如宣撫司、招討司、長官司之類皆是。聽其名目，全與流官相同，其實所用的都是部族酋長，依其固有之法承襲。外夷歸化中國，中國給以名號（或官或爵）。本是各方面之所同，不但西南如此。但其距中國遠的，實力不及，一至政教衰微之世，即行離叛而去，這正和三代以前的遠國一樣。惟西南諸土司，本在封域之內，歷代對此的權力，漸形充足，其管理之法，亦即隨之而加嚴。在平時，也有出貢賦，聽徵調的。這亦和古代諸侯對王朝、小國對大國的朝貢及從征役一樣。至其：（一）對中國犯順；（二）或其部族之中，自相爭鬩；（三）諸部族之間，互相攻擊；（四）又或暴虐其民等。中國往往加以討伐。有機會，即廢其酋長，改由中國政府派官治理，是謂「改土歸流」，亦即古代之變封建為郡縣。自秦至今，近二千二百年，這樣的土官，仍未盡絕，可見封建政體的剗除，是要隨著社會文化的進步，不是政治單方面的事情了。

　　封建之世，所謂朝代的興亡，都是以諸侯革天子之命，此即以一強國奪一強國的地位，或竟滅之而已。至統一之世，則朝代的革易，其形式有四：（一）為舊政權的遞嬗。又分為中央權臣的篡竊或地方政權的入據。前者如王莽之於漢，後者如朱溫之於唐。（二）為新政權的崛起，如漢之於秦。（三）為異族的入據，如前趙之於晉，金之於北宋，元之於南宋，清之於明。（四）為本族的恢復，如明之於元。而從全域觀之，則有仍為統一的，有暫行分裂的。後者如三國、南北朝、五代都是。然而這只是政權的分裂，社會文化久經統一，所以政權的分立，總是不能持久的。從前讀史的人，每分政情為內重，外重，內外俱輕三種。內重之世，每有權臣篡竊之變；外重之世，易招強藩割據之憂；內外俱輕之世，則草澤英雄乘

機崛起，或外夷乘機入犯。惟秦以過剛而折，為一個例外。

　　政權當歸諸一人，而大多數人，可以不必過問；甚或以為不當過問。此乃事勢積重所致，斷非論理之當然。所以不論哪一國，其原始的政治，必為民主。後來雖因事勢的變遷，專制政治逐漸興起，然而民主政治，仍必久之而後消滅。觀前文所述，可以見之。大抵民主政治的廢墜：（一）由於地大人眾，並代表會議而不能召集。（二）大眾所議，總限於特殊的事務，其通常的事務，總是由少數主持常務的人執行的。久之，此少數人日形專擅，對於該問大眾的特殊事務，亦復獨斷獨行。（三）而大眾因情勢渙散，無從起而加以糾正，專制政治就漸漸形成了。這是形式上的變遷。若探求其所以然，則國家大了，政情隨之複雜，大的、複雜的事情，普通人對之不感興趣，亦不能措置。此實為制度轉變的原因。

　　然而，民主的制度可以廢墜，民主的原理則終無滅絕之理。所以先秦諸子，持此議論的即很多。因後世儒術專行，儒家之書，傳者獨多，故其說見於儒家書中的亦獨多，尤以《孟子》一書為深入人心。其實孟子所誦述的，乃是孔門的書說，觀其論堯舜禪讓之語與伏生之《尚書大傳》互相出入可知（司馬遷〈五帝本紀〉亦採儒家書說）。兩漢之世，此義仍極昌明。漢文帝元年，有司請立太子，文帝詔云：「朕既不德，上帝神明未歆享；天下人民，未有愜志。今縱不能博求天下賢聖有德之人而禪天下焉，而曰豫建太子，是重吾不德也，謂天下何？」此雖是空言，但天下非一人一家所私有之義，則詔旨中也明白承認了。後來眭孟上書，請漢帝誰差天下（誰差，訪求、簡擇之義），求索賢人，禪以帝位，而退自封百里，尤為歷代所無。效忠一姓，漢代的儒家，實不視為天經地義。劉歆是極博通的人，且是漢朝的宗室，而反助王莽以簒漢；揚雄亦不反對王莽；即由於此。但這樣的高義，懂得的只有少數人，所以不久即湮晦，而君臣之義，反日益昌盛了。

王與君，在古代是有分別的，說已見前。臣與民亦然。臣乃受君豢養的人，效忠於其一身及其子嗣，盡力保衛其家族、財產，以及榮譽、地位的。蓋起於好戰的酋長所豢養的武士，及其特加寵任的僕役。其初，專以效忠於一人一家為主。後來人道主義漸形發達，又從利害經驗上，知道要保一人一家的安全，或求其昌盛，亦非不顧萬民所能。於是其所行者，漸須顧及一國的公益。有時雖違反君主一人一家的利益，而亦有所不能顧。是即大臣與小臣，社稷之臣與私暱嬖倖的區別。然則其道，畢竟是從效忠於一人一家進化而來的，終不能全免此項色彩。至民則絕無效忠於君的義務。兩者區別，在古代本極明白，然而至後世，卻漸漸湮晦了。無官職的平民，亦竟有效忠一姓的，如不仕新朝之類。這在古人看起來，真要莫名其妙了（異民族當別論。民族興亡之際，是全民族都有效忠的義務的。顧炎武《日知錄・正始》條，分別亡國亡天下，所謂亡天下，即指民族興亡言，古人早見及此了）。至於國君失政，應該誅殺改立之義，自更無人提及。

　　剝極則復，到晚明之世，湮晦的古義，才再露一線的曙光。君主之制，其弊全在於世襲。以遺傳論，一姓合法繼承的人，本無代代皆賢之理；以教育論，繼嗣之君，生來就居於優越的地位，志得意滿，以和外間隔絕了，尤其易於不賢。此本顯明之理，昔人斷非不知，然而既無可如何，則亦只好置諸不論不議之列了。君主的昏愚、淫亂、暴虐，無過於明朝之多。而時勢危急，內之則流寇縱橫，民生憔悴；外之則眼看異族侵入，好容易從胡元手裡恢復過來的江山，又要淪於建夷之手。仁人君子，蒿目時艱，深求致禍之原，圖窮而匕首見，自然要歸結到政體上了。於是有黃宗羲的《明夷待訪錄》出現，其〈原君〉、〈原臣〉兩篇，於「天下者天下之天下」之義，發揮得極為深切，正是晴空一個霹靂。但亦只是晴空一個霹靂而已，別種條件，未曾完具，當然不會見之於行動的。於是旁薄鬱積的民主思想，遂仍潛伏著，以待時勢的變化。

　　近百年來的時勢，四夷交侵，國家民族，都有絕續存亡的關係，可謂
危急極了。這當然不是一個單純的政治問題。但社會文化和政治的分野，
政治力量的界限，昔人是不甚明白的。眼看著時勢的危急，國事的敗壞，
當然要把其大部分的原因都歸到政治上去；當然要發動了政治上的力量來
救濟它；當然要擬議及於政體。於是從戊戌變法急轉直下，而成為辛亥革
命。中國的民主政治，雖然自己久有根基，而親切的觀感，則得之於現代
的東西列強。代議政體，自然要繼君主專制而起。但代議政體，在西洋自
有其歷史的條件，中國卻無有，於是再急轉直下，而成為現在的黨治。

　　中國古代，還有一個極高的理想，那便是孔子所謂大同，老子所謂郅
治，許行所謂賢者與民並耕而食、饔飧而治。這是超出於政治範圍之外
的，因為國家總必有階級，然後能成立，而孔、老、許行所想望的境界，
則是沒有階級的。參看下兩篇自明。

第四章　階級

第四章　階級

　　古代部族之間，互相爭鬥，勝者把敗者作為俘虜，使之從事於勞役，是為奴隸；其但收取其賦稅的，則為農奴。已見上章。古代奴婢之數，似乎並不甚多（見下）。最嚴重的問題，倒在征服者和農奴之間。

　　國人和野人，這兩個名詞，我們在古書上遇見時，似不覺其間有何顯著的區別。其實兩者之間，是有征服和被征服的關係的。不過其時代較早，古書上的遺跡，不甚顯著，所以我們看起來，不覺得其明顯罷了。所謂國人，其初當為征服之族，擇中央山險之地，築城而居；野人則是被征服之族，在四面平夷之地，從事於耕耘。所以：（一）古代的都城，都在山險之處；國內行畦田，國外行井田。（二）國人充任正式軍隊，野人則否。參看第八、第九、第十四三章自明。上章所講大詢於眾庶之法，限於鄉大夫之屬。鄉是王城以外之地，鄉人即所謂國人。厲王的被逐，《國語》說：「國人莫敢言，道路以目。」然則參與國政和起而為反抗舉動的，都是國人。若野人，則有行仁政之君，即歌功頌德，繦負而歸之；有行暴政之君，則「逝將去汝，適彼樂土」，在可能範圍之內逃亡而已。所以一個國家，其初立國的基本，實在是靠國人的（即征服部族的本族）。

　　國人和野人之間，其初當有一個很嚴的界限，彼此之間，還當有很深的仇恨。後來這樣的界限，如何消滅？這樣的仇恨，如何淡忘呢？依我推想，大約因：（一）距離戰爭的年代遠了，舊事漸被遺忘。（二）國人移居於野，野人亦有移居於國的，居地既近，婚姻互通。（三）征服部族是要朘削被征服的部族以自肥的，在經濟上，國人富裕而野人貧窮；又都邑多為工商及往來之人所聚會，在交通上，國人頻繁而野人閉塞；所以國人的性質較文，野人的性質較質。然而到後來，各地方逐漸發達，其性質亦變而相近了。再到後來，（四）選舉的權利，（五）兵役的義務，亦漸擴充推廣而及於野人，則國人和野人，在法律上亦無甚區別，其畛域就全化除了。參看第七、第九兩章自明。

征服之族和被征服之族的區別，可說全是政治上的原因。至於職業上的區別，則已帶著經濟上的原因了。古代職業的區別，是為士、農、工、商。士是戰士的意思，又是政治上任事而未有爵者之稱，可見古代的用人，專在戰士中拔擢。至於工商，則專從事於生業。充當戰士的人，雖不能全不務農，但有種專務耕種的農民，卻是不服兵役的。所以《管子》上有士之鄉和工商之鄉（見〈小匡篇〉）。《左傳·宣公十二年》說，楚國之法，「荊屍而舉（荊屍，該是一種組織軍隊的法令），商、農、工、賈，不敗其業」。有些人誤以為古代是全國皆兵，實在是錯誤的，參看第九章自明。

　　士和卿大夫，本來該沒有多大的區別，因為同是征服之族，服兵役，古代政權和軍權，本是混合不分的。但在古代，不論什麼職業，多是守之以世。所以《管子》又說：「士之子恆為士，農之子恆為農，工之子恆為工，商之子恆為商（〈小匡〉）。」政治上的地位，當然不是例外，世官之制既行，士和大夫之間，自然生出嚴重的區別來，農、工、商更不必說了。這樣的階級，如何破壞呢？其在經濟上，要維持這樣的階級，必須能維持嚴密的職業組織。如欲使農之子恆為農，則井田制度必須維持；欲使工之子恆為工，商之子恆為商，則工官和公家對於商業的管理規則，亦必須維持。

　　然而，到後來，這種制度都破壞了。農人要種田，你沒有田給他種，豈能不許他從事別種職業？工官制度破壞了，所造之器，不足以給民用，民間有從事製造的人，你豈能禁止他？尤其是經濟進步，交換之事日多，因而有居間買賣的人，又豈能加以禁止？私產制度既興，獲利的機會無限，人之趨利，如水就下，舊制度都成為新發展的障礙了，古代由社會制定的職業組織，如何能不破壞呢？在政治上則因：（一）貴族的驕淫矜誇，自趨滅亡，而不得不任用遊士（參看第七章）。（二）又因有土者之

間，互相爭奪，敗國亡家之事，史不絕書。一國敗，則與此諸侯有關之人，都夷為平民。一家亡，則與此大夫有關的人，都失其地位。（三）又古代階級，並未像種姓制度（caste）這樣的嚴峻，彼此不許通婚。譬如《左傳·定公九年》，載齊侯攻晉夷儀，有一個戰士，喚作敝無存，他的父親，要替他娶親，他就辭謝，說：「此役也，不死，反必娶於高、國（齊國的兩個世卿之家）。」可見貴族與平民通婚是容易的。婚姻互通，社會地位的變動，自然也容易了。這都是古代階級所以漸次破壞的原因。

奴隸的起源，由於以異族為俘虜。《周禮》五隸：曰罪隸，曰蠻隸，曰閩隸，曰夷隸，曰貉隸。似乎後四者為異族，前一者為罪人。然而罪人是後起的，當初本只以異族為奴隸，後來本族有罪的人，亦將他貶入異族群內，當他異族看待，才有以罪人為奴隸的事。參看第十章自明。

經學中，今文家言，是「公家不畜刑人，大夫弗養；屏諸四夷，不及以政」（謂不使之當徭役。見《禮記·王制》）；古文家言，則「墨者使守門，劓者使守關，宮者使守內，刖者使守囿」（《周禮》秋官掌戮）。固然，因刑人多了，不能盡棄而不用，亦因今文所說的制度較早，初期的奴隸，多數是異族，仇恨未忘，所以不敢使用他了（《穀梁·襄公二十九年）：「禮，君不使無恥，不近刑人，不狎敵，不邇怨。」）。不但如此，社會學家言：氏族時代的人，不慣和同族爭鬥，鎮壓本部族之職，有時不肯做，寧願讓異族人做的。《周禮》蠻、閩、夷、貉四隸，各服其邦之服，執其邦之兵，以守王宮及野之屬禁，正是這個道理，亦足以證明奴隸的源出於異族。

女子為奴隸的謂之婢。《文選·司馬子長報任安書》李《注》引韋昭云：「善人以婢為妻，生子曰獲；奴以善人為妻，生子曰臧。齊之北鄙，燕之北郊，凡人男而歸婢謂之臧，女而歸奴謂之獲。」可見奴婢有自相嫁娶，亦有和平民婚配的。所以良賤的界限，實亦不甚嚴峻。但一方面有脫

離奴籍的奴隸，一方面又有淪為奴隸的平民，所以奴婢終不能盡絕，這是關係整個社會制度的了。奴隸的免除，有兩種方法：一種是用法令。《左傳·襄公三十二年》，晉國的大夫欒盈造反，欒氏有力臣曰督戎，國人懼之。有一個奴隸，喚做斐豹的，和執政范宣子說道：「苟焚丹書，我殺督戎。」宣子喜歡道：你殺掉他，「所不請於君焚丹書者，有如日」。斐豹大約是因犯罪而為奴隸，丹書就是寫他的罪狀的。一種是以財贖。《呂氏春秋·察微篇》說：魯國之法，「魯人有為臣妾於諸侯者，贖之者取金於府」。這大約是俘虜一類。後世奴隸的免除，也不外乎這兩種方法。

以上是封建時代的事。封建社會的根柢，是「以力相君」。所以在政治上占優勢的人，在社會上的地位，亦占優勝。到資本主義時代，就大不然了。《漢書·貨殖列傳》說：「昔先王之制：自天子、公、侯、卿、大夫、士，至於皂隸，抱關擊柝者，其爵祿、奉養、宮室、車服、棺槨、祭祀、死生之制，各有差品，小不得僭大，賤不得踰貴。」又說：後來自諸侯大夫至於士庶人，「莫不離制而棄本。稼穡之民少，商旅之民多，穀不足而貨有餘」（穀貨，猶言食貨。穀、食，本意指食物，引申起來，則包括一切直接供給消費之物。貨和化是一語。把這樣東西，變成那樣，就是交換的行為。所以貨是指一切商品）。於是「富者木土被文錦，犬馬餘肉粟，而貧者短褐不完，唅粟飲水。其為編戶齊民同列，而以財力相君，雖為僕隸，猶無慍色」。這幾句話，最可代表從封建時代到資本主義時代的變遷。

封建社會的根源，是以武力互相掠奪。人人都靠武力互相掠奪，則人人的生命財產，俱不可保。這未免太危險。所以社會逐漸進步，武力掠奪之事，總不能不懸為屬禁。到這個時代，有錢的人，拿出錢來，就要看他願意與否。於是有錢就是有權力，豪爽的武士，不能不俯首於狡猾慳吝的守財奴之前了。這是封建社會和資本主義社會轉變的根源。平心而論：資

本主義的慘酷，乃是積重以後的事。當其初興之時，較之武力主義，公平多了，溫和多了，自然是人所歡迎的。資本主義所以能取武力主義而代之，其根源即在於此。然前此社會的規則，都是根據武力優勝主義制定的，不是根據富力優勝主義制定的。武力優勝主義，固然也是階級的偏私，且較富力優勝主義為更惡。然而人們誰肯放棄其階級的偏私？即有少數大公無我的人，亦不免為偏見所蔽，視其階級之利益即為社會全體的利益，以其階級的主張即為社會全體的公道。這是無可如何的事。所以資本主義的新秩序，用封建社會的舊眼光看起來，是很不入眼的，總想盡力打倒它，回復舊秩序。商鞅相秦，「明尊卑爵秩等級，各以差次名田宅臣妾，衣服以家次。有功者顯榮，無功者雖富無所紛華」（《史記》本傳），就是代表這種見解，想把富與貴不一致的情形，逆挽之，使其回復到富與貴相一致的時代的。然而這如何辦得到呢？

封建時代，統治者階級的精神，最緊要的有兩種：一是武勇，一是不好利。惟不好利，故富貴不能淫，貧賤不能移；惟能武勇，故威武不能屈。這是其所以能高居民上，維持其統治者階級的地位的原因，在當時原非幸致。然而這種精神，也不是從天降、從地出；或者如觀念論者所說，在上者教化好，就可以致之的。人總是隨著環境變遷的。假使人而不能隨著環境變遷，則亦不能制馭環境，而為萬物之靈了。在封建主義全盛時，統治階級因其靠武力得來的地位的優勝，不但衣食無憂，且其生活總較被統治的人優裕，自然可以不言利。講到武勇，則因前此及其當時，他們的生命，是靠腕力維持的（取之於自然界者如田獵；取之於人者，則為戰爭和掠奪），自能養成其不怕死、不怕苦痛的精神。

到武力掠奪懸為厲禁，被統治者的生活反較統治者為優裕；人類維持生活最好的方法，不是靠腕力取之於自然界，或奪之於團體之外，而反是靠智力以剝削團體以內的人。則環境大變了。統治者階級的精神，如何能

不隨之轉變呢？於是滔滔不可挽了。在當時，中堅階層的人，因其性之所近，分為兩派：近乎文者則為儒，近乎武者則為俠。古書多以儒俠並稱，亦以儒墨並稱，可見墨即是俠。儒和俠，不是孔、墨所創造的兩種團體，倒是孔、墨就社會上固有的兩種階級加以教化，加以改良的。在孔、墨當日，何嘗不想把這兩個階級振興起來，使之成為國家社會的中堅？然而滔滔者終於不可挽了。儒者只成為「貪飲食，惰作務」之徒（見《墨子·非儒篇》）。俠者則成為「盜蹠之居民間者」（《史記·遊俠列傳》）。從實際上來說，儒者都是現在志在衣食，大些則志在富貴的讀書人；俠者則成為現在上海所謂白相人了。我們不否認，有少數不是這樣的人，然而少數總只是少數。這其原理，因為在生物學上，人，大多數總是中庸的，而特別的好和特別的壞，同為反常的現象。所以我們贊成改良制度，使大多數的中人，都可以做好人；不贊成認現代社會的制度為天經地義，責成人在現制度之下做好人，陳義雖高，終成夢想。

直到漢代，想維持這樣的階級精神，以為國家社會的中堅的，還不乏其人。試看賈誼〈陳政事疏〉所說聖人有金城之義，董仲舒對策說食祿之家不該與民爭利一段（均見《漢書》本傳）。便可見其大概。確實，漢朝亦還有此種人。如蓋寬饒，「剛直高節，志在奉公」。兒子步行戍邊，專務舉發在位者的弊端，又好犯顏直諫，這確是文臣的好模範。又如李廣，終身除射箭外無他嗜好，絕不言利，而於封侯之賞，卻看得很重。廣為衛青所陷害而死，他的兒子敢，因此射傷衛青，又給霍去病殺掉，漢武帝都因其為外戚之故而為之諱。然李廣的孫兒子陵，仍願為武帝效忠，他敢以步卒五千，深入匈奴；而且「事親孝，與士信，臨財廉，取與義，分別有讓，恭儉下人」（見《漢書·司馬遷傳》遷報任安書）。這真是一個武士的好模範。還有那奮不顧身、立功絕域的傅介子、常惠、陳湯、班超等，亦都是這一種人。

第四章　階級

　　然而滔滔者終於不可挽了。在漢代，這樣的人已如鳳毛麟角，魏晉以後，遂絕跡不可復見。豈無好人？然而更不以封建時代忠臣和武士的性質出現了。過去者已去，如死灰之不可復燃。後人談起這種封建時代的精神來，總覺得不勝惋惜，然而無足惜也。這實在不是什麼好東西。當時文臣的見解，已不免於褊狹；武人則更其要不得。譬如李廣，因閒居之時，灞陵尉得罪了他（如灞陵尉之意，真在於奉公守法，而不是有意與他為難，還不能算得罪他，而且是個好尉）。到再起時，就請尉與俱，至軍而斬之。這算什麼行為？他做隴西太守時，詐殺降羌八百餘人，豈非武士的恥辱？至於一班出使外國之徒，利於所帶的物品可以幹沒；還好帶私貨推銷；因此爭求奉使。到出使之後，又有許多粗魯的行為，訛詐的舉動，以致為國生事，引起兵端（見《史記・大宛列傳》）。這真是所謂浪人，真是要不得的東西。中國幸而這種人少，要是多，所引起的外患，怕還不止五胡之亂。

　　封建時代的精神過去了。社會階級，遂全依貧富而分。當時所謂富者，是大地主，及大工商家（詳見下章）。晁錯〈貴粟疏〉說：「今法律賤商人，商人已富貴矣；尊農夫，農夫已貧賤矣。俗之所貴，主之所賤；吏之所卑，法之所尊；上下相反，好惡乖迕，而欲國富法立，不可得也。」可見法律全然退處於無權了。

　　因資本的跋扈，奴婢之數，遂大為增加。中國古代，雖有奴婢，似乎並不靠他做生產的主力。因為這時候，土地尚未私有，舊有的土地，都屬於農民。君大夫有封地的，至多只能苛取其租稅，強徵其勞力（即役）。至於奪農民的土地為己有，而使奴隸從事於耕種，那是不會有這件事的（因為如此，於經濟只有不利。所以雖有淫暴之君，亦只會棄田以為苑囿。到暴力一過去，苑囿就又變作田了）。大規模的墾荒，或使奴隸從事於別種生產事業，那時候也不會有。其時的奴隸，只是在家庭中以給使

令，或從事於消費品的製造（如使女奴舂米、釀酒等）。為經濟的力量所限，其勢自不能甚多。

到資本主義興起後，就不然了。土地既已私有，原來的農奴，都隨著土地變成地主的奴隸。王莽行王田之制，稱奴隸為「私屬」和田地都不得買賣。若非向來可以買賣，何必有此法令呢？這該是秦漢之世奴婢增多的一大原因（所以奴婢是由俘虜、罪人二政治上的原因造成的少，由經濟上的原因造成的多）。農奴既變為奴隸，從事於大規模的墾荒的，自然可以購買奴隸，使其從事耕作。還可以使之從事於別種事業。如《史記‧貨殖列傳》說：「刁閒收取桀黠奴，使之逐漁鹽商賈之利。」所以又說童手指千，比千乘之家。如此，奴婢越多越富，其數就無制限了。

此時的奴婢，大抵是因貧窮而鬻賣的。因貧窮而賣身，自古久有其事。所以《孟子‧萬章上篇》就有人說：「百里奚自鬻於秦養牲者。」然而在古代，此等要不能甚多。至漢代，則賈誼說當時之民，歲惡不入，就要「請爵賣子」，成為經常的現象了。這種奴婢，徒以貧窮之故而賣身，和古代出於俘虜或犯罪的，大不相同，國家理應制止及救濟。然而，當時的國家，非但不能如此，反亦因之以為利。如漢武帝，令民入奴婢，得以終身復；為郎的增秩。其時行算緡之法，遣使就郡國治隱匿不報的人的罪，沒收其奴婢甚多，都把他們分配到各苑和各機關，使之從事於生產事業（見《史記‧平準書》）。像漢武帝這種舉動，固然是少有的，然使奴婢從事於生產事業者，必不限於漢武帝之世，則可推想而知，奴隸遂成為此時官私生產的要角了。漢末大亂，奴婢之數，更行增多。後漢光武一朝，用法令強迫釋放奴婢很多（都見《後漢書》本紀）。然亦不過救一時之弊，終不能絕其根株。歷代救濟奴隸之法：（一）對於官奴婢，大抵以法令赦免。（二）對於私奴婢則（甲）以法令強迫釋放；（乙）官出資財，替他贖身；（丙）勒令以買直為傭資，計算做工的時期，足滿工資之數，

便把他放免。雖有此法，亦不過去其太甚而已。

用外國人作奴婢，後世還是有的，但非如古代的出於俘虜，而亦出於鬻賣。《漢書‧西南夷列傳》和〈貨殖列傳〉，都有所謂「僰僮」，就是當時的商人，把他當作商品販賣的。《北史‧四裔傳》亦說：當時的人，多買獠人作奴僕。因此，又引起政治上的侵略。梁武帝時，梁、益二州，歲歲伐獠以自利。周武帝平梁、益，亦命隨近州鎮，年年出兵伐獠，取其生口，以充賤隸。這在後世，卻是少有的事，只有南北分立之世，財力困窘，政治又毫無規模，才會有之。至於販賣，卻是通常現象。如唐武后大足元年，敕北方緣邊諸郡不得畜突厥奴婢；穆宗長慶元年，詔禁登、萊州及緣海諸道縱容海賊掠賣新羅人為奴婢。就可見海陸兩道都有販賣外國人口的了。南方的黑色人種，中國謂之昆侖。唐代小說中，多有昆侖奴的記載，更和歐洲人的販賣黑奴相像。然中國人亦有自賣或被賣做外國人的奴隸的。宋太宗淳化二年，詔陝西緣邊諸郡：先因歲飢，貧民以男女賣與戎人，官遣使者與本道轉運使分以官財物贖，還其父母；真宗天禧三年，詔自今掠賣人口入契丹界者，首領並處死。誘至者同罪，未過界者，決杖黥配（均見《文獻通考》）。就是其事。

後漢末年，天下大亂，又發生所謂部曲的一個階級。部曲二字，本是軍隊中一個組織的名稱（《續漢書‧百官志》大將軍營五部，部下有曲，曲下有屯）。喪亂之際，人民無家可歸，屬於將帥的兵士，沒有戰事的時候，還是跟著他生活；或者受他豢養，或者替他工作。事實上遂發生隸屬的狀態。用其力以生產，在經濟上是有利的，所以在不招兵的時候，將帥也要招人以為部曲了（《三國志‧李典傳》說，典有宗族部曲三千餘家，就是戰時的部曲平時仍屬於將帥之證。〈衛覬傳說〉：覬鎮關中時，四方流移之民，多有回關中的，諸將多引為部曲，就是雖不招兵之時，將帥亦招人為部曲之證）。平民因沒有資本，或者需要保護，一時應他的招。久

之，這樣的依賴關係，已成過去，而其身分，被人歧視，一時不能回復，遂成為另一階級。部曲的女子，謂之客女。歷代法律上，奴婢傷害良人，罪較平民互相傷害為重。良人傷害奴婢，則罪較平民互相傷害為輕。其部曲、客女，傷害平民的罪，較平民加重，較奴婢減輕；平民傷害部曲、客女的，亦較傷害奴婢加重，較其互相傷害減輕。所以部曲的地位，是介於良賤之間的。歷魏、晉、南北朝至唐、宋，都有這一階級。

使平民在某種程度以內隸屬於他人，亦由來甚久。《商君書·竟內篇》說：「有爵者乞無爵者以為庶子，級乞一人。其無役事也（有爵者不當差徭，在自己家裡的時候），庶子役其大夫，月六日。其役事也，隨而養之。」（有爵者替公家當差徭時，庶子亦跟著他出去）這即是《荀子·議兵篇》所說秦人五甲首而隸五家之制。秦爵二十級（見《漢書·百官公卿表》）。級級都可乞人為役，則人民之互相隸屬者甚多，所以魯仲連要說秦人「虜使其民」了。晉武帝平吳以後，王公以下，都得蔭人為衣食客及佃客。其租調及力役等，均入私家。此即漢世封君食邑戶的遺法，其身分仍為良民。遼時有所謂二稅戶，把良民賜給僧寺，其稅一半輸官，一半輸寺（金世宗時免之），亦是為此。這樣使人對人直接徵收，法律上雖限於某程度以下的物質或勞力，然而久而久之，總是容易發生廣泛的隸屬關係，不如由國家徵收，再行給與之為得。

封建時代的階級，亦是相沿很久的，豈有一廢除即鏟滅淨盡之理？所以魏晉以後，又有所謂門閥的階級。魏晉以後的門閥，舊時的議論，都把九品中正制度（見第七章），看作它很重要的原因，這是錯誤的。世界上哪有這種短時間的政治制度能造成如此深根固柢的社會風尚之理？又有說：這是由於五胡亂華，衣冠之族以血統與異族混淆為恥，所以有這風尚的。這也不對。當時的區別，明明注重於本族士庶之間；況且五胡亂華，至少在西晉的末年，聲勢才浩大的，而劉毅在晉初，已經說當時中正的品

評上品無寒門，下品無世族了。可見門閥之制，並非起源於魏晉之世。然則其緣起安在呢？

　　論門閥制度的話，要算唐朝的柳芳說得最為明白（見《唐書·柳沖傳》）。據他的說法：則七國以前，封建時代的貴族，在秦漢之世，仍為強家。因為漢高祖起於徒步，用人不論家世，所以終兩漢之世，他們在政治上不占特別的勢力。然其在社會上，勢力仍在。到魏晉以後，政治上的勢力和社會上的勢力合流，門閥制度，就漸漸固定了。這話是對的。當時政治上扶植門閥制度的，就是所謂九品中正（見第七章）。至於在社會上，則因漢末大亂，中原衣冠之族，開始播遷。一個世家大族，在本地方是人人知其為世家大族的，用不著自行表暴。遷徙到別的地方，就不然了。琅邪王氏是世族，別地方的王氏則不然。博陵崔氏是世族，別地方的崔氏則不然。一處地方，新遷來一家姓王的、姓崔的，誰知道他是哪裡的王？哪裡的崔呢？如此，就不得不鄭重聲明，我是琅邪王而非別的王氏，是博陵崔而非別的崔氏了。這是講門閥的所以要重視郡望的原因。到現在，我們舊式婚姻的簡帖上，還殘留著這個老廢物。

　　這時候，所謂門第的高下，大概是根據於：（一）本來門第的高下。這是相沿的事實，為本地方人所共認，未必有譜牒等物為據。因為古代譜牒，都是史官所記。隨著封建的崩壞，久已散佚無存了。（二）秦漢以來，世家大族，似乎漸漸地都有譜牒（《隋書》著錄，有家譜、家傳兩門。《世說新語》、《注》，亦多引人家的家譜）。而其事較近，各家族中，有何等人物、事蹟，亦多為眾人所能知、所能記，在這時期以內，一個家族中，要多有名位顯著的人，而切忌有叛逆等大惡的事。如此，歷時稍久，即能受人承認，為其地之世家（歷時不久的，雖有名位顯著的人，人家還只認為暴發戶，不大看得起他。至於歷時究要多久，那自然沒有明確的界限）。（三）譜牒切忌佚亡，事蹟切忌湮沒。儻使譜牒已亡，可以

做世家的條件的事蹟，又無人能記憶；或雖能記憶，而不能證明其出於我之家族中；換言之，即不能證明我為某世家大族或有名位之人之後；我的世族的資格，就要發生動搖了。要之，不要證據的事，要沒人懷疑；要有證據的事，則人證物證至少要有一件存在；這是當時判定世族資格的條件。譜牒等物，全由私家掌管，自然不免有散佚、偽造等事。政治總是跟著社會走的。為要維持這樣的門閥制度，官家就亦設立譜局，與私家的譜牒互相鉤考；「有司選舉，必稽譜籍而考其真偽」了（亦柳芳語）。

在這個時代，寒門世族，在仕途上優劣懸殊，甚至婚姻不通；在社交上的禮節，亦不容相並（可參看《陔餘叢考・六朝重氏族》條）。這樣的界限，直至唐代猶存。《唐書・高士廉傳》及〈李義府傳〉說：太宗命士廉等修《氏族志》，分為九等，崔氏猶為第一，太宗列居第三。又說：魏太和中，定望族七姓，子孫迭為婚姻。唐初作《氏族志》，一切降之。後房玄齡、魏徵、李等，仍與為婚，故其望不減。義府為子求婚不得，乃奏禁焉。其後轉益自貴，稱禁婚家，男女潛相聘娶，天子不能禁。《杜羔傳》說：文宗欲以公主降士族，曰：「民間婚姻，不計官品，而尚閥閱。我家二百年天子，反不若崔、盧邪？」可見唐朝中葉以後，此風尚未剗除。然此時的門閥，已只剩得一個空殼，經不起雨打風吹，所以一到五代時，就成「取士不問家世，婚姻不問閥閱」之局了（《通志・氏族略》）。

這時候的門閥，為什麼只剩一個空殼呢？（一）因自六朝以來，所謂世族，做事太無實力。這只要看《廿二史劄記・江左諸帝皆出庶族》、〈江左世族無功臣〉、〈南朝多以寒人掌機要〉各條可見。（二）則世族多貪庶族之富，與之通婚；又有和他通譜，及把自己的家譜出賣的。看《廿二史劄記・財昏》、《日知錄通譜》兩條可見。（三）加以隋廢九品中正，唐以後科舉制度盛行，世族在選舉上，亦復不占便宜。（四）此時的門閥，就只靠相沿已久，有一種惰力性維持，一受到唐末大亂、譜牒淪亡的

打擊，自然無以自存了。門閥制度，雖盛於魏晉以後，然而其根源，實尚遠在周秦以前，到門閥制度廢除，自古相傳的階級，就蕩然以盡了（指由封建勢力所造成的階級）。

　　然則族的階級雖平，而本族和異族之間，階級復起。這就不能不嘆息於中國自晉以後武力的衰微了。中國自漢武帝以後，民兵漸廢。此時的兵役多以罪人和奴隸充之，亦頗用異族人為兵。東漢以後，雜用異族之風更盛。至五胡亂華之世，遂習為故常（別見第九章）。此時的漢人和異族之間，自然不能不產生階級。史稱北齊神武帝，善於調和漢人和鮮卑，他對漢人則說：「鮮卑人是汝作客（猶今言雇工），得汝一斛粟，一匹絹，為汝擊賊，令汝安寧，汝何為凌之？」對鮮卑人則說：「漢人是汝奴。夫為汝耕，婦為汝織，輸汝粟帛，令汝溫飽，汝何為疾之？」就儼然一為農奴，一為戰士了。

　　但此時期的異族，和自女真以後的異族，有一個大異點。自遼以前（契丹為鮮卑宇文氏別部，實際仍是五胡的分支），外夷率以漢族為高貴而攀援之，並極仰慕其文化，不恤犧牲其民族性，而自願同化於漢族。至金以後則不然。這只要看五胡除羯以外，無不冒托神明之胄（如拓跋氏自稱黃帝之後，宇文氏自稱炎帝之後是）。金以後則無此事；北魏孝文帝，自願消滅鮮卑語，獎勵鮮卑人與漢人通婚，自然是一個極端的例子，然而除此以外，亦未有拒絕漢族文化的。金世宗卻極力保存女真舊風及其語言文字。這大約由於自遼以前的異族，附塞較久，濡染漢人文化較深，金、元、清則正相反之故。渤海與金、清同族，而極仰慕漢人的文化，似由其先本與契丹雜居營州，有以致之，即其一證。

　　對於漢族的壓制剝削，亦是從金朝以後，才深刻起來的。五胡雖占據中原，只是一部分政權入於其手，其人民久與漢族雜居，並未聞至此時在社會上享有何等特別的權利（至少在法律上大致如此）。契丹是和漢人不

雜居的，其國家的組織，分為部族和州縣兩部分，彼此各不相干（設官分南北面，北面以治部族，南面以治州縣）。財賦之官，雖然多在南面，這是因漢族的經濟較其部族為發達之故，還不能算有意剝削漢人。到金朝，則把猛安謀克戶遷入中原，用集團之制，與漢族雜居，以便鎮壓。因此故，其所耕之地，不得不連成片段。於是或藉口官地，強奪漢人的土地（如據梁王莊、太子務等名目，硬說其地是官地之類），或口稱與漢人互換，而實為強奪，使多數人民流離失所。初遷入時，業已如此。元兵占據河北後，盡將軍戶（即猛安謀克戶）遷於河南，又是這麼一次。遂至和漢人結成骨仇血怨，釀成滅亡以後大屠戮的慘禍了（見《廿二史劄記·金末種人被害之慘》條）。

元朝則更為野蠻，太宗時，其將別迭要把漢人殺盡，空其地為牧場，賴耶律楚材力爭始止（見《元史·耶律楚材傳》）。元朝分人為蒙古、色目（猶言諸色人等，包括蒙古及漢族以外的人。其種姓詳見《輟耕錄》）、漢人（滅金所得的中國人）、南人（滅宋所得的中國人），四種，一切權利，都不平等（如各官署的長官，必用蒙古人。又如學校及科舉，漢人南人的考試較難，而出身反劣）。漢人入奴籍的甚多（見《廿二史劄記·元初諸將多掠人為私戶》條）。明代奴僕之數驟增（見《日知錄·奴僕》條）。怕和此很有關係。清朝初入關時，亦圈地以給旗民。其官缺，則滿漢平分。又有蒙古、漢軍、包衣（滿洲人的奴僕）的專缺。刑法，則宗室、覺羅（顯祖之後稱宗室，自此以外稱覺羅。宗室俗稱黃帶子，覺羅俗稱紅帶子，因其常系紅黃色的帶子為飾。凡漢人殺傷紅黃帶子者，罪加一等。唯在茶坊酒肆中則否，以其自褻身分也）及旗人，審訊的機關都不同（宗室、覺羅，由宗人府審訊。與人民訟者，會同戶、刑部。包衣由內務府慎刑司審訊。與人民訟者，會同地方官。旗人由將軍、都統、副都統審訊），且都有換刑（宗室以罰養贍銀代笞、杖，以板責、圈禁代徒、

流、充軍。雍正十二年，並推及覺羅。其死罪則多賜自盡。旗人以鞭責代笞、杖，枷號代徒、流、充軍。死刑以斬立決為斬監候，斬監候為絞），都是顯然的階級制度。

民族愈開化，則其自覺心愈顯著，其鬥爭即愈尖銳。處於現在生存競爭的世界，一失足成千古恨，再回頭是百年身，誠不可以不凜然了（近來有一派議論，以為滿蒙等族，現在既已與漢族合為一個國族了，從前互相爭鬥的事，就不該再提及，怕的是挑起惡感。甚至有人以為用漢族二字，是不甚妥當的，說這是外國人分化我們的手段，我們不該盲從。殊不知歷史是歷史，現局是現局。不論何國何族，在以往，誰沒有經過鬥爭來？現在誰還在這裡算陳帳？若慮挑起惡感，而於以往之事，多所顧忌而不敢談，則全部歷史，都只好拉雜摧燒之了。漢族兩字不宜用，試問在清朝時代的滿漢兩字，民國初年的漢、滿、蒙、回、藏五族共和等語，當改作何字？歷史是一種學術，凡學術都貴真實。只要忠實從事，它自然會告訴你所以然的道理，指示你當遵循的途徑。現在當和親的道理，正可從從前的鬥爭裡看出來，正不必私智穿鑿，多所顧慮）。

總而言之：凡階級的所以形成，其根源只有兩種：一種是武力的，一種是經濟的。至於種族之間，則其矛盾，倒是較淺的。近代的人，還有一種繆見，以為種族是一個很大的界限，同種間的鬥爭，只是一時的現象，事過之後，關係總要比較親切些。殊不知為人類和親的障礙的，乃是民族而非種族。種族的同異在體質上，民族的同異在文化上。體質上的同異，有形狀可見，文化上的同異，無跡象可求。在尋常人想起來，總以為種族的同異，更難泯滅，這就是流俗之見，需要學術矯正之處。從古以來，和我們體質相異的人，如西域深目高鼻之民，南方卷髮黑身之族，為什麼彼我之間沒有造成嚴重的階級呢？總而言之：社會的組織，未能盡善，則集團與集團之間，利害不能無衝突。「利惟近者為可爭，害惟近者為尤切。」

這是事實。至於體質異而利害無衝突，倒不會有什麼劇烈的鬥爭的。這是古今中外的歷史，都有很明白的證據的。所以把種族看作嚴重的問題，只是一個俗見。

近代有一種賤民。其起源，或因民族的異同，或因政治上的措置，或則社會上積習相沿，驟難改易，遂至造成一種特別等級。這在清朝時，法律上都曾予以解放。如雍正元年，於山、陝的樂戶，紹興的惰民；五年於徽州的伴檔、甯國的世僕；八年於常熟、昭文的丐戶；都令其解放同於平民。乾隆三十六年，又命廣東的疍戶，浙江的九姓漁戶及各省有似此者，均查照雍正元年成案辦理。這自然是一件好事。但社會上的歧視，往往非政治之力所能轉移。所以這種階層，現在仍未能完全消滅。這是有待於視壓迫為恥辱的人，繼續努力的了。

階級制度，在古昔是多少為法律所維持的。及文化進步，乃覺得人為的不平等不合於理，這樣的法律，遂逐漸取消。然而，社會上的區別，則不能驟泯。社會階級的區別，顯而易見的是生活的不同。有形的如宮室、衣服等等，無形的如語言、舉動等等。其間的界限，為社會所公認。彼此交際之間，上層階級，會自視為優越，而對方亦承認其優越；下層階級，會被認為低微，而其人亦自視為低微。這種階級的區別，全由習慣相沿。而人之養成其某階級的氣質，則由於教育（廣義的）。維持其某階級的地位，則由於職業。舊時社會所視為最高階級的，乃讀書做官的人，即所謂士。此種人，其物質的享受，亦無以逾於農工商，但所得的榮譽要多些。所以農工商還多希望改而為士，而士亦不肯輕棄其地位（舊時所謂書香之家，雖甚貧窮，不肯輕易改業，即由於此）。這還是封建殘餘的勢力。

此外，則惟視其財力的厚薄，以判斷其地位的高低。所謂貧富，應以維持其所處的階級的生活為標準。有餘的謂之富，僅足的謂之中人，不足的謂之貧。此自非指一時的狀況言，而當看其地位是否穩固。所謂穩

固，包含三條件，即：（一）財產收入，較勞力收入為穩固。（二）有保障的職業，較無保障的為穩固。（三）獨立經營的職業，較待人雇用的為穩固。階級的升降，全然視其財力。財力足以上升，即可升入上層階級；財力不能維持，即將落入下層階級。宮室衣服等，固然如此，即教育職業亦然。如農工商要改做士，則必須有力量能從師讀書；又必須有力量能與士大夫交際，久之，其士大夫的氣質，乃得養成。這是舉其一端，其他可以類推。總之，除特別幸運的降臨，凡社會上平流而進的，均必以經濟上的地位為其基礎。下層社會中人，總想升入上層的；上層社會中人，則想保持其地位。舊時的教育，如所謂奮勉以求上進，如所謂努力勿墜其家聲等等，無論其用意如何，其內容總不外乎此。至於剷除階級或組織同階級中人，以與異階級相鬥爭，則昔時無此思想。此因階級間之相去，並不甚遠；而升降也還容易之故。

　　新式產業興起以後，情形就與從前不同。從前所謂富、中人、貧，相去實不甚遠的，今則相去甚遠（所謂中產階級，當分新舊兩種：舊的，如舊式的小企業等，勢將逐漸為大企業所吞併。新的，如技術、管理人員等，則皆依附大資本家以自存。其生活形式，雖與上層階級為儕，其經濟地位的危險，實與勞工無異。既無上升之望，則終不免於墜落。所以所謂中間者，實不能成為階級）。從下級升至上級，亦非徒恃才能所能有濟（昔時的小富，個人的能力及際遇，足以致之，今之大富豪則不然。現在文明之國，所謂實業領袖，多屬富豪階級中人，由別階級升入的很少）。於是雖無世襲之名，而有世襲之實。上級的地位，既不易變動，下級的惡劣境遇，自然不易脫離。環境逼迫著人改變思想，階級鬥爭之說，就要風靡一時了。剷除階級，自是美事，但盲動則不免危險；且亦非專用激烈手段，所能有濟；所以舉措不可不極審慎。

第五章　財產

第五章　財產

要講中國的經濟制度，我們得把中國的歷史分為三大時期：有史以前為第一期；有史以後，訖於新室之末，為第二期；自新室亡後至現在，為第三期。自今以後，則將為第四期的開始。

孔子作《春秋》，把二百四十二年分為三世：第一期為亂世，第二期為升平世，第三期為太平世。這無疑是想把世運逆挽而上，自亂世進入升平，再進入太平的。然則所謂升平、太平，是否全是孔子的理想呢？我們試看，凡先秦諸子，無不認為遠古之世有一個黃金時代，其後乃愈降而愈劣，即可知孔子之言，非盡理想，而必有其歷史的背景。《禮記·禮運》所說的大同、小康，大約就是這個思想的背景吧？大同是孔子認為最古的時代，最好的，小康則漸降而劣，再降就入於亂世了。所謂升平，是想把亂世逆挽到小康，再進而達於大同，就是所謂太平了，這是無可疑的。然則所謂大同、小康，究竟是何時代呢？

人是非勞動不能生存的，而非聯合，則其勞動將歸於無效，且亦無從勞動起，所以《荀子》說人不群則不能勝物（見〈王制篇〉。勝字讀平聲，作堪字解，即擔當得起的意思。物字和事字通訓。能勝物，即能擔當得起事情的意思，並非謂與物爭鬥而勝之）。這個時代，人是「只有合力以對物，斷無因物而相爭」的，許多社會學家，都證明原始時代的人沒有個人觀念。我且無有，尚何有於我之物？所以這個時代，一切物都是公有的。有種東西，我們看起來似乎是私有（如衣服及個人所用的器具之類）。其實並不是私有，不過不屬於這個人則無用，所以常常附屬於他罷了。以財產之承襲論，亦是如此（氏族時代，男子的遺物，多傳於男子，女子的遺物，多傳於女子，即由於此）。在這個時代，人與人之間，既毫無間隔，如何不和親康樂呢？人類經過原始共產時代、氏族共產時代，以入家族集產時代。在氏族、家族時代，似已不免有此疆彼界之分，然而，其所含的公共性質還很多。孔子所嚮往的大同，無疑的，是在這一個時代

以前。今試根據古書，想像其時的情形如下。

　　這個時代，無疑是個農業時代。耕作的方法，其初該是不分疆界的，其後則依家族之數，而將土地分配（所以孔子說「男有分，女有歸」）。此即所謂井田制度。井田制度，是把一方里之地，分為九區，每區一百畝，中間的一區為公田，其外八區為私田。一方里住八家，各受私田百畝；中間的公田，除去二十畝，以為八家的廬舍，一家得二畝半。還有八十畝，由八家公共耕作，其收入是全歸公家的。私田的所入，亦即全歸私家。此即所謂助法。如其田不分公私，每畝田上的收穫，都酌提若干成歸公，則謂之徹法。土田雖有分配，並不是私人所有的，所以有「還受」和「換主易居」之法（受，謂達到種田的年齡，則受田於公家。還，謂老了，達到無庸種田的年齡，則把田還給公家。因田非私人所有，故公家時時可重行分配，此即所謂「再分配」。三年一換主易居，即再分配法之一種）。在所種之田以外，大家另有一個聚居之所，是之謂邑。合九方里的居民，共營一邑，故一里七十二家（見《禮記・雜記》注引《王度記》。《公羊》何《注》舉成數，故云八十家。邑中宅地，亦家得二畝半，合田間廬舍言之，則曰「五畝之宅」）。八家共一巷，中間有一所公共的建築，是為「校室」。春、夏、秋三季，百姓都在外種田，冬天則住在邑內。一邑之中，有兩個老年的人當領袖。這兩個領袖，後世的人，用當時的名稱稱呼他，謂之父老、里正。古代的建築，在街的兩頭都有門，謂之閭。閭的旁邊，有兩間屋子，謂之塾。當大家要出去種田的時候，天亮透了，父老和里正開了閭門，一個坐在左塾裡，一個坐在右塾裡，監督著出去的人。出去得太晚了，或者晚上回來時不帶著薪樵以預備做晚飯，都是要被詰責的。出入的時候，該大家互相照應，所帶的東西輕了，該幫人家分拿些；帶的東西重了，可以分給人家代攜，不必客氣。有年紀、頭髮花白的人，該讓他安逸些，空手走回來。到冬天，則父老在校室裡教訓邑

中的小孩子，里正則催促人家「緝績」。住在一條巷裡的婦女們，聚在一間屋子裡織布，要織到半夜方休。以上所說的，是根據《公羊·宣公十五年》何《注》、《漢書·食貨志》概敘其大略。這雖是後來人傳述的話，不全是古代的情形，然而還可根據著它，想像一個古代農村社會的輪廓。

農田以外的土地，古人總稱為山澤。農田雖按戶口分配，山澤是全然公有的。只要依據一定的規則，大家都可使用（如《孟子》所說的「數罟不入洿池」、斧斤以時入山林」等。田獵的規則，見《禮記·王制》。《周禮》有山虞、林衡、川衡、澤虞、跡人、卝人等官，還是管理這樣的地方，監督使用的人，必須遵守規則，而且指導他使用的方法的，並不封禁）。

這時候，是無所謂工業的。簡單的器具，人人會造，較繁複的，則有專司其事的人。但這等人，絕不是借此以營利的。這等人的生活資料，是由大家無條件供給他的，而他所製造的器具，也無條件供給大家用。這是後來工官之本。

在本部族之內，因屬公產，絕無所謂交易。交易只行於異部族之間，不過以剩餘之品互相交換，絕無新奇可喜之物。所以許行所主張的貿易，會簡單到論量不論質（見《孟子·滕文公上篇》）。而《禮記·郊特牲》說：「四方年不順成，八蠟不通（言舉行蠟祭之時，不許因之舉行定期貿易）。」蠟祭是在農功畢後舉行的，年不順成，就沒有剩餘之品可供交易了。這樣的交易，可想見其對於社會經濟影響甚淺。

倘若在特別情形之下，一部族中，缺少了什麼必要的東西，那就老實不客氣，可以向人家討，不必要有什麼東西交換。後來國際間的乞糴，即原於此。如其遇見天災人禍，一個部族的損失實在太大了，自己無力回復，則諸部族會聚集起來，自動替他填補的。《春秋·襄公三十年》，宋國遇到火災，諸侯會於澶淵，以更宋所喪之財（更為繼續之意，即現在的賡字），亦必是自古相沿的成法。幫助人家工作，也不算得什麼事的。

《孟子》說：「湯居亳，與葛為鄰。葛伯放而不祀，湯使人問之曰：何為不祀？曰：無以供犧牲也。湯使遺之牛羊。葛伯食之，又不以祀。湯又使人問之曰：何為不祀？曰：無以供粢盛也。湯使亳眾往為之耕。」（〈滕文公下〉）這件事，用後世人的眼光看起來，未免不近情理。然如齊桓公合諸侯而城杞（《春秋·僖公十四年》），豈不亦是替人家白白效勞嗎？然則古代必有代耕的習慣，才會有這傳說。古代國際間有道義的舉動還很多，據此推想，可以說，都是更古的部族之間留傳下來的，此即孔子所謂「講信修睦」。

雖然部族和部族之間有此好意，然而在古代，部族乞助於人的事，總是很少的。因為他們的生活，是很有規範的，除非真有不可抗拒的災禍，絕不會淪於窮困。他們生活的規範，是怎樣呢？《禮記·王制》說：塚宰「以三十年之通制國用，量入以為出。」「三年耕，必有一年之食；九年耕，必有三年之食。以三十年之通，雖有凶旱水溢，民無菜色。」這在後來，雖然成為塚宰的職責，然其根源，則必是農村固有的規範。不幸而遇到凶年饑饉，是要合全部族的人共謀節省的。此即所謂凶荒劄喪的變禮。在古代，禮是人人需要遵守的。其所謂禮，都是切於生活的實際規則，並不是什麼虛文。所以《禮記·禮器》說：「年雖大殺，眾不恇懼，則上之制禮也節矣。」

一個團體之中，如有老弱殘廢的人，眾人即無條件養活他。《禮記·王制》說：孤、獨、矜、寡，「皆有常餼」。又說：「喑、聾、跛、躃、斷者（骨節斷的人）、侏儒（體格不及標準。該包括一切發育不完全的人），百工各以其器食之。」舊說：看他會做什麼工，就叫他做什麼工。這解釋怕是錯的。這一句和上句，乃是互言以相備。說對孤、獨、矜、寡供給食料，可見對這種殘廢的人，亦供給食料；說對這樣殘廢的人，供給器用，可見對孤、獨、矜、寡亦供給器用。乃古人語法如此，《荀子·王

制篇》作「五疾上收而養之」可證。

　　這樣的規則都實行了，確實可使匹夫匹婦無不得其所的；而在古代，社會內部無甚矛盾之世，我們亦可以相信其曾經實行過的。如此，又何怪後人視其時為黃金時代呢？視古代為黃金時代，不但中國，希臘人也有這樣的思想。物質文明和社會組織，根本是兩件事。講物質文明，後世確是進步了，以社會組織論，斷不能不承認是退步的。

　　有許多遺跡，的確可使我們相信，在古代財產是公有的。《書經・酒誥篇》說：「群飲，汝勿佚，盡執拘以歸於周，予其殺。」這是周朝在殷朝的舊土，施行酒禁時嚴厲的誥誡。施行酒禁不足怪，所可怪的，是當此酒禁嚴厲之時，何不在家獨酌？何得還有群飲觸犯禁令的人，致煩在上者之誥誡？然則其所好者，在於飲呢？還是在於群呢？不論什麼事，根深柢固，就難於驟變了。漢時的賜酺，不也是許民群飲嗎？倘使人之所好，只在於飲而不在於群，賜酺還算得什麼恩典？可見古人好群飲之習甚深。因其好群飲之習甚深，即可想見其在遠古時曾有一個共食的習慣。家家做飯自己吃，已經是我們的恥辱了。《孟子》又引晏子說：「師行而糧食。」糧同量，謂留其自吃的部分，其餘盡數充公。這在晏子時，變成虐政了，然而推想其起源，則亦因儲藏在人家的米，本非其所私有，不過借他的房屋儲藏（更古則房屋亦非私有），所以公家仍可隨意取去。

　　以上所說，都是我們根據古籍所推想的大同時代的情形。雖然在古籍中已經不是正式記載，而只是遺跡，但有跡則必有跡所自出之履，這是理無可疑的。然則到後來，這樣的制度，是如何破壞掉的呢？

　　曠觀大勢，人類全部歷史，不外自塞而趨於通。人是非不斷和自然爭鬥不能生存的。所聯合的人愈多，則其對自然爭鬥的力愈強。所以文明的進步，無非是人類聯合範圍的擴大。然而，人類控制自然的力量進步了，控制自己的力量，卻不能與之並進，於是天災雖澹，而人禍復興。

人類的聯合，有兩種方法：一種是無分彼此，通力合作；一種則分出彼此的界限來。既分出彼此的界限，而又要享受他人勞動的結果，那就非於交易、掠奪兩者之中擇行其一不可了。而在古代，掠奪的方法，且較交易為通行。在古代各種社會中，論文化，自以農業社會為最高；論富力，亦以農業社會為較厚；然而卻很容易被人征服。因為：（一）農業社會，性質和平，不喜戰鬥。（二）資產笨重，難於遷移。（三）而獵牧社會，居無定所，去來飄忽，農業社會，即幸而戰爭獲勝，亦很難犁庭掃穴，永絕後患。（四）他們既習於戰鬥，又是以侵略為衣食飯碗的，得隙即來。農業社會，遂不得不於可以忍受的條件之下，承認納貢而言和；久之，遂夷為農奴；再進一步，征服者與被征服者關係愈益密切，遂合為一個社會，一為治人者，食於人者，一為治於人者，食人者了。封建時代階級制度的成立，即緣於此（參看上章）。

　　依情理推想，在此種階級之下，統治者對於被統治者，似乎很容易為極端之剝削的。然而剝削者對於被剝削者，亦必須留有餘地，乃能長保其剝削的資源。剝削的宗旨，是在於享樂的，因而是懶惰的，能夠達到剝削的目的就夠了，何必干涉人家內部的事情？而剝削者的權力，事實上亦或有所制限，被剝削者內部的事情，未必容其任意干涉。況且兩個社會相遇，武力或以進化較淺的社會為優強，組織必以進化較深的社會為堅凝。所以在軍事上，或者進化較深的社會反為進化較淺的社會所征服；在文化上，則總是進化較淺的社會為進化較深的社會所同化的。職是故，被征服的社會，內部良好的組織，得以保存。一再傳後，征服者或且為其所同化，而加入於其組織之中。古語說君者善群（這群字是動詞，即組織之義），而其所以能群，則由於其能明分（見《荀子·王制》、《荀子·富國》兩篇）。據此義，則征服之群之酋長，業已完全接受被征服之群之文化，依據其規則，負起組織的責任來了。在這個時代，只有所謂君大夫，

原來是征服之族者，擁有廣大的封土，收入甚多，與平民相懸絕。此外，社會各方面的情形，還無甚變更。士，不過祿以代耕，其生活程度，與農夫相彷彿；農則井田之制仍存；工商亦仍無大利可牟。征服之族，要與被征服之族在經濟上爭利益者，亦有種種禁例，如「仕則不稼，田則不漁」之類（見《禮記·坊記》。《大學》：孟獻子曰：「畜馬乘，不察於雞豚；伐冰之家，不畜牛羊。」董仲舒對策，說公儀子相魯，之其家，見織帛，怒而出其妻；食於舍而茹葵，慍而拔其葵；曰：「吾已食祿，又奪園夫紅女利乎？」此等，在後來為道德上的教條，在當初，疑有一種禁令）。然則社會的內部，還是和親康樂的，不過在其上層，多養著一個寄生者罷了。雖然和寄生蟲並存，還不至危及生命健康，總還算一個準健康體，夫是之謂小康。

小康時代，又成過去，亂世就要來了。此其根源：（一）由初期的征服者，雖然憑恃武力，然其出身多在瘠苦之地，其生活本來是簡陋的。凡人之習慣，大抵不易驟變，儉者之不易遽奢，猶奢者之不能復儉。所以開國之主，總是比較勤儉的。數傳之後，嗣世之君，就都變成生於深宮之中，長於阿保之手的紈袴子弟了。其淫侈日甚，則其對於人民之剝削日重，社會上的良好規制，遂不免受其影響（如因政治不善，而人民對於公田耕作不熱心，因此發生履畝而稅的制度，使井田制度受其影響之類）。（二）則商業發達了，向來自行生產之物，可以不生產而求之於人；不甚生產之物，或反可多生產以與人交易。於是舊組織不復合理，而成為獲利的障礙，就不免墮壞於無形了。舊的組織破壞了，新的組織，再不能受理性的支配，而一任事勢的推遷。人就控制不住環境，而要受環境的支配了。

這個時代經濟上的變遷，可以述其舉舉大端如下：

（一）因人口增加，土地漸感不足，而地代因之發生。在這情形之下，土地荒廢了，覺得可惜，於是把向來田間的空地留作道路和備蓄泄之

用的，都加以墾闢，此即所謂「開阡陌」（開阡陌之開，即開墾之開。田間的陸地，總稱阡陌。低地留作蓄水泄水之用的，總稱溝洫。開阡陌時，自然把溝洫也填沒了。參看朱熹〈開阡陌辨〉）。這樣一來，分地的標記沒有了，自然可隨意侵占；有土之君，利於租稅之增加，自然也不加以禁止，或且加以宣導。此即孟子所謂「暴君汙吏，必慢其經界」（〈滕文公上篇〉）。一方面靠暴力侵占，一方面靠財力收買，兼併的現象，就陸續發生了。

（二）山澤之地，向來作為公有的，先被有權力的封君封禁起來，後又逐漸入於私人之手（《史記·平準書》說：漢初山川、園池，自天子至於封君，皆各為私奉養。此即前代山澤之地。把向來公有的山澤，一旦作為私有，在漢初，絕不會，也絕不敢有這無理的措置。可見自秦以前，早已普遍加以封禁了。管子官山府海之論，雖然意在擴張國家的收入，非以供私人之用，然其將公有之地加以封禁則同。《史記·貨殖列傳》所載諸大企業家，有從事於畜牧的，有從事於種樹的，有從事於開礦的，都非占有山澤之地不行。這大約是從人君手裡以賞賜、租、買等方法取得的）。

（三）工業進化了，器用較昔時為進步，而工官的製造，未必隨之進步。或且以人口增加而工官本身未嘗擴張，量的方面，亦發生問題。過去為家家自製之物，至此求之於市者，亦必逐漸增加。於是漸有從事於工業的人，其獲利亦頗厚。

（四）商人，更為是時活躍的階級。交換的事情多了，居間的商人隨之而增多，這是勢所必至的。商業的性質，是最自利的。依據它的原理，必須以最低的價格（只要你肯賣）買進，最高的價格（只要你肯買）賣出。於是生產者、消費者同受剝削，而居間的階級獨肥。

（五）盈天地之間者皆物，本說不出什麼是我的，什麼是你的。所以分為我的、你的，乃因知道勞力的可貴，我花了勞力在上面的東西，就不

肯白送給你。於是東西和東西，東西和勞力，勞力和勞力，都可以交換。於是發生了薪資，發生了利息。在封建制度的初期，封君雖然霸占了許多財產，還頗能盡救濟的責任，到後來，便要借此以博取利息了。孟子述晏子的話，說古代的巡狩，「春省耕而補不足，秋省斂而助不給」（〈梁惠王下篇〉）。而《戰國策》載馮諼為孟嘗君收債，盡焚其券以市義，就顯示著這一個轉變。較早的時代，只有封君是有錢的，所以也只有封君放債。後來私人有錢的漸多，困窮的亦漸眾，自然放債取利的行為漸漸地普遍了。

（六）在這個時代，又有促進交易和放債的工具發生，是為貨幣的進步（別見〈貨幣篇〉）。貨幣愈進步，則其為用愈普遍，於是交易活潑，儲蓄便利，就更增進人的貪欲（物過多則無用，所以在實物經濟時代，往往有肯以之施濟的。貨幣既興，此物可以轉變為他物，儲蓄的亦只要儲蓄其價值，就不容易覺得其過剩了）。

在這種情形之下，就出現下列三種人：

（一）大地主。其中又分為田連阡陌及擅山澤之利的兩種人。

（二）大工商家。古代的工業家，大抵自行販賣，所以古人統稱為商人。然從理論上剖析之，實包括工業家在內，如漢時所稱之「鹽鐵」（謂制鹽和鼓鑄鐵器的人）。其營業，即是側重在製造方面的。

（三）子錢家。這是專以放債取息為營業的。

要知道這個時代的經濟情形，最好是看《史記》的〈貨殖列傳〉。然而〈貨殖列傳〉所載的，只是當時的大富豪。至於富力較遜，而性質相同的小地主、小工商及小的高利貸者，那就書不勝書了。

精神現象，總是隨著生活環境而變遷的。人是獨力很難自立的，所以能夠生存，無非是靠著互助。家族制度盛行，業已把人分成五口、八口的一個個的小單位。交易制度，普遍地代替了分配、互助之道，必以互相剝

削之方法行之，遂更使人們的對立尖銳。人在這種情形之下，要獲得一個立足之地甚難，而要墮落下去則甚易。即使獲得了一個立足之地，亦是非用強力不易保持的。人們遂都汲汲皇皇，不可終日。董仲舒說：「天下攘攘，皆為利往；天下熙熙，皆為利來。」《史記·貨殖列傳》有一段，剖析當時所謂賢士、隱士、廉吏、廉賈、壯士、遊俠、妓女、政客、打獵、賭博、方技，犯法的吏士、農、工、商賈，各種人的用心，斷言他的內容，無一而非為利。而又總結之曰：「此有智盡能索耳，終不餘力而讓財矣。」《韓非子》說：「無豐年旁入之利，而獨以完給者，非力則儉。無飢寒疾病禍罪之殃，而獨以貧窮者，非侈則惰。徵斂於富人，以布施於貧家，是奪力儉而與侈惰。」（〈顯學篇〉）。話似近情，然不知無豐年旁入之利，無飢寒疾病禍罪之殃的條件成立甚難，而且侈惰亦是社會環境養成的。誰之罪？而獨嚴切的責備不幸的人，這和「不獨親其親，不獨子其子」「貨惡其棄於地也，不必藏於己；力惡其不出於身也，不必為己」的精神，竟不像是同一種動物發出來的了。人心大變，此即所謂亂世。

孔子所謂小康之世，大約從有史時代就開始的。因為我們有確實的歷史，始於炎黃之際，已經是一個干戈擾攘的世界了。至於亂世，其機緘，亦是早就潛伏的，而其大盛，則當在東周之後。因為封建制度是自此以後才大崩潰的（封建制度的崩潰不是什麼單純的政治作用，實在是社會文化進步，而後政治作用隨之的，已見第三章。新文化的進步，就是舊組織的崩潰）。然而在東周以後，社會的舊組織雖已崩潰，而人們心上，還都覺得這新成立的秩序為不安，認為他是異端，當有以矯正之。於是有兩漢時代不斷的社會改革運動。醞釀久之，到底有新室的大改革。這大改革失敗了，人們才承認社會組織的不良為與生俱來、無可如何之事，把病態認為常態了。所以我說小康的一期，當終於新室之末。

漢代人的議論，我們要是肯細看，便可覺得他和後世的議論，絕不相

同。後世的議論，都是把社會組織的缺陷認為無可如何的事，至多只能去其太甚。漢代人的議論，則總是想徹底改革的。這個，只要看最著名的賈誼、董仲舒的議論，便可見得。若能細讀《漢書》的〈王貢兩龔鮑〉和〈眭兩夏侯京翼李傳〉，就更可明白了。但他們有一個通弊，就是不知道統治者和被統治者根本上是兩個對立的階級，不知領導被壓迫階級以圖革命，而專想借壓迫階級之力，以為人民謀解放。他們誤以為統治者階級便是代表全社會的正義的，而不知道這只是統治者階級中的最少數。實際上，政治上的統治者階級，便是經濟上的壓迫階級，總是想榨取被統治階級（即經濟上的被壓迫階級）以牟利的。統治者階級中最上層的少數人，只是立於兩者之間，使此兩階級得以保持一個均衡，而實際上還是偏於統治者一方面些。要想以它為發力機鼓動了多數統治者為被統治者謀幸福，真是緣木求魚，在理論上絕不容有這回事。理所可有，而不能實現之事多矣，理所必無，而能僥倖成功之事，未之前聞。這種錯誤，固然是時代為之，怪不得古人。然而不能有成之事，總是不能有成，則社會科學上的定律，和自然科學上的定律一樣固定，絕不會有例外。

在東周之世，社會上即已發生兩種思潮：一是儒家，主張平均地權，其具體辦法是恢復井田制度。一是法家，主張節制資本，其具體辦法是（甲）大事業官營；（乙）大商業和民間的借貸，亦由公家加以干涉（見《管子・輕重》各篇）。漢代還是如此。漢代儒家的宗旨，也是要恢復井田的。因為事不易行，所以讓步到「限民名田」。其議發於董仲舒。哀帝時，師丹輔政，業已定有辦法，因為權戚所阻撓，未能實行。法家的主張，桑弘羊曾行之，其最重要的政策，是鹽鐵官賣及均輸。均輸是官營商業，令各地方把商人所販的出口貨做貢賦，官販賣之於別地方。弘羊的理論，略見《鹽鐵論》中。著《鹽鐵論》的桓寬，是反對桑弘羊的（《鹽鐵論》乃昭帝時弘羊和賢良文學辯論的話，桓寬把他整理記錄下來的。賢良

文學都是治儒家之學的，弘羊則是法家，桓寬亦信儒家之學）。其紀錄，未必會有利於弘羊，然而我們看其所記弘羊的話，仍覺得光焰萬丈。可知歷來以弘羊為言利之臣，專趨承武帝之意，替他搜括，實在是錯誤的。但弘羊雖有此種抱負，其籌款的目的是達到了，矯正社會經濟的目的則並未達到。漢朝所實行的政策，如減輕田租、重農抑商等，更其無實效可見了。直到漢末，王莽出來，才綜合儒法兩家的主張行一次斷然的大改革。

　　在中國經學史中，有一重公案，便是所謂今古文之爭。今古文之爭，固然自有其學術上的理由，然而和政治的關係亦絕大。提倡古文學的劉歆、王莽，都是和政治很有關係的人。我們向來不大明白他們的理由，現在卻全明白了。王莽是主張改革經濟制度的人，他的改革，且要兼及於平均地權和節制資本兩方面。今文經是只有平均地權的學說，而無節制資本的學說的。這時候，社會崇古的風氣正盛，欲有所作為，不得不求其根據於古書，王莽要兼行節制資本的政策自不得不有取於古文經了。這是旁文。我們現在且看王莽所行的政策：

　　（一）他把天下的田，都名為王田（猶今言國有）；奴婢名為私屬；都不得買賣。男口不盈八，而田過一井的，分餘田與九族鄉黨。

　　（二）設立六筦之制：（甲）鹽，（乙）酒，（丙）鐵，（丁）山澤，（戊）五均賒貸，（己）鐵布銅冶。其中五均賒貸一項，是控制商業及借貸的。餘五項，是將廣義的農業和工業收歸官營。

　　（三）五均，《漢書・食貨志注》引鄧展，謂其出於河間獻王所傳的《樂語》、《樂元語》。臣瓚引其文云：「天子取諸侯之土，以立五均，則市無二賈，四民常均；強者不得困弱，富者不得要貧；則公家有餘，恩及小民矣。」這是古代的官營商業。其為事實或法家的學說未可知，而要為王莽的政策所本。王莽的制度：是改長安東西市令，又於洛陽、邯鄲、臨淄、宛、成都五處都設司市師（師是長官之意），各以四時仲月（二、

五、八、十一月），定該區中貨物的平價。貨物實系有用而滯銷的，照他的本錢買進；物價騰貴，超過平價一錢時（漢時錢價貴，故超過一錢，即為騰貴），則照平價出賣。又在司市師之下，設泉府丞（丞是副官的意思），經營各種事業的人，都要收稅，名之為貢（其額按純利十分之一）。泉府收了這一筆貢，用以借給困乏的人。因喪祭等事而借的，只還本，不取息；藉以營利的，取年息十分之一。

　　王莽的變法，是不會有成功的希望的，其理由已述於前。固然，王莽的行政手段很拙劣，但這只是枝節。即使手段很高強，亦不會有成功的希望。因為根本上注定要失敗的事，絕不是靠手段補救得來的。但是王莽的失敗，不是王莽一個人的失敗，乃是先秦以來言社會改革者公共的失敗。因為王莽所行，並不是王莽一個人的意見，乃是先秦以來言社會改革者公共的意見，王莽只是集這種意見的大成。經過這一次改革失敗之後，人遂群認根本改革為不可能，想把亂世逆挽之而至於小康的思想，從此告終了。中國的社會改革運動，至此遂告長期的停頓。

　　雖然在停頓時期，枝節的改革，總還不能沒有的，今亦略述其事如下：

　　這個時代最可紀念的，是平和的、不徹底的平均地權運動。激烈的井田政策既經絕望，平和的限民名田政策還不能行，於是又有一種議論，說平均地權之策，當行之於大亂之後地廣人稀、土田無主之日。於是有晉朝的戶調式，北魏的均田令，唐朝的租庸調法。這三法的要點是：（一）因年齡、屬性之別，以定受田的多少；（二）在北魏的均田令中，有露田和桑田的區別。唐朝則名為口分田和世業田。桑田和世業田，是可以傳世的，露田和口分田，則受之於官；仍要還之於官；（三）唐制又有寬狹鄉之別。田畝之數，足以照法令授與的為寬鄉，不足的為狹鄉。狹鄉授田，減寬鄉之半；（四）有餘田的鄉，是要以給比連之鄉的。州縣亦是如此；

（五）徙鄉和貧無以葬的人，得賣世業田。自狹鄉徙寬鄉的，得並賣口分田（口分田非其所有，無可賣之理。這該是獎勵人民從狹鄉遷到寬鄉去的意思。法律上的解釋，等於官收其田而賣卻之，而將賣田所得之款，發給為獎勵費。許其自賣，只是手續簡便些罷了）；（六）雖然如此，世業田仍有其一定限制，買進的不得超過此限度，在最小限度以內，亦不得再賣卻。

統觀三法，立法之意，是不奪其私有之田，無田者則由官給，希冀減少反抗，以漸平均地權。其立法之意誠甚善，然而其實行至何程度，則殊可疑（晉法定後，天下旋亂，曾否實行，論者甚至有懷疑的。北魏及唐，曾實行至何程度，歷史上亦無明確的記載）。即使實行了，而人總是有緩急的；緩急的時候，不能不希望通融，在私產制度之下，誰肯白借給你？救濟的事業，無論如何，是無法普及的（救濟事業之量，絕不能等於社會上需要救濟之量，這是有其理論上的根據的。因為救濟人者，必先自覺有餘，然後能斥其所餘以救濟人。然則救濟人者的生活程度，必高於所救濟的人，因而他所拿出來的，均攤在眾人頭上，必不能使被救濟者之生活程度與救濟之者相等。而人之覺得足不足，並不是物質上真有什麼界限，而往往是和他人的生活狀況相比較的。如此，故被救濟者在心理上永無滿足之時。又在現在的社會組織之下，一個人的財富，往往是從剝削他人得來的，而他的自覺有餘必在先，斥其餘以救濟他人必在後。自剝削至於救濟，其中必經過相當的時間。在此時間之中，被剝削者，必已負有很大的創傷，即使把所剝削去的全數都還了他，亦已不夠回復，何況還不能全數還他呢）。於是不得不有抵賣之品，而貧民是除田地之外無物可以抵賣的。如此，地權即使一度平均，亦很難維持永久。何況並一度之平均而不可得呢？再者：要調劑土滿和人滿，總不能沒有移民，而在現在的文化狀況之下，移民又是很難實行的。所以這種平均地權的方法，不論事實，在理論上已是很難成立的了。

第五章　財產

　　據記載，唐朝當開元時，其法業已大壞。至德宗建中元年（民國紀元前一一三二年，西元七八〇年）。楊炎為相，改租庸調法為兩稅，人民的有田無田，田多田少，就無人過問了。自晉武帝太康元年（民國紀元前一六三二年，西元二八〇年），平吳行戶調法至此，前後適五百年。自此以後，國家遂無復平均地權的政策。間或丈量，不過為平均賦稅起見，而亦多不能徹底澄清。

　　兼併現象，則依然如故，其中最屬害的，為南宋時浙西一帶的兼併。因為這時候，建都在臨安，浙西一帶，闊人多了，競以兼併為事，收租奇重。宋末，賈似道要籌款，就用低價硬買做官田。田主固然破產了，佃戶自此要向官家交租，又非向私家交租時「額重納輕」之比，人民已受了一次大害。到明初平張士誠，太祖惡其民為士誠守，對於蘇松、嘉湖之田，又定以私租為官稅。後來雖屢經減免，直到現在，這一帶田賦之重，還甲於全國。兼併的影響，亦可謂深了。

　　物價的高低，東漢以後，更無人能加以干涉。只有食糧，關係人民的利害太密切了，國家還不能全然放任。安定穀價的理論，始於李悝。李悝說糴（穀價），甚賤傷農，甚貴傷民（此民字指穀之消費者，與農為穀之生產者立於對立的地位）。主張當新穀登場時，國家收買其一部分，至青黃不接時賣出，以保持穀的平價。漢宣帝時，穀價大賤，大司農耿壽昌於若干地方行其法，名其倉為常平倉。此法雖不為牟利起見，然則賣出之價，必比買進之價略高，國家並無所費，而人民實受其益，實可稱法良意美。然而在古代，穀物買賣未盛則有效。至後世，穀物的市場日廣，而官家的資本甚微，則即使實力奉行，亦難收控制市場之效；何況奉行者又多有名無實，甚或並其名而無之呢？所以常平倉在歷代法令上，雖然是有的時候多，實際上並無效力。隋文帝時，工部尚書長孫平創義倉之法，令人民於收成之日，隨意功課，即於當社立倉存貯，荒歉之時，用以救濟。後

周時有惠民倉，將雜配錢（一種雜稅的名目）的幾分之幾折收穀物，以供凶年平糴之用。宋時又有廣惠倉，募人耕沒入和戶絕田，收其租以給郭內窮苦的人民。這都是救濟性質。直到王安石出來，行青苗法，才推廣之，以供借貸之用。

青苗法是起於李參的。李參在陝西做官時，命百姓自度耕種的贏餘告貸於官，官貸之以錢。及秋，隨賦稅交還。王安石推行其法於諸路，以常平、廣惠倉所儲的錢穀為貸本（倉本所以貯穀，後世因穀的儲藏不便，亦且不能必得，遂有兼儲錢的。需用時再以錢買穀，或竟發錢）。當時反對者甚多，然而其本意是好的，不過官不是推行此法的機關，不免有弊罷了（反對青苗的人，有的說他取息二分太重。這是胡說，當時民間利率，實遠重於此。青苗之弊在於：（一）人民不敢與官交涉。（二）官亦不能與民直接，勢必假手於吏胥，吏胥多數是要作弊的，人民更不敢與之交涉。（三）於是聽其自然，即不能推行。（四）強要推行，即不免抑配。（五）借出之款，或不能償還，勢必引起追呼。（六）又有勒令鄰保均賠的。（七）甚有無賴子弟，謾昧尊長，錢不入家。或他人冒名詐請，莫知為誰的。總而言之，是由於辦理的機關的不適宜）。

南宋孝宗乾道四年，建州大饑，朱熹請於府，得常平倉粟六百石，以為貸本。人民夏天來借的，到冬加二歸還。以後逐年如此。小荒則免其半息，大荒則全免其息。如此十四年，除將原本六百石還官外，並將餘利造成倉廒，得粟三千一百石，以為社倉。自此借貸就不再收息了。朱熹此法，其以社為範圍，與長孫平的義倉同。不但充平糴及救濟，而兼供借貸，與王安石的青苗法同。以社為範圍，則易於管理，易於監察，人民可以自司其事。如此，則有將死藏的倉穀出貸，化為有用的資本之利，而無青苗法與官交涉之弊。所以歷來論者，都以為此法最善；有與其提倡常平、義倉，不如提倡社倉的傾向。

　　義倉不如社倉，誠然無可爭辯，這是後起者自然的進步。常平和社倉，則根本不是同一件事。常平是官辦的，是和糧食商人鬥爭的；義倉和社倉，都是農民互助的事。固然，農民真正充足了，商人將無所施其剝削；然而假使剷除了現在社會上一切剝削農民之事，農民又何至於不足呢？固然，當時的常平倉，並沒有控制市場之力；至多當饑荒之際，開辦平糶，惠及城市之人。但這乃常平辦理之不得其法，力量的不夠，並不是其本質不好。依正義及經濟政策論，國家扶助農民和消費者，剷除居間者的剝削，還是有這個義務；而在政策上也是必要的。所以常平和社倉，至少該並行不廢。

　　再者，青苗法以官主其事，固然不好，社倉以人民主其事，也未必一定會好的。因為土豪劣紳和貪官汙吏，是同樣要吮人膏血的，並無彼此之分。主張社倉的，說社倉範圍小，十目所視，十手所指，管理的人，難於作弊。然而從來土豪劣紳都是明中把持、攘奪，並不是暗中攫取的。義倉創辦未幾，即或因人民不能管理，而移之於縣。社倉，據《文獻通考》說，亦是「事久而弊，或主之者倚公以行私，或官司移用而無可給，或拘納息米而未嘗除，甚者拘催無異正賦」。以為非有「仁人君子，以公心推而行之」不為功。可見防止貪汙土劣的侵漁，仍不能無借於人民的自衛了。平抑糧食以外他種物價之事，東漢以後無之。只有宋神宗熙寧五年，曾立市易司，想平抑京師的物價，然而其後事未能行。

　　借貸，亦始終是剝削的一種方法。最初只有封君之類是有錢的人，所以也只有他們能營高利貸的事業。後來事實雖然變換了，還有借他們出面的。如《漢書·谷永傳》說：當時的掖庭獄，「為人起債（代人放債），分利受謝」。亦有官自放債的，如隋初嘗給內官以公廨錢，令其回易生利。這種公廨錢，就是可以放債的。其類乎封建財產的，則南北朝以後，僧寺頗多殷富，亦常為放債的機關。

私人放債取利，較大的，多為商賈所兼營，如《後漢書‧桓譚傳》：譚上疏陳時政，說：「今富商大賈，多放錢貨，中家子弟，為之保役。」則並有代他奔走的人了。《元史‧耶律楚材傳》說：當時的回鶻，多放羊羔利（利上起利）。回鶻也是從西域到中國來經商的。這是因商人手中，多有流動資本，所以兼營此業最便。至於土豪劣紳之類，即在本地方營高利貸業的，其規模自然較此為小，然而其數則甚多，而其手段亦極酷辣。《宋史‧食貨志》載司馬光疏，說當時的農民，「幸而收成，公私之債，交爭互奪；穀未離場，帛未下機，已非己有」；〈陳舜俞傳〉說：當時放債的人，雖「約償緡錢，而穀粟、布縷、魚鹽、薪蕘、櫌鋤、斧錡之屬，皆雜取之」；便可見其一斑了。大抵借貸有對人信用和對物信用兩種。對物信用，須能鑑別其物，知其時價；對人信用，則須調查其人之財產及行為；亦有一番事情，且須有相當知識。這在放債者方面，亦須有一種組織。所以逐漸發達，而成為近代的錢莊及當鋪。

　　中國歷代，社會上的思想，都是主張均貧富的，這是其在近代所以易於接受社會主義的一個原因。然則其宗旨雖善，而其所主張的方法，則有未善。這乃因歷代學者受傳統思想的影響太深，而對於現實的觀察太淺之故。在中國，思想界的權威，無疑是儒家。儒家對於社會經濟的發展，認識本不如法家的深刻，所以只主張平均地權，而忽略了資本的作用。這在當時，還無怪其然（古代學問的發達，不能不為地域所限。儒學盛於魯。法家之學，托諸管子，疑其初盛於齊。《史記‧貨殖列傳》說：「太公封於齊，地瀉鹵，人民寡，太公勸女工，極技巧，通魚鹽。人物歸之，繦至而輻湊。齊冠帶衣履天下。」這或者出於附會。然而齊魚鹽工商之業皆盛，則是不誣的。齊國在當時，資本必較發達，所以節制資本的思想，就起於其地了）。然而至後世，學者的眼光，仍限於這一個圈子裡，就讓人覺得奇怪了。如前述漢代儒家的議論，即其一證。

第五章　財產

　　宋學興起，在中國思想界，是最有特色的。宋儒亦很留心於政治和社會問題。而純粹的宋學家，亦只重視復井田為致太平之策，那又是其一證。然而此猶其小者。至其大者，則未審國家的性質，不知國家是階級時代的產物，統治者階級，總是要剝削被統治者以牟利的。其中雖有少數大公無我的人，然而總只是少數，其力量，較諸大多數的通常人，遠覺綿薄。即使這少數人而得位乘時，使其監督大多數人，不敢放手虐民，即所謂去其太甚，已覺得異常吃力；至於根本上改變其性質，則其事必不可能。如此，所以歷代所謂治世的政治，往往是趨於放任的；而一行干涉的政策，則往往召亂。

　　然則，但靠國家之力，如何能均平貧富呢？新莽以此失敗了，而後世的人，還是這種思想。我們試看王安石的〈度支副使廳壁題名記〉，他說：「合天下之眾者財，理天下之財者法，守天下之法者吏也。吏不良，則有法而莫守；法不善，則有財而莫理；有財而莫理，則阡陌閭巷之賤人，皆能私取予之勢，擅萬物之利，以與人主爭黔首，而放其無窮之欲；非必貴強桀大而後能如是；而天子猶為不失其民者，蓋特號而已耳。雖欲食蔬衣敝，憔悴其身，愁思其心，以幸天下之給足而安吾政，吾知其猶不得也。然則善吾法而擇吏以守之，以理天下之財，雖上古堯舜，猶不能毋以此為急務，而況於後世之紛紛乎？」他看得天下之物，是天下人所公有；當由一個代表正義的人，為之公平分配，而不當由自私自利的人擅其利而私其取予，以役使眾人；其意昭然若揭。然而欲以此重任責之於後世的所謂天子，云胡可得呢？

　　中國讀書人之所以有這思想，是因為其受傳統思想的影響太深，在傳統思想上，說這本是君之責任故。然而在極古的時代，君權大而其所治之國小；而且大同時代的規則，尚未盡廢，或者可以做到幾分。在後世，則雖甚神聖，亦苦無下手之處了。而中國講改革的人，都希望著他，如何能

不失敗呢？龔自珍是近代最有思想的人，他的文集裡，有一篇文章，標題為〈平均篇〉，暢發一切亂源，根本都在經濟上分配的不平。最高的治法，是能使之平均。就其現象，與之相安，則不足道。其觀察亦可謂極深刻，然而問其方法，則仍是希望握政權者審察各方面的情形，而有以措置之，則仍是一條不通的路而已。龔氏是距離現在不過百年的人，而其思想如此，可見舊日的學者，其思想，全然局限於這一個範圍之中。這是時代為之，自然怪不得古人。然而在今日，卻亦不可不知道昔人所走的路是一條不通的路，還再奉其思想為金科玉律。

現代的經濟情形，和從前又大不相同了。自從西力東侵以來，我們的經濟，已非復閉關獨立之世，而與世界息息相通。在工業革命以前，最活躍的是商人階級，所以歷代的議論都主張重農抑商。自工業革命以後，則商人反成為工業家的附屬，不過略沾其餘潤。所以中國推銷洋貨的人，即世所稱為買辦階級者，在中國社會裡，雖則儼然是個富豪，而以世界眼光觀之，則仍不免在小貧之列。在現代的經濟狀況之下，斷不容許我們固步自封。世界的經濟情形，自從工業發達了，積集的資本遂多，而金融資本，又極跋扈；工業品是要尋求銷路的，而且還要霸占資源，就是固定和流動的資本，也要輸出國外，皆不得不以武力保其安全；於是資本主義發展而成為帝國主義。歷代的勞資對立，資本家是在國內的，現在則資本家在國外。於是民生問題和民族問題，並為一談，再不能分離解決了。我們現在，該如何審慎、勇敢、強毅，以應付這一個目前的大問題呢？

第五章　財産

第六章　官制

第六章　官制

　　官制是政治制度中最繁複的一門，歷代設官既多，而又時有變遷，它的變遷又不是審察事實和制度不合而條理系統地改正的，而是聽其遷流之所至。於是有有其名而無其實的，亦有有其實而無其名的。名實既不相符，循其名遂不能知其實；而各官的分職，亦多無理論可循。求明白其真相，就很不容易了。然而官制畢竟是政治的綱領，因為國家要達其目的，必須有人以行之。這行之之人，就是所謂官。所以明於一時代所設之官，即能知其時所行之政。對於歷代的官制，若能知其變遷，即亦能知其政治的變遷了。

　　人的見解，總是較時代落後一些的。時代只有新的，而人之所知，卻限於舊。對付未來的方法，總是根據既往的情形，斟酌而出之的。所以無論如何，不能全合，制度才定出來，即已不適於用。制度是拗不過事實的，非格不能行，即名存實亡，這是一切制度都如此的，而官制亦不能例外。中國的官制，大略可分為六期：（一）自周以前，為列國時代的制度。（二）而秦及漢初統一時代的制度，即孕育於其末期。（三）因其大體自列國時代蛻化而來，和統一時代不甚適合，不久即生變遷。各方面變遷的結果，極其錯雜不整。直至唐朝，才整理之，成為一種有系統的制度。（四）然而整理甫經就緒，又和事實不符。唐中葉以後，又生變遷，而宋朝沿襲之。（五）元以異族入主中原，其設施自有特別之處。明朝卻沿襲著他。清朝的制度，又大略沿襲明朝。然而因實際情形的不同，三朝的制度，又自有其大相違異之處。（六）清朝末葉，因為政體改變，官制亦隨之改變。然則行之未久，成效不著。直至今日，仍在動盪不定之中。以上略舉其變遷的大概，以下再略加說明。因為時間所限，亦只能揭舉其大綱而已。

　　官有內外之分。內官即中央政府之官，是分事而治的。全國的政務，都彙集於此，依其性質而分類，一官管理一類的事。又有綜合全般狀況，

以決定施政的方針的，是即所謂宰相。外官則分地而治，在其地界以內，原則上各事都要管的，出於地界以外，則各事一概不管。地方區劃，又依等級而分大小。上級大的區劃，包含若干下級小的區劃；在行政上，下級須聽上級的指揮。這是歷代官制的通則。

列國並立之世，到春秋戰國時代，已和統一時代的制度相近了。因為這個時期，大國之中業已包含若干郡縣，但其本身仍只等於後世一個最大的政治區域。列國官制：今文家常說三公、九卿、二十七大夫、八十一元士。但這只是爵，沒有說出他的職守來。三公依今文家說，是司馬、司徒、司空；九卿無明文。古文家說，以太師、太傅、太保為三公，少師、少傅、少保為三孤。塚宰（天官）、司徒（地官）、宗伯（春官）、司馬（夏官）、司寇（秋官）、司空（冬官）為六卿（許慎《五經異義》）。按今文說的三公，以配天、地、人（司馬主天，司徒主人，司空主地）。古文說的六卿，以配天、地、四時。此外還有以五官配五行等說法（見《左傳‧昭公十七年》、〈昭公二十九年〉。《春秋繁露‧五行相勝篇》）。這不過取古代的官隨意揀幾個編排起來，以合學說的條理而已，和古代的事實未必盡合。古代重要的官，不盡於此，並非這幾個官特別重要，不過這幾個官亦是重要的罷了。

司馬是管軍事的，司徒是統轄人民的，司空是管建設事務的。古代穴居，是就地面上鑿一個窟窿，所以謂之司空（空即現在所用的孔字）。《周禮》冬官亡佚，後人以《考工記》補之（其實這句話也靠不住。性質既不相同，安可相補？不過《考工記》也是講官制的，和《周禮》性質相類，昔人視為同類之書，合編在一起，後人遂誤以為補罷了）。《周禮》說實未嘗謂司空掌工事，後世摹仿《周禮》而設六部，卻以工部擬司空，這是後人之誤，不可以說古事的。塚宰總統百官，兼管宮內的事務，其初該是群僕的領袖。所以大夫之家亦有宰。至於天子諸侯，則實際本來是

差不多的。天子和諸侯，大國和小國制度上的差異，不過被著書的人說得如此整齊，和實際亦未必盡合。宗伯掌典禮，和政治關係最少，然而在古代迷信較深之世，祭祀等典禮，是看得頗為隆重的。司寇掌刑法，其初當是軍事裁判（說詳第十章）。三公坐而論道，三孤為之副，均無職事。案《禮記·曾子問》說：「古者男子，內有傅，外有慈母。」〈內則〉說：國君世子生，「擇於諸母與可者，必求其寬裕慈惠，溫良恭儉，慎而寡言者，使為子師；其次為慈母，其次為保母」。太師、太傅、太保，正和師、慈、保三母相當。古夫亦訓傅，兩字蓋本為一語，不可以稱婦人，故變文言慈。然則古文的三公，其初乃為天子私人的侍從，本與政事無關係，所以無職事可言。《周禮》說坐而論道之文，乃采諸《考工記》，然《考工記》此語（「坐而論道，謂之王公」）是指人君言，不是指大臣言的，說《周禮》者實誤采。總而言之：今文古說，都是春秋戰國時的學說，未必和古代的事實密合。然後世釐定制度的人，多以經說為藍本，所以雖非古代的事實，卻是後世制度的淵源。

列國時代的地方區劃，其大的，不過是後世的鄉鎮。亦有兩種說法，《尚書大傳》說：「古八家而為鄰，三鄰而為朋，三朋而為里（七十二家，參看上章），五里而為邑，十邑而為都，十都而為師，州十有二師焉。」這是今文說。《周禮》則鄉以五家為比，比有長；五比為閭，閭有胥；四閭為族，族有師；五族為黨，黨有正；五黨為州，州有長；五州為鄉，鄉有大夫。遂以五家為鄰，鄰有長；五鄰為里，里有宰；四里為酇，酇有長；五酇為鄙，鄙有師；五鄙為縣，縣有正；五縣為遂，遂有大夫。這是古文說。這兩種說法，前者和井田之制相合，後者和軍隊編制相合，在古代該都是有的。後來井田之制破壞，所以什伍之制猶存，今文家所說的組織，就不可見了。

漢初的官制，是沿襲秦朝的，秦制則沿自列國時代。中央最高的官為

丞相。秦有左右，漢通常只設一丞相。丞相之副為御史大夫（中央之官，都是分事而治的。只有御史是皇帝的祕書，於事亦無所不預，所以在事實上成為丞相的副手。漢時丞相出缺，往往以御史大夫升補），武官通稱為尉。中央最高的武官，謂之太尉。這是秦及漢初的制度。今文經說行後，改太尉為司馬，丞相為司徒，御史大夫為司空，謂之三公，並稱相職。又乙太常（本名奉常，掌宗廟禮儀）。光祿勳（本名郎中令，掌宮殿掖門戶）、衛尉（掌宮門衛屯兵）、太僕（掌輿馬）、廷尉（掌刑辟，嘗改為大理）、大鴻臚（本名典客，掌歸義蠻夷）、宗正（掌親屬）、大司農（本名治粟內史，掌穀貨）、少府（掌山海池澤之稅），為九卿。這不過取應經說而已，並無他種意義。三公分部九卿（太常、光祿勳、衛尉屬司馬。太僕、廷尉、大鴻臚屬司徒。宗正、大司農、少府屬司空）。亦無理論根據。有大事仍合議。後漢司馬仍稱太尉，司徒、司空，均去大字，餘皆如故。

　　外官：秦時以郡統縣，又於各郡都設監御史。漢不遣監御史，丞相遣使分察州（案：州字並非當時的區域名稱，後人無以名之，乃名之為州。所以截至成帝改置州牧以前，州字只是口中的稱呼，並非法律上的名詞）。武帝時，置部刺史十三人，奉詔書六條，分察諸郡（條察彊宗巨家，條察太守侵漁聚斂，條察失刑，條察選舉不平，條察子弟不法，都是專屬太守的。條察太守阿附豪強）。成帝時，以何武之言，改為州牧。哀帝時復為刺史。後又改為州牧。後漢仍為刺史，而止十二州，一州屬司隸校尉（武帝置，以治巫蠱的，後遂命其分察一部分郡國）。案《禮記·王制》說：「天子使其大夫為三監，監於方伯之國，國三人」，這或者附會周初的三監，說未必確，然而天子遣使監視諸侯（實即大國之君，遣使監視其所封或所屬的小國），則事所可有。大夫之爵，固較方伯為低。秦代御史之長，爵不過大夫。漢刺史秩僅六百石，太守則兩千石。以卑臨尊，

必非特創之制，必然有所受之。以事實論，監察官宜用年少新進的人；任事的官，則宜用有閱歷有資望之士；其措置亦是很適宜的。何武說：「古之為治者，以尊臨卑，不以卑臨尊」，不但不合事宜，亦且不明經義。舊制恢復，由於朱博，其議論具載《漢書》，較之何武，通達多了。

太守，秦朝本單稱守，漢景帝改名。秦又於各郡置尉，景帝亦改為都尉。京師之地，秦時為內史所治；漢武帝改稱京兆尹，又分其地置左馮翊、右扶風，謂之三輔。諸王之國，設官本和漢朝略同，亦有內史以治民。七國亂後，景帝乃令諸侯王不得自治民，改其丞相之名為相，使之治民，和郡守一樣。縣的長官，其秩是以戶數多少分高下的。民滿萬戶以上稱令，不滿萬戶稱長。這是由於古代的政治，是屬人主義，而非屬地主義之故。侯國的等級，與縣相同；皇太后、公主所食的縣稱為邑；縣中兼有蠻夷的謂之道。這亦是封建制度和屬人主義的色彩。

秦漢時的縣，就是古代的國，讀第三章可見。縣令就是古代的國君，只能總握政治的樞機，發蹤指示，監督其下，要他直接辦事，是做不到的。所以真正的民政，非靠地方自治不可。後世地方自治之制，日以廢墜，所以百事俱廢。秦漢時則還不然。據《漢書·百官公卿表》和《續漢書·百官志》：其時的制度是以十家為什，五家為伍，一里百家，有里魁檢察善惡，以告監官。十里一亭，亭有長。十亭一鄉，鄉有三老，有秩嗇夫、遊徼。三老管教化，體制最尊；嗇夫職聽訟，收賦稅，其權尤重，人民竟有知嗇夫而不知有郡縣的（見《後漢書·爰延傳》），和後世絕不相同。

以上所述，是秦及漢初的制度。行之未幾，就起變遷了。漢代的丞相，體制頗尊，許可權亦廣。所謂尚書，乃是替天子管文書的，猶之管衣服的謂之尚衣，管食物的謂之尚食，不過是現在的管卷之流。其初本用士人，漢武帝游宴後庭，才改用宦官，謂之中書謁者令。武帝死後，此官本

可廢去。然而自武帝以來，大將軍成為武官中的高職，昭宣之世，霍光以大將軍掌握政權，其時的丞相，都是無用或年老的人，政事悉從中出，沿襲未改。成帝時，才罷中書宦官，然而尚書仍為政本，分曹漸廣。後漢光武，要行督責之術，因為宰相都是位高望重的人，不便督責他，於是崇以虛名，而政事悉責成尚書。尚書之權遂更大。魏武帝握權，廢三公，恢復丞相和御史大夫之職。此時相府復有大權，然則只曇花一現。魏文帝篡漢後，丞相之官，遂廢而不設。自魏晉至南北朝，大抵人臣將篡位時則一設之，已篡則又取消。此時的尚書，為政務所萃，然而其親近又不敵中書。

中書是魏武帝為魏王時所設的祕書監，文帝篡位後改名的，常和天子面議機密。所以晉初荀勖從中書監遷尚書令，人家賀他，他就發怒道：「奪我鳳皇池，諸君何賀焉」了。侍中是加官，在宮禁之中伺候皇帝的，漢初多以名儒為之。從來貴戚子弟，多濫居其職。宋文帝自荊州入立，信任王府舊僚，都使之為侍中，與之謀誅徐羨之等，於是侍中亦參機要。至唐代，遂以中書、門下、尚書三省為相職。中書主取旨，門下主封駁，尚書承而行之。尚書諸曹，魏晉後增置愈廣，皆有郎以辦事。尚書亦有兼曹的。隋時，始以吏、戶、禮、兵、刑、工六曹分統諸司。六曹皆置侍郎，諸司則但置郎。是為後世以六部分理全國政務之始。

三公一類的官，魏晉後亦時有設置，都不與政事，然而仍開府分曹，設置僚屬。隋唐始仿《周禮》，以太師、太傅、太保為三公，少師、少傅、少保為三孤，都不設官屬，則真成一個虛名，於財政亦無所耗費了。九卿一類的官，以性質論，實在和六部重複的。然而歷代都相沿，未曾並廢。御史大夫改為司空後，御史的機關仍在，其官且有增置。唐時分為三院：曰臺院，侍御史屬之；曰殿院，殿中侍御史屬之；曰監院，監察御史屬之。御史為天子耳目，歷代專制君主，都要防臣下的壅蔽，所以其權日重。

　　前漢的改刺史為州牧，為時甚暫。至後漢末年，情形就大不同了。後漢的改刺史為州牧，事在靈帝中平五年，因四方叛亂頻仍，劉焉說由刺史望輕而起。普通的議論，都說自此以後，外權就重了。其實亦不盡然。在當時，並未將刺史盡行改作州牧（大抵資深者為牧，資淺者仍為刺史，亦有由刺史而升為牧的）。但無論其為刺史，為州牧，實際上都變成了郡的上級官，而非復監察之職；而且都有兵權。如此，自然要尾大不掉了。三國分離，刺史握兵之制，迄未嘗改，其為亂源，在當時是人人知道的。所以晉武帝平吳後，立即罷州牧，省刺史的兵，去其行政之權，復還監察之職。這真是久安長治之規。惜乎「雖有其言，不卒其事」（《續漢書·百官志注》語）。而後世論者，轉以晉武帝的罷州郡兵備為召亂的根源，真是徇名而不察其實了。

　　東晉以後，五胡擾亂，人民到處流離播遷，這時候的政治，還是帶有屬人主義的。於是隨處僑置州郡，州的疆域，遂愈縮愈小，浸至與郡無異了（漢朝只有十三州，梁朝的疆域，遠小於漢，倒有一百零七州）。此時外權之重，則有所謂都督軍事，有以一人而督數州的，亦有以一人而督十數州的；甚至有稱都督中外諸軍的。晉南北朝，都是如此，後周則稱為總管。隋時，並州郡為一級（文帝開皇三年，罷郡，以州統縣，職同郡守。煬帝改州為郡），並罷都督府。唐初，又有大總、總管，後改稱大都督、都督，後又罷之。分天下為若干道，設觀察使等官，還於監察之舊。

　　唐代的官制，乃是就東漢、魏、晉、南北朝的制度整理而成的，其實未必盡合當時的時勢。所以定制未幾，變遷又起。三省長官，都不除人，但就他官加一同中書門下平章事等名目，就視為相職了。而此兩省的長官，實亦仍合議於政事堂，並非事後審查封駁。都督雖經廢去，然而中葉以後，又有所謂節度使（參看第九章）。所駐紮的地方，刺史多由其兼領；支郡的刺史，亦都被其壓迫而失職。其專橫，反較前代的刺史更甚。

這兩端,是變遷最大的。而中葉以後,立檢校、試、攝、判、知等名目,用人多不依資格,又為宋朝以差遣治事的根源。

宋朝設中書省於禁中,宰相稱同平章事,次相稱參知政事。自唐中葉以後,戶部不能盡總天下的財賦,分屬於度支、鹽鐵二使。宋朝即合戶部、度支、鹽鐵為三司,各設使副,分案辦事。又設三司使副以總之,號為「計相」。樞密使,唐時以宦官為之,本主傳達詔命。後因宦官握兵,遂變為參與兵謀之官。宋朝亦以樞密院主兵謀。指揮使,本藩鎮手下的軍官。梁太祖篡位後,未加改革,遂成天子親軍。宋朝的禁軍,都隸屬殿前司、侍衛馬軍親軍司、侍衛步軍親軍司,各設指揮使,謂之「三衙」。宋初的官,僅以寓祿秩(即藉以表明其官有多大,所食的俸祿有多少),而別以差遣治事。名為某官的人,該官的職守,都是與他無涉的。從表面上看來,可謂錯亂已極,但差遣的存廢、離合,都較官缺為自由,可以密合事情。所以康有為所著《官制議》,有〈宋官制最善〉一篇,極稱道其制。宋朝的改革官制,事在神宗元豐中,以《唐六典》為模範,然卒不能盡行。以三省長官為相職之制,屢經變遷,卒仍復於一個同平章事、一個參知政事之舊;樞密主兵之制,本來未能革除;三衙之制,亦未能改;便可見其一斑。

宋初懲藩鎮的跋扈,悉召諸節鎮入朝,賜第留之京師,而命朝臣出守列郡,謂之權知軍州事。特設通判,以分其權。縣令亦命京朝官出知,以削藩鎮之權,而重親民之選。特設的使官最多,其重要的,如轉運使,總領一路的財賦;發運使,漕淮、浙、江、湖六路之粟。其他如常平茶鹽、茶馬、坑冶、市舶,亦都設立提舉司,以集事權於中央。太宗命諸路轉運使,各命常參官一人糾察州軍刑獄。真宗時,遂獨立為一司,稱為提點刑獄,簡稱提刑,是為司法事務設司監察之始。南渡後,四川有總領財賦。三宣撫司罷後(見第九章),亦設總領以籌其餉,仍帶「專一報發御前軍

馬文字」銜，則參預並及於軍政了。

　　元朝以中書省為相職，樞密使主兵謀，御史臺司糾察。尚書省之設，專以位置言利之臣；言利之臣敗，省亦旋廢。而六部仍存，為明清兩朝制度所本。設宣政院於中央，以轄吐蕃之境，亦為清代理藩院之制所本。元代制度，關係最大的是行省。前代的尚書行臺等，都是暫設的，以應付臨時之事，事定即撤。元朝卻於中原之地，設行中書省十，行御史臺二，以統轄路府州縣。明朝雖廢之而設布政、按察兩司，區域則仍元之舊。清朝又仍明之舊。雖然略有分析，還是龐大無倫，遂開施政粗疏、尾大不掉之漸了。唐初，唯京兆、河南稱府設尹，後來梁州以為德宗所巡幸，亦升為興元府。宋朝則大州皆升為府，幾有無州不府之勢。其監司所轄的區域則稱為路。元於各路設宣慰司，以領府州縣而上屬於省。然而府亦有不隸路而直隸於省的。州有隸於府的，亦有不隸於府而直隸於路的，其制度殊為錯雜。

　　明清兩朝的制度，大體相沿。其中關係最大的，在內為宰相的廢罷，在外為省制的形成。明初本亦設中書省，以為相職。後因胡惟庸謀反，太祖遂廢其官，並諭後世子孫不得議設宰相。臣下有請設宰相的，處以極刑。於是由天子親領六部。此非嗣世之主所能，其權遂漸入殿閣學士之手。清世宗時，又設立軍機處。機要之事，均由軍機處徑行，事後才下內閣，內閣就漸漸地疏闊了。

　　六部：歷代皆以尚書為主，侍郎為副。清代尚侍皆滿漢並置。吏、戶、兵三部，又有管部大臣，以至權責不一。明廢宰相後，政務本由六部直接處理。後雖見壓於內閣，究竟權力還在。吏兵二部，尤真有用人及指揮軍事之權。清朝則內官五品，外官道府以上，全由內閣主持。籌邊之權，全在軍機。又明朝六部用人，多取少年新進，清朝則一循資格，內官遷轉極難，非六七十不得至尚侍。管部又是兼差，不能負責。於是事事照例敷衍，行政全無生氣了。

御史一官，至明代而其權益重，改名為都察院。都御史、副都御史、僉都御史均分置左右。又有分道的監察御史，在外則巡按清軍、提督學校、巡漕、巡鹽等事，一以委之。而巡按御史代天子巡狩，其權尤重。這即是漢朝刺史之職。既有巡按，本可不必再行遣使；即或有特別事務，非遣使不可，亦以少為佳。然而後來所謂巡撫者，愈遣而愈頻繁。因其與巡按御史不相統屬，許可權不免衝突，乃派都御史為之；其兼軍務的加提督銜，轄多事重的，則稱總督。清代總督均兼兵部尚書，右都御史、巡撫均兼兵部侍郎，右副都御史，又均有提督軍務，兼理糧餉之銜，成為常設的官了。

給事中一官，前代都隸門下省。明廢門下省，而仍存給事中，獨立為一官，分吏、戶、禮、兵、刑、工六科，以司審查封駁。其所駁正，謂之科參，在明代是很有權威的。清世宗將給事中隸屬於都察院，就將審查和糾察混為一談了。翰林在唐朝，為藝能之士（如書、畫、弈棋等）待詔之所，稱為雜流，與學士資望懸絕。玄宗時，命文學之士居翰林中，稱為供奉，與集賢殿學士分掌制誥。後改稱為學士，別立學士院，即以翰林名之。中葉後頗參機密，王叔文要除宦官，即居翰林中，可見其地位的重要。宋代專以居文學之士，其望愈清。至明中葉後，則非進士不入翰林，非翰林不入內閣，六部長官，亦多自此而出。其重要，更非前代所及了。

外官：明廢行省，於府州之上，設布政、按察兩司，分理民政及刑事，實仍為監司之官。監司之官侵奪地方官許可權，本來在所不免。清代督撫既成為常設之官，又明代布政司的參政參議，分守各道，按察司的副使僉事，分巡各道的，至清朝，亦失其本來的性質，而在司府之間，儼若別成為一級。以府州領縣，為唐宋相沿之制。元時，令知州兼理附郭縣事，明時遂省縣入州，於是州無附郭縣。又有不領縣而隸屬於府的，遂有直隸州與散州之別。清時，同知、通判有駐地的謂之廳，亦或屬於府，或

直達布政司，稱為散廳及直隸廳。地方制度，既極錯雜；而（一）督撫，（二）司，（三）道，（四）府、直隸州、廳，（五）縣、散州、廳，實際成為五級。上級的威權愈大，下級的展布愈難。積弊之深，和末造中央威權的不振，雖有別種原因，官制的不善，是難辭其咎的。

藩屬之地，歷代都不設官治理其民，而只設官監督其酋長，清朝還是如此。奉天、吉林、黑龍江三省，清朝稱為發祥之地。其實真屬於滿洲部落的，不過興京一隅。此外奉天全省，即前代的遼東西，本是中國之地。吉、黑兩省，亦是分屬許多部落的，並非滿洲所有。這樣的人民，尚在部落時代，自不能治以郡縣制度。清朝又立意封鎖東三省，不許漢人移殖。所以其治理之法，不但不能進步，而反有趨於退步之勢。奉天一省，只有奉天和錦州兩府，其餘均治以將軍，副都統等軍職。蒙古、新疆、西藏亦都治以駐防之官。這個固然歷代都是如此，然則清朝適當西力東侵之時，就要情見勢絀了。末年回亂平後，改新疆為行省。日俄戰後，改東三省為行省。蒙古、西藏亦圖改省，而未能成功。藩屬之地，驟圖改省，是不易辦到的。不但該地方的人民感覺不安，即使僥倖成功，亦不容易治理其地的人才。蒙藏的情形，和新疆、東三省是不同的。東三省漢人已占多數，新疆漢人亦較多，蒙藏則異於是。自清末至民國初年，最好是將聯邦之法，推行之於蒙、藏，中央操外交、軍事、交通、幣制之權，餘則聽其自治。清季既不審外藩情勢，和內地的不同，操之過急，以致激而生變。民國初年，又不能改弦易轍，許其自治，以生其回面內向之心，杜絕強鄰的覬覦。因循既久，收拾愈難，這真是賈生所說，可為痛哭、流涕、長太息的了。

以上是中國的舊官制，中西交通以來，自然不能沒有變動。其首先設立的，是總理各國事務衙門。實因咸豐八年中英《天津條約》規定要就大學士、尚書中簡定一員，和英國使臣接洽而起。不過迫於無可如何，並非

有意改革。內亂平後，意欲振興海軍，乃設立海軍衙門。後來卻將其經費移以修理頤和園，於是中日戰後，海軍衙門反而裁撤了。庚子以後，又因條約，改總理衙門為外務部，班列六部之前。其時舉辦新政，隨事設立了許多部處。立憲議起，改革舊官制，增設新機關，共成外務、吏、民政（新設的巡警部改）、度支（戶部改，新設的財政處，稅務處併入）、禮（太常，光祿，鴻臚三寺併入）、學（新設的學務處改，國子監併入）、陸軍（兵部改，太僕寺和新設的練兵處併入）、農工商（工部改，新設的商部併入）、郵傳、理藩（理藩院改）、法（刑部改）十一部，除外務部有管理事務大臣，會辦大臣各一人外，餘均設尚書一人、侍郎二人，不分滿漢。都察院亦改設都御史一人，副都御史二人（前此左都御史，滿漢各一，左副都御史各二。右都御史、副都御史但為督撫兼銜）。大理寺改為院，以司最高審判。宣統二年，立責任內閣，設總協理大臣。裁軍機處及新設的政務處及吏、禮二部（其事務併入內閣），而增設海軍部及軍諮府（今之參謀部）。改尚書為大臣，與總協理負連帶責任。外官則仍以督撫為長官。於其下設布政、提法（按察司改）、提學、鹽運、交涉五司，勸業、巡警二道，而裁分巡、分守道。這樣的制度，行之為日甚淺，初無功過可言。若從理論上評論：內官增設新官，將舊官刪除歸併，在行政系統上，自然較為分明，於事實亦較適切。若論外官，則清末之所以尾大不掉，行政粗疏，其癥結實在於省制。當時論者，亦多加以攻擊。然而竟未能改革，相沿以迄於今，這一點不改革，就全部官制都沒有更新的精神了。

　　民國成立，《臨時政府組織大綱》定行政分五部，為外交、內務、財政、軍務、交通。這是根據理論規定的，後修改此條，設陸軍、海軍、外交、司法、財政、內務、教育、實業、交通九部。其時採美國制，不設總理。孫文遜位後，袁世凱就職北京，《臨時政府組織大綱》改為《臨時約

法》，設總理，分實業為農林、工商兩部。三年，袁世凱召開約法會議修改《臨時約法》為《中華民國約法》（即所謂《新約法》）。復廢總理，設國務卿，並農林、工商兩部為農商部。袁世凱死後，黎元洪為總統，復設總理。

外官：民軍起義時，掌握一省軍權的稱都督，管理民政的稱民政長。廢司、道、府、直隸州、廳及散州、廳的名稱，但存縣。袁世凱改都督為將軍，民政長為巡按使，於其下設道尹。護國軍起，掌軍權的人，復稱都督。黎元洪為總統，改將軍、都督都稱督軍，巡按使稱省長。其兼握幾省兵權，或所管之地跨及數省的，則稱巡閱使。裁兵議起，又改稱督理或督辦軍務善後事宜，然而其尾大不掉如故。國民黨秉政，在訓政時期內，以黨代人民行使政權，而以國民政府行使治權。其根本精神，和歷代的官制，大不相同，其事又當別論。

無官之名，而許多行政事務實在倚以辦理的為吏。凡行政，必須依照一定的手續。因此職司行政的人，必須有一定的技術。這種技術，高級官員往往不甚嫻習，甚或不能徹底通曉，非有受過教育，經過實習的專門人員以輔助之不可。這種責任，從前即落在胥吏肩上。所以行政之權，亦有一部分操於其手，失去了它，事情即將無從進行。吏之弊，在於只知照例。照例就是依舊，於是凡事都無革新的精神。照例的意思，在於但求無過，於是凡事都只重形式，而不問實際，甚至利用其專門智識以舞弊。所以歷來論政的人，無不深惡痛絕於吏，尤以前清時代為甚。然而其論亦有所蔽。因為非常之事，固然緊要，尋常政務，實更為緊要而不可一日停滯。專重形式，誠然不好，然而假設形式上的統一不能保持，政治必將大亂。此前清末年，所以詔裁胥吏而卒不能行。其實從前所謂吏，即現在所謂公務員，其職實極重要，而其人亦實不能缺。

從前制度的不善，在於：（一）視其人太低，於是其人不思進取，亦

不求名譽，而唯利是圖。（二）又其人太無學識，所以只能辦極呆板的事。公務員固以技術為要，然而學識亦不可全無，必有相當的學識，然後對於所行之政，能夠通知其原理，不至因過於呆板而反失原意。又行政的人，能通知政治的原理，則成法的缺點，必能被其發現。於立法的裨益，實非淺鮮。昔時之胥吏，是斷不足以語此的。（三）其尤大的，則在於無任用之法，聽其私相傳授，交結把持。自民國以來，因為政治之革新，法律的亟變，已非復舊時的胥吏所能通曉，所以其人漸歸自然淘汰。然則現在公務員的任用、考核，亦尚未盡合法，這是行政的基礎部分，斷不可不力求改良的。

　　古代官職的大小，是以朝位和命數來決定的。所謂命數，就是車服之類的殊異。古人所以看得此等區別甚為嚴重，然而因封建制度的破壞，此等區別，終於不能維持了，朝位和俸祿的多少，雖可分別高低，終嫌其不甚明顯。於是有官品之別。官品起於南北朝以來。南朝陳分九品，北朝魏則九品之中復分正從；四品以下，且有上中下階，較為複雜。宋以後乃專以九品分正從。官品之外，封爵仍在。又有勳官、散官等，以處閒散無事的官員。這種國家酬庸之典，和官品的作用，各不相同的。

　　官俸，歷代雖厚薄不同，而要以近代之薄為最甚。古代大夫以上，各有封地。家之貧富，視其封地之大小善惡，與官職的高下無關。無封地的，給之祿以代耕，是即所謂官俸。古代官俸，多用穀物；貨幣盛行以後，則錢穀並給。又有實物之給，又有給以公田的。明初尚有此制，不知何時廢墜，專以銀為官俸。而銀價折合甚高。清朝又沿襲其制。於是官吏多苦貧窮。內官如部曹等，靠印結等費以自活，外官則靠火耗及陋規。上級官不親民的，則誅求於下屬。京官又靠外官的饋贈。總而言之，都是非法。然而以近代官俸之薄，非此斷無以自給的。而有等機關，收取這種非法的款項，實亦以其一部分支給行政費用，並非全入私囊。所以官俸的問

題，極為複雜。清世宗時，曾因官俸之薄，加給養廉銀，然仍不足支持。現代的官俸，較之清代，已稍覺其厚，然究尚失之於薄，而下級的公務員尤甚。又司法界的俸祿，較之行政界，不免相形見絀，這亦是亟須加以注意的。

第七章　選舉

第七章　選舉

　　國家，因為要達其目的，設立許多機關，這許多機關，都是要有人主持的。主持這些機關的人，用何法取得呢？這便是選舉問題。

　　選舉是和世襲對立的。按世襲之法，倘若一個位置出缺，便有一個合法繼承的人，不容加以選擇。選舉之法則不然，它是毫無限制，可以任有選舉權者，選舉最適宜的人去擔任的。這是就純粹的選舉和世襲說。亦有從兩方面說，都不很純粹的，如雖可選擇，仍限於某一些人之內之類。但即使是不純粹的選舉，也總比純粹的世襲好些。西洋某史家曾把中國兩漢時代的歷史和羅馬相比較，他說：凡羅馬衰亡的原因，中國都有的。卻有一件事，為中國所有，羅馬所無，那便是選舉。觀此，便知選舉制度關係之重大了。

　　選舉制度，在三代以前，是與世襲並行的。俞正燮《癸巳類稿》有一篇〈鄉興賢能論〉，說得最好，他說：古代的選舉，是限於士以下的，大夫以上是世官。這是什麼理由呢？第四章已經說過：原始的政治，總是民主的，到後來，專制政治才漸漸興起。如其一個國家是以征服之族和被征服之族組成的，高級的位置自然不容被征服之族染指。即使原是一族，而專制政治既興，掌握政權的人，也就漸漸地和群眾分離了。所以選舉僅限於士以下。

　　士以下的選舉乃是古代部族，專制政治尚未興起時的制度，遺留下來的。其遺跡略見於《周禮》。據《周禮》所載：凡是鄉大夫的屬官，都有考察其民德行道藝之責。三年大比，則舉出其賢者能者，「獻賢能之書於王」。《周禮》說：「此之謂使民興賢，入使治之；使民興能，出使長之。」俞正燮說：入使治之，是用為鄉吏（即比閭族黨之長，見上章）。出使長之，是用為伍長；這是不錯的。比閭族黨等，當為民主部族固有的組織，其首領，都是由大眾公舉的。專制政體興起後，只是把一個強有力的組織，加於其上；而於此等團體固有的組織，並未加以破壞，所以其首

領還是出於公舉的，不過專制的政府，也要加以相當的參預干涉罷了（如雖由地方公舉，但仍須獻賢能之書於王）。

在封建政體的初期，上級的君大夫等，其品性，或者比較優良，但到後來，就漸漸地腐化了。由於上級的腐化和下級的進步（參看第四章），主持國政者，為求政治整飭起見，不得不逐漸任用下級分子。鄉間的賢能，漸有升用於朝廷的機會。那便是《禮記・王制》所說的制度。據〈王制〉說：是鄉論秀士，升諸司徒，曰選士；司徒論選士之秀者，而升諸學，曰俊士；既升於學，則稱造士。大樂正論造士之秀者，以告於王，而升諸司馬，曰進士。司馬辨論官材（官指各種機關，謂分別其材能，適宜於何種機關中辦事），論進士之賢者，以告於王，然後因其材而用之。案《周禮》司士，掌群臣之版（名籍），以治其政令，歲登下其損益之數，也是司馬的屬官。《禮記・射義》說：古者「諸侯貢士於天子，天子試之於射宮。其容體比於禮，其節比於樂，而中多者，得與於祭。其容體不比於禮，其節不比於樂，而中少者，不得與於祭。」以中之多少，定得與於祭與否，可見射宮即在太廟之中。古代規制簡陋，全國之中，只有一所講究的屋子，謂之明堂。也就是宗廟，就是朝廷，就是君主所居的宮殿，而亦即是其講學的學校。到後來，這許多機關才逐漸分離，而成為各別的建築（詳見第十五章）。合觀《周禮》、〈王制〉、〈射義〉之文，可知在古代，各地方的貢士，是專講武藝的。到後來，文治漸漸興起，於是所取的人才，才不限於一途（所以司馬要辨論官材，此時的司馬，乃以武職兼司選舉，並非以武事做選舉的標準了）。此為選舉之逐漸擴大，亦即世襲之漸被侵蝕。

到戰國之世，世變益亟，腐敗的貴族，再也支持不了此刻的政治。而且古代的貴族，其地位是相逼於君主的，起於孤寒之士則不然。君主要整頓政治，擴充自己的權力，都不得不用遊士。而士人也有懷抱利器，欲奮

志於功名的。又有憂慮世局、時事而內心難安，希望借助他人之力，以救生民於塗炭的。於是君主和游士相合，以打擊貴族，貴族中較有為的，亦不得不任用遊士。選舉之局益盛，世襲之制愈微。然而這時候，遊士還是要靠上級的人任用的。到秦末，豪傑起而亡秦，則政權全入下級社會之手，更無所謂貴族和游士的對立了。此為漢初布衣將相之局（《廿二史劄記》有此一條，可參看）。在此情勢之下，用人自然不拘門第，世襲之局，乃於此告終。

漢以後，選舉之途，重要的，大概如下所述：

（一）徵召：這是天子仰慕某人的才德，特地指名，請他到京城的。往往有聘禮等很恭敬的手續。

（二）辟舉：漢世相府等機關，僚屬多由自用，謂之辟。所辟的人，並無一定的資格，做過高官的人以至布衣均可。

（三）薦舉：其途甚廣。做官的人，對於自己手下的屬員或雖未試用，而深知其可用的人，都可以薦舉。就是不做官的布衣，深知什麼人好，也未始不可以上書薦舉的，並可上書求自試。這樣的形式在法律上都毫無制限，不過事實上甚少罷了。

（四）吏員：這是先在各機關中服務，或因法律的規定，或由長官的保薦，由吏而變做官的。各機關中的吏，照法律上說，都可以有出路。但其出路的好壞，是各時代不同的。大體古代優而後世劣。

（五）任子：做到某級官吏，或由在上者的特恩，可以保薦他的兒子，得一個出身，在漢世謂之任子（亦可推及孫、弟、兄弟之子孫等）。任的本義為保，但其實，不過是一種恩典罷了，被保者假使犯罪，保之者，未必需要負什麼責任的。任在後世謂之蔭。明以後，又有蔭子入監之例，即使其入國子監讀書。國家既可施恩，又不令不學無術的人濫竽充選，立法之意，是很好的。惜乎入監讀書，徒有其名罷了。

（六）專門技術人員：這種人員，其遷轉，是限於一途的。其技術，或由自習而國家擢用，或即在本機關中養成。如天文、曆法、醫學等官是（此制起原甚古。〈王制〉：「凡執技以事上者，不貳事，不移官」即是）。

（七）捐納：這即是出錢買官做。古書中或稱此為貲選，其實是不對的。貲選見《漢書・景帝本紀》後二年，乃因怕吏的貪贓，假定有錢的人，總要少貪些，於是限定有家資若干，乃得為吏。這只是為吏的一個條件，與出錢買官做全然無涉。又爵只是一個空名，所以賣爵也不能算做賣官的。暗中的賣官鬻爵，只是腐敗的政治，並非法律所許，亦不能算做選舉的一途（歷代賣官之事見後）。

以上都是入官之途。但就歷代立法者的意思看起來，這些都只能得通常之材，其希望得非常之材的，則還在：

（八）學校

（九）科舉

兩途。學校別於第十五章中詳之。科舉又可分為（甲）鄉貢，（乙）制科。鄉貢是導源於漢代的郡國選舉的，以人口為比例，由守相歲舉若干人。制科，則漢代往往下詔，標出一個科名，如賢良方正、直言極諫等類，令內外官吏薦舉（何等官吏，有選舉之權，亦無一定，由詔書臨時指定）。其科目並無限制。舉行與否，亦無一定。到唐代，才特立制科之名。

漢代的用人，是比較沒有什麼階級之見的。唐柳芳論氏族，所謂「先王公卿之冑，才則用，不才棄之」（見《唐書・柳沖傳》）。但是貴族的勢力，本來潛伏著；而當時的選舉，弊端又甚多；遂至激成九品中正之制，使貴族在選舉上，氣焰復張。這時候選舉上的弊端如何呢？自其表面言之，則貴人的請托，如《後漢書・種暠傳》說：河南尹田歆，外甥王諶名知人。歆謂之曰：「今當舉六孝廉，多得貴戚書令，不宜相違。欲自用

一名士，以報國家，爾助我求之。」便可見當時風紀之壞。然而貴人的請托，實緣於士人的奔走。看《潛夫論》（〈務本〉、〈論榮〉、〈賢難〉、〈考績〉、〈本政〉、〈潛嘆〉、〈實貢〉、〈交際〉等篇）、《申鑑》（〈時事〉）、《中論》（〈考偽〉、〈譴交〉）、《抱朴子》（〈審舉〉、〈交際〉、〈名實〉、〈漢過〉）諸書可知。

　　漢代士人的出路，是或被徵辟，或被郡縣署用，或由公卿郡國舉薦，但此等安坐不易得之。於是或矯激以立名；或則結為徒黨，互相標榜，奔走運動。因其徒黨眾多，亦自成為一種勢力，做官的人，也有些懼怕他，在積極方面，又結交之以謀進取。於是有荒廢了政事去酬應他們的；又有豐其飲食居處，厚其送迎，以敷衍他們的。官方因之大壞。究之人多缺少，奔走運動的人，還是有得有不得。有些人，因為白首無成，反倒耗廢了家資，無顏回家，遂至客死於外。這實在不成事體，實有制止他們在外浮游的必要。又因當時的選舉，是注重品行的，而品行必須在本鄉才看得出，於是舉士必由鄉里，而產生了九品中正之制。

　　九品中正之制，起於曹魏的吏部尚書陳群。於各州置大中正，各郡置中正。依據品行，將所管人物，分為上上、上中、上下、中上、中中、中下、下上、下中、下下九等。這是因歷來論人，重視鄉評，所以政治上有此措置。但鄉評的所謂好人，乃社會上的好人，只須有德，政治上所用的人，則兼須有才。所以做中正的人，即使個個都能秉公，他所以為好的人，也未必宜於政治。何況做中正的人，未必都能公正，徇愛憎、快恩仇、懾勢、畏禍等弊，不免繼之而起呢？其結果，就釀成晉初劉毅所說的，「惟能知其閥閱，非復辨其賢愚」，以致「上品無寒門，下品無世族」了。因為世族是地方上有勢力之家，不好得罪他；至於寒門，則是自安於卑賤的，得罪了他，亦沒關係。這是以本地人公開批評本地的人物，勢必如此而後已的。九品中正，大家都知道是一種壞的制度，然而直至隋

文帝開皇年間才罷，前後歷經三百四五十年。這個制度，是門閥階級造成的，而其維持門閥階級之力亦極大，因為有這個制度後，無論在中央政府和地方政府，世族和寒門的進用，都絕對不同了（如後魏之制，士人品第有九，九品以外，小人之官，復有七等。又如蔡興宗守會稽郡，舉孔仲智子為望計，賈原平子為望孝。仲智高門，原平一邦至行，遂與相敵，當時亦以為異數）。

九品中正之制既廢，科舉就漸漸地興起了。科舉之制，在取士上，是比較公平的、切實的，這是人人所承認的。為什麼興起如此之晚呢？用人的條件，第一是德，第二是才，第三才數到學識。這是理論上當然的結果，事實上也無人懷疑。考試所要觀察的，只是學識。這不是說才德可以不論，不過明知才德無從考校，與其因才德之無從考校，並其學識的試驗而豁免之，尚不如就其學識而試驗之，到底還有幾分把握罷了。這種見解，是要累積相當經驗，才會有的。所以考試之制，必至唐宋之世才會興盛。

考試之制，其起源是頗遠的。西漢以前本無所謂考試（晁錯、董仲舒等的對策，乃是以其人為有學問而請教之，並非疑其意存冒濫，加以考試。所以策否並無一定；一策意有未盡，可以至於再策三策，說見《文獻通考》）。直至東漢順帝之世，郡國所舉的人，實在太不像話了，左雄為尚書令，乃建議「諸生試家法，文吏試箋奏」（家法，指所習的經學言）。史稱自是牧守莫敢輕舉，察選清平，就可見得考試的效驗了。但是自此以後，其法未曾認真推行。歷經魏晉南北朝至隋，仍以不試為原則。

科舉之制興於唐。其科目甚多（秀才是最高科目，高宗永徽二年後停止。此外尚有俊士、明法、明字、明算、一史、三史、開元禮、道舉、童子等科，均見《唐書·選舉志》），常行的為明經和進士。進士科是始於隋的，其起源，歷史記載不甚清楚。據楊綰說：其初尚系試策，不知什麼

時候改試了詩賦。到唐朝,此科的聲光大好。這是社會上崇尚文辭的風氣所造成的。唐時,進士科雖亦兼試經義及策,然而所重的是詩賦。明經所重的是帖經、墨義。詩賦固然與政治無涉,經學在政治上有用與否,自今日觀之,亦成疑問。這話對從前的人,自然是無從說起,但像帖經墨義所考的只是記誦。(帖經、墨義之式,略見《文獻通考》。其意,帖經是責人默寫經文,墨義則責人默寫傳注,和今學校中專責背誦教科書的考試法一般),其無用,即在當日,亦是顯而易見的。

　　為什麼會有這種奇異的考試法呢?這是因為把科舉看作掄才大典,換言之,即在官吏登庸法上,看作唯一拔取人才之途,怕還是宋以後的事,在唐以前,至多只是取才的一途罷了。所以當時的進士,雖然受俗人看重,然而在政治上,則所取的人並不多,而其用之亦不重(唐時所取進士,不過二、三十人,仍須應吏部釋褐試,或被人薦舉,方得入官;授官亦不過丞尉;見《日知錄·中式額數》、〈出身授官〉兩條)。可見科舉初興,不過沿前代之法而漸變,並非有什麼隆重的意思、深厚的期望存乎其間了。所以所試的不過是詩賦和帖經墨義。帖經墨義所試,大約是當時治經的成法,詩賦疑沿自隋朝。隋煬帝本好辭華,所設的進士科,或者不過是後漢靈帝的鴻都門學之類(聚集一班會做辭賦和寫字的人,其中並有流品極雜的,見《後漢書》本紀及〈蔡邕傳〉)。進士科的進而為掄才之路,正和翰林的始居雜流,後來變成清要一樣。這是制度本身的變化,不能執後事以論其初制的。

　　科舉所試之物,雖不足取,然其取士之法,則確實是進步而可紀念的。唐制,願應舉者皆「懷牒自列於州縣」。州縣先試之,而後送省(尚書省)。初由戶部「集閱」,考功員外郎試之。玄宗開元時,因考功員外郎望輕,士子不服,乃移其事於禮部。宋太祖時,知貢舉的人,有以不公被訴的,太祖乃在殿廷上自行複試。自此,省試之外,又有殿試。前此的

郡國選舉，其權全操於選舉之人，明明有被選舉之才，而選舉不之及，其人固無如之何。到投牒自列之制興，則凡來投牒者，即使都為州縣所不喜，亦不得不加以考試，而於其中取出若干人；而州縣所私愛的人，苟無應試的能力，即雖欲舉之而不得。操選舉之權者，大受限制，被選舉之權，即因此而擴大。此後白屋之士，可以平步青雲；有權的人，不能把持地位；都是受此制度之賜。所以說其制度是大可紀念的。考試的規則逐漸加嚴，亦是助成選舉制度的公平的。唐時，考官和士子交通，還在所不禁。考官採取聲譽，士子托人遊揚，或竟自懷所作文字投謁，都不算犯法的事。晚唐以後，規則逐漸加嚴，禁懷挾和糊名易書等制度，逐漸興起。明清繼之，考試關防，日益嚴密。此似不尊重人格，但利祿之途，應試者和試之者都要作弊，事實上亦是不得不然的。

以上所說的，均是鄉貢之制。至於制科，則由天子親策，其科目屬於隨時標出。舉行與否，亦無一定。唐代故事，詳見《文獻通考‧選舉考》中。

對於科舉的重視，宋甚於唐，所以改革之聲，亦至宋而後起。科舉之弊有二：（一）學非所用，（二）所試者是一日之短長。從經驗上證明：無學者亦可弋獲，真有學問者，或反見遺。對於第一弊，只須改變其所試之物即可。對於第二弊，則非兼重學校不行。不然，一個來應試的人，究竟曾從事於學問與否，是無從調查的。仁宗時，范仲淹的改革，便針對這兩種弊端：（一）罷帖經、墨義，而將詩賦策論通考為去取（唐朝的進士，亦兼試帖經及策，明經亦兼試策。但人之才力有限，總只能專精一門，所以閱卷者亦只注重一種，其餘的都不過敷衍了事。明清時代，應科舉的人，只會做四書文，亦由於此）。（二）限定應試的人，必須在學三百日，曾經應試的人一百日。他的辦法，很受時人反對，罷相未幾，其法即廢。

　　到神宗熙甯時，王安石為相，才大加以改革。安石之法：（一）罷諸科，獨存進士。這是因社會上的風氣重進士而輕諸科起的。（二）進士罷試詩賦，改試論策。其帖經、墨義，則改試大義（帖經專責記誦，大義是要說明義理，可以發抒意見的）。（三）別立新科明法，以待不能改業的士子。（四）安石是主張學校養士的，所以整頓太學，立三舍之法，以次遞升。升至上舍生，則可免發解及禮部試，特賜之第。

　　熙甯貢舉法，亦為舊黨所反對。他們的理由是：（一）詩賦聲病易曉，策論汗漫難知，因此看卷子難了。這本不成理由。詩賦既是無用之學，即使去取公平，又有何益呢？（二）但他們又有如蘇軾之說，謂以學問論經義策論，似乎較詩賦為有用。以實際論，則詩賦與策論經義同為無用。得人與否，全看君相有無知人之明。取士之法，如科舉等，根本無甚關係，不過不能不有此一法罷了。這話也是不對的。科舉誠不能皆得人，然則立法之意，本不過說這是取士的一法，並沒有說有此一法之後，任用時之衡鑑，任用後之考課，都可置諸不論。況且國家取士之途，別種都是注重經驗的；或雖注重學識，而非常行之法；只有學校、科舉，是培養、拔擢有學識的人的常法。有學識的人，固然未必就能辦事，然而辦事需用學識的地方，畢竟很多（大概應付人事，單靠學識無用，決定政策等，則全靠學識）。「人必先知其所事者為何事，然後有欲善其事之心」，所以學識和道德，亦有相當的關係。衡鑑之明，固然端賴君相，然而君相絕不能向全國人中漫無標準，像淘沙般去覓取。終必先有一法，就全體之中取出一部分人來，再於其中施以簡擇。此就全體之中取出其一部分人之法，唯有科舉是注重學識的，如何能視之過輕？經義策論，固亦不過紙上空談，然而其與做官所需要的學識關係的疏密，豈能視之與詩賦同等？所以舊黨的議論，其實是不通的。然而在當時，既成為一種勢力，即不能禁其不抬頭。於是至元祐之世，而熙寧之法復廢。

熙甯貢舉之法雖廢，舊法卻亦不能回復了。因為考試是從前讀書人的出身之路，所試非其所習，習科舉之業的人，是要反對的。熙甯變法時，反對者之多，其理由實亦在此。到元祐要回復舊法時，又有一班只習於新法的人要加以反對了。於是折衷其間，分進士為詩賦、經義兩科。南宋以後，遂成定制。連遼、金的制度，也受其影響（金詩賦經義之外，又有律科。詩賦經義稱進士，律科稱舉人。又有女真進士科，則但試策論，為金世宗所立。遼金科目，均須經過鄉、府、省三試。省試由禮部主持，即明清的會試。元明清三代，都只有會試和本省的鄉試）。

近代科舉之法，起於元而成於明。元代的科舉，分蒙古、色目人和漢人、南人為兩榜。蒙古、色目人考兩場：首場經義，次場策論。漢人、南人考三場：首場經義，次場古賦和詔、誥、表，三場策論。這是把經義、詩賦並做一科了。而諸經皆以宋人之說為主以及鄉會試所試相同，亦皆為明清所沿襲。明制：首場試四書五經義，次場試論判，又於詔、誥、表內科一道，三場試策。清制：首場試四書義及詩一首，次場試五經義，三場亦試策。

明清所試經義，其體裁是有一定的。要代聖賢立言，其文體是逐段相對，謂之八股（八股文體的性質，盡於此二語：其一即文中的話不算自己所說，而算代聖賢說一篇較詳盡的話。其二則歷來所謂對偶文字，為逐句相對，而此則是逐段相對，所以其體裁是特別的。又八股文長短亦有定限。在清代，是長不能過七百字，短不能不滿三百字。此等規則，雖亦小有出入，但原則上是始終遵守的。因有其一之條件，所以文中不能用後世事，這是清代學者疏於史事的一個原因）。其式為明太祖及劉基所定，故亦謂之制義。其用意，大概是防士子之競鶩新奇的（科舉名額有定，而應試者多。如清末，江南鄉試，連副貢取不滿二百人，而應試者數逾二萬。限於一定的題目，在幾篇文字內，有學問者亦無所見其長。於是有將文字

做得奇奇怪怪，以期動試官之目的，此弊在宋代已頗有）。

　　明清時代科舉之弊，在於士子只會做幾篇四書義，其餘全是敷衍了事，等於不試。士子遂至一物不知。此其弊，由於立法的未善。因為人之能力，總是有限的，一個人不過懂得一門兩門，所以歷代考試之法，無不分科，就其所習而試之。經義、詩賦的分科，就等於唐朝的明經、進士。這兩者，本來不易兼通。而自元以來，並二者為一；三場所試的策，絕無範圍。所以元明清三朝的科舉，若要實事求是，可說是無人能應。天下事，責人以其所不能為者，人將並其所能為者而亦不為，這是無可如何的事。明清科舉致弊之原，即在於此。

　　宋代改革科舉之意，是廢詩賦而存經義策論，這個辦法，被元明清三代的制度推翻了。其學校及科舉並用之意，到明朝，卻在形式上辦到。明制，是非國子監生和府州縣學生不能應科舉的（府州縣學生應科舉，是先須經過督學使者的試驗的，謂之科考。科考錄取的人，才得應鄉試。但後來，除文字違式者外，大抵是無不錄取的。非學生，明代間取一二，謂之「充場儒士」，其數極少）。所以《明史》謂其「學校儲材，以待科舉」。案科舉所試，僅是一日之短長，故在事實上，並無學問，而年少氣盛、善於作應試文字者，往往反易弋獲，真有學問者反難。學校所授，無論如何淺近，苟使認真教學，學生終必在校肄習幾年，必不能如科舉之一時弋取。但課試等事，極易徒有其名，學問之事，亦即有名無實。畢業實畢年限之弊，實自古有之，並不自今日始。使兩者相輔而行，確實是一個良好的制度。但制度是拗不過事實的。入學校應科舉的人，其意既在於利祿，則學問僅是工具（所以從前應舉的人，稱應舉所作文字為敲門磚），利祿才是目的。目的的達到，是愈速愈好的。（一）假使科舉與學校並行，年少氣盛的人，亦必願應科舉而不願入學校。（二）況且應試所費，並來往程途計之，遠者亦不過數月，平時仍可自謀生活。學校則不能然。

所以士之貧者，亦能應科舉而不能入學校。（三）何況學校出身，尚往往不及科舉之美呢。職是故，明朝行學校儲才以待科舉之制後，就釀成這樣的狀況：（一）國子監是自有出身的，但其出身不如科舉之美，則士之衰老無大志者都歸之。（二）府州縣學，既並無出身，住在學校裡，又學不到什麼，人家又何苦而來「坐學」？作教官的人，亦是以得祿為目的的。志既在於得祿，照經濟學的原理來說，是要以最少的勞費得最大的效果的。不教亦無礙於利祿，何苦而定要教人？於是府州縣學，就全然有名無實了。明初對於國子監，看得極為隆重，所以後來雖然腐敗，總還維持著一個不能全不到校的局面。到清朝，便幾乎和府州縣學一樣了。

制科在唐朝，名義上是極為隆重的，但因其非常行之典，所以對於社會的影響，不如鄉貢的深刻。自宋以後，大抵用以拔取鄉貢以外的人才，但所取者，亦不過長於辭章，或學問較博之士（設科本意，雖非如此，然事實上不過如此，看《宋史‧選舉志》可知）。清聖祖康熙十八年，高宗乾隆元年，曾兩次舉行博學鴻詞科，其意還不過如此。德宗光緒二十五年，詔開經濟特科，時值變法維新之際，頗有登用人才之意。政變以後，朝廷無復此意，直到二十九年，才就所舉的人加以考試，不過敷衍了事而已。

科舉在從前，實在是一種文官考試。所試的科目，理應切於做官之用。然而歷代所試，都不是如此的。這真是一件極其奇怪的事。要明白此弊之由來，則非略知歷史上此制度的發展不可。

古代的用人，本來只求有做官的智識技能（此智識兩字，指循例辦公的智識言，等於後世的幕友胥吏，不概括廣泛的智識），別無所謂學問的。後來社會進化了，知道政治上的措置，必須通知原理，並非循例辦事而已。於是學問開始影響政治，講學問的人，亦即攙入政治界中。秦朝的禁「以古非今」，只許學習「當代法令」、「欲學法令，以吏為師」，是

和此趨勢相反的。漢朝的任用儒生，則順此趨勢而行。這自然是一種進步，但既知此，則宜令做官的人兼通學問，不應將做官的人與學問之士分為兩途，同時並用。然而漢朝卻始終如此。只要看當時的議論，總是以儒生、文吏並舉，便可知道。《續漢書・百官志注》引應劭《漢官儀》，載後漢光武帝的詔書，說「丞相故事，四科取士：（一）曰德行高妙，志節清白。（二）曰學通行修，經中博士。（三）曰明達法令，足以決疑，能案章覆問，文中御史。（四）曰剛毅多略，遭事不惑，明足以決，才任三輔令」。第一種是德行，第四種是才能，都是無從以文字考試的。第二種即是儒生，第三種即是文吏。左雄考試之法，所試的亦是這兩科。以後學者的議論，如《抱朴子》的〈審舉篇〉，極力主張考試制度，亦說律令可用試經之法試之。國家的制度，則唐時明法仍與明經並行，所沿襲的還是漢制。歷經千年而不知改變，已足驚奇。其後因流俗輕視諸科，把諸科概行廢去，明法一科，亦隨之而廢，當官所需用的智識技能，在文官考試中，遂至全然不占地位。政治上的制度，既難於改變；而迂儒又有一種見解，以為只要經學通了，便一切事情都可對付，法令等實用不著肄習；遂益使此制度固定了。歷史上有許多制度，憑空揣度，是無從明白其所以然的，非考其事實，觀其變遷不可。科舉制度，只是其一端罷了。

　　近世的科舉制度，實成於明太祖之手，然而太祖並非重視科舉的人。太祖所最重的是薦舉，次之則是學校。當時曾令內外大小臣工皆得薦舉，被薦而至的，又令其轉薦，由布衣至大僚的，不可勝數。國子監中，優禮名師，規則極嚴，待諸生亦極厚，曾於一日之中，擢六十四人為布、按兩司官。科舉初設於洪武三年，旋復停辦，至十五年乃復設。當時所謂三途並用，是指：（一）薦舉；（二）進士貢監；（三）吏員（見《日知錄・通經為吏》條）。一再傳後，薦舉遂廢，學校浸輕，而科舉獨重。此由薦舉用人，近於破格，非中主所能行。學校辦理不能認真，近於今所謂畢業即

畢年限。科舉一者為習慣所重，二則究尚有一日之短長可憑，所以為社會所重視，此亦不能謂絕無理由。然則凡事偏重即有弊，何況科舉之本身本無足取呢？

明制：進士分為三甲。一甲三人，賜進士及第；二甲若干人，賜進士出身；三甲若干人，賜同進士出身。一甲第一人，授翰林院修撰，第二、第三人授編修。二、三甲均得選庶起士。庶起士本為進士觀政在翰林院、承敕監等衙門者之稱。明初，國子監學生，派至各衙門實習的，謂之歷事。進士派至各衙門實習的，謂之觀政。使其於學理之外，再經驗實事，意本甚善。然後亦成為具文。庶起士初本不專屬翰林，成祖時，命於進士二甲以下擇取文理優者，為翰林院庶起士，自此才為翰林所專。後覆命就學文淵閣，選翰（翰林院）、詹（詹事府）官教習。三年學成，考試授官，謂之教館。出身特為優異。

清制：二、三甲進士，亦得考選庶起士。其肄業之地，謂之庶常館。選滿漢學士各一人教習，視為儲才之地。然而其所習者，不過詩賦小楷而已。鄉舉在宋朝還不過是會試之階，並不能直接入官。明世始亦為入仕之途。舉貢既特異於雜流，進士又特異於舉貢。所謂三途並用者，遂成：（一）進士，（二）舉貢，（三）吏員（見《明史·選舉志》）。在仕途中，舉貢亦備遭輕視排擠，雜流更不必論了。清制以科目、貢監、蔭生為正途，薦舉、捐納、吏員為異途，異途之受歧視亦殊甚。然則及末造，捐納大行，仕途擁擠，亦雖欲歧視而不可得了。

賣官之制，起於漢武帝。《史記·平準書》所謂「入羊為郎」、「入財者得補郎」、「吏得入穀補官」、「買武功爵者試補吏」皆是。後世雖有秕政，然而不為法令。明有納粟入監之例，亦仍須入監讀書。清則僅存虛名。實官捐，順康時已屢開，嘉道後尤數。內官自郎中，外官自道府而下，皆可報捐，直至光緒二十七年才停。從學校、科舉、吏員等出身之

士，雖不必有學識，究不容一物不知，捐納則更無制限，而其數又特多。既是出資買來，自然視同營業。清季仕途人員的擁塞，流品的冗雜，貪汙的特盛，實在和捐納之制是大有關係的。

元代各機關長官，多用蒙古人。清朝則官缺分為滿、漢、包衣、漢軍、蒙古，這實在是一種等級制度（已見第四章）。滿缺有一部分是專屬於宗室的，其選舉權在宗人府；包衣屬內務府；均不屬吏部。

以上所說，大略都是取士之制，即從許多人民中拔擢出一部分人來，給他做官的資格。其中就已有做官資格的人再加選試，而授之以官，則普通稱為「銓選」。其事於古當屬司馬，說已見前。漢朝凡有做官的資格，而還未授官的，皆拜為郎，屬於光祿勳，分屬五官中郎將、左中郎將、右中郎將，謂之「三署郎」。光祿勳歲於其中舉茂材四行。其選授之權，初屬三公府，東西曹主其事。後來尚書的吏曹，漸起而攘奪其權。靈帝時，呂強上言：「舊典選舉，委任三府。」「今但任尚書，或復敕用。」可見到後漢末，三公已不大能參預選舉了。曹魏已後，既不設宰相，三公等官，亦不復參與政事，選權遂專歸尚書。

唐制：文選屬於吏部，武選屬於兵部。吏部選官，自六品以下，都先試其書、判，觀其身、言。五品以上則不試，上其名於中書門下。宋初，選權分屬中書、樞密及審官院，吏部唯注擬州縣官。熙寧改制，才將選權還之吏部。神宗說古者文武不分途，不以文選屬吏，武選屬兵為然。於是文武選皆屬吏部，由尚書、侍郎分主其事。明清仍文選屬吏，武選屬兵。明代吏部頗有大權，高官及邊任等，雖或由廷推，或由保舉，然而實多由吏部主其事。清代則內分於軍機、內閣，外分於督撫，吏部所司，真不過一吏之任而已。外官所用僚屬，自南北朝以前，均由郡縣長官自行選用（其權屬於功曹），所用多系本地人。隋文帝始廢之，佐官皆由吏部選授。此與選法之重資格而輕衡鑑，同為一大變遷，而其原理是相同的，即

不求有功，但求防弊。士大夫蔽於階級意識，多以此等防弊之法為不然。然事實上，所謂官僚階級，總是以自利為先，國事為後的，無以防之，勢必至於氾濫不可收拾。所以防弊之法，論者雖不以為然，然而事實上卒不能廢，且只有日益嚴密。

用人由用之者察度其才不才，謂之衡鑑。鑑是取譬於鏡子，所以照見其好壞；衡則取喻於度量衡，所以定其程度的。用人若在某範圍之中，用之者得以自由決定其取捨，不受何等法律的限制，則謂之有衡鑑之權。若事事須依成法辦理，絲毫不能自由，即謂之依據資格。二者是正相反的。資格用人，起於後魏崔亮的停年格。專以停解先後為斷，是因胡靈後秉政，許武人入選，仕途擁擠，用此為手段以資對付的。崔亮自己亦不以為然。北齊文襄帝做尚書時，就把它廢掉了。唐開元時，裴光庭又創循資格。然而自中葉以後，檢校、試、攝、判、知之法大行，皆以資格不相當之人任事，遂開宋朝以差遣治事之端。明孫丕揚創掣籤法。資格相同者，納籤於筒，在吏部堂上，由候選者親掣（不到者由吏部堂官代掣）。當時亦是用以對付中人請託的（見於慎行《筆麈》）。然則其後卒不能廢。大抵官吏可分為政務官和事務官。政務官以才識為重，自不能專論資格；事務官不過承上官之命依據法律執行政務，其事較少變化。用法能得法外意，雖是極好的事，然而其事太無憑據，若都藉口學識，破棄資格，一定得才的希望少，徇私的弊端多。所以破格用人，只可視為偶然之事，在常時必不能行，歷來詆毀資格之論，都是憑臆測為說，不察實際情形的。

迴避之法，亦是防弊的一端。此事古代亦無之。因為迴避之法，不外兩端：（一）是防止人與人間的關係，（二）則防止人與其所治的地方的關係。在世官制度之下，世家大族，左右總是姻親；而地不過百里，東西南北，亦總是父母之邦；何從講起迴避？地方既小，政治之監察既易，輿論之指摘亦嚴，要防止弊端，亦正無藉乎迴避。所以迴避之法，在封建

制度下，是無從發生的。郡縣制度的初期，還毫無形跡，如嚴助、朱買臣均以吳人而為會稽守，即其明證。東漢以後，此制漸漸發生。《後漢書‧蔡邕傳》說：時制婚姻之家及兩州人士，不得對相監臨，因此有三互之法（《注》：三互，謂婚姻之家及兩州人不得交互為官也）。是為迴避之法之始。然而其法尚不甚嚴。至近世乃大為嚴密。

在清代，惟教職止避本府，餘皆須兼避原籍、寄籍及鄰省五百里以內。京官父子、祖孫不得同在一署。外官，則五服之內，母、妻之父及兄弟、女婿、外甥、兒女姻親、師生，均不得互相統屬（皆以卑避尊）。此等既以防弊，亦使其人免得為難，在事實上亦不得不然。惟近代省區太大，服官的離本籍太遠，以致不悉民情風俗，甚至言語不通，無從為治。以私計論，來往川資，所費大巨，到任時已不易籌措，罷官後竟有不能歸家的，未免迫使人入於貪汙，亦是立法未善之處。

選舉之法，無論如何嚴密，總不過慎之於任用之初。（一）人之究有德行才識與否，有時非試之以事不能知；（二）亦且不能保其終不變節。（三）又監督嚴密，小人亦可為善；監督鬆弛，中人不免為非。所以考課之法，實較選舉更為重要。然而其事亦倍難。因為：（一）考試之法，可將考者與被考者隔離；（二）且因其時間短，可用種種方法防弊；（三）不幸有弊，所試以文字為憑，亦易於複試磨勘；在考課則辦不到。

考課之法，最早見於書傳的，是《書經》的三載考績，三考黜陟（〈堯典〉，今本《舜典》）。《周禮》太宰，以八柄詔王馭群臣（一曰爵，二曰祿，三曰予，四曰置，五曰生，六曰奪，七曰廢，八曰誅）。亦為此法。漢朝京房欲作考功課吏法，因此為石顯所排。王符著《潛夫論》極稱之，謂為致太平之基（見〈考績篇〉）。魏世劉劭，亦曾受命作都官考課及說略。今其所著《人物志》具存，論觀人之法極精，蓋遠承〈文王官人〉之緒（《大戴禮記》篇名。《周書》亦有此篇，但稱〈官人〉）。

案京房嘗受學焦延壽，延壽稱「得我道以亡身者，京生也」。京房《易》學，雖涉荒怪，然而漢世如此者甚多，何致有亡身之懼？疑《漢書》文不完具。京房課吏之法，實受諸延壽，得我道以亡身之說，實指課吏之法言之。如此，則考課之法，在古代亦是專門之業，而至後來乃漸失其傳者了。後世無能講究此學的。其權，則初屬於相府，後移於尚書，而專屬於吏部。雖有種種成法，皆不過奉行故事而已（吏部是總考課的大成的。各機關的屬官，由其長官考察；下級機關，由上級機關考察；為歷代所同。考課有一定年限。如明代，京官六年一考察，謂之京察。外官三年一考察，謂之外察，亦謂之大計，武職謂之軍政。清朝均三年一行。考察有一定的專案，如清朝文官，以守、才、政、年為四格；武官又別有字樣，按格分為三等。又文武官均以不謹、疲軟、浮躁、才力不及、年老、有疾為六法。犯此者照例各有處分。然則多不核其實，而人事的關係卻頗多。高級的官，不由吏兵部決定的，明有自陳，清有由部開列事實請旨之法，餘皆由吏兵部處理）。

第七章　選舉

第八章　賦稅

第八章　賦稅

中國的賦稅，合幾千年的歷史觀之，可以分為兩大類：（一）以最大多數的農民所負擔的田稅、軍賦、力役為基本，隨時代變化而成為種種形式。自亡清以前，始終被看作是最重要的賦稅。（二）自此以外的稅，最初無有，後來逐漸發生，逐漸擴張，直至最近，才成為重要部分。

租、稅、賦等字樣，在後世看起來，意義無甚區別，古代則不然。漢代的田稅，古人稱之為稅，亦即後世所謂田賦。其收取，據孟子說，有貢、助、徹三法。夏後氏五十而貢，殷人七十而助，周人百畝而徹（五十、七十當為夏殷頃畝，較周為小，不然，孟子所說井田之制，就不可通了）。又引龍子的話，說「貢者，校數歲之中以為常」，即是取幾年的平均額，以定一年的稅額，樂歲不能多，凶年不能減。所以龍子詆為惡稅。助法，據孟子說，是將一方里之地，分為九百畝。中百畝為公田，外八百畝為私田。一方里之地，住居八家，各受私田百畝，共耕公田。公田所入，全歸公家；私田所入，亦全歸私家，不再收稅。徹則田不分公私，而按畝取其幾分之幾。按貢法當是施之被征服之族的。此時征服之族與被征服之族，尚未合併為一，截然是兩個團體。征服之族，只責令被征服之族每年交納農作品若干。其餘一切，概非所問（此時納稅的實是被征服之族之團體，而非其個人），所以有此奇異的制度。

至於助、徹，該是平和部族中自有的制度，在田畝自氏族分配於家族時代發生的（參看第二、第五兩章自明）。三者的稅額，孟子說：「其實皆十一也。」這亦不過以大略言之。助法，照孟子所說明明是九一。後儒說：公田之中，以二十畝為廬舍，八家各耕公田十畝，則又是十一分之一。古人言語粗略，計數更不精確，這是不足以為懷疑孟子的話而加以責難的根據。古代的田制有兩種：一種是平正之地，可用正方形式分割，是為井田。一種是崎嶇之地，面積大小，要用演算法計算的，是為畦田（即圭田）。古代征服之族，居於山險之地，其地是不能行井田的，所以孟子

替滕文公規劃，還說「請野九一而助，國中什一使自賦」。既說周朝行徹法，又說雖周亦助，也是這個道理（參看第四章自明）。

賦所出的，是人徒、車、輦、牛、馬等，以供軍用。今文家說：十井出兵車一乘（《公羊·宣公十年》，〈昭西元年〉何《注》）。古文家據《司馬法》，而《司馬法》又有兩說：一說以井十為通，通為匹馬，三十家出士一人，徒二人。通十為成，成十為終，終十為同，遞加十倍（《周禮》小司徒鄭《注》引）。又一說以四井為邑，四邑為丘，有戎馬一匹，牛三頭。四丘為甸，出戎馬四匹，兵車一乘，牛十二頭，甲士三人，步卒七十二人（鄭注《論語·學而篇》「道千乘之國」引之，見〈小司徒疏〉）。今文家所說的制度，常較古文家早一時期，說已見前。古文家所說的軍賦，較今文家為輕，理亦由此（《司馬法》實戰國時書。戰國時國大了，所以分擔的軍賦也輕）。

役法，《禮記·王制》說：「用民之力，歲不過三日。」《周禮·均人》說：豐年三日，中年二日，無年一日。〈小司徒〉說：「上地家七人，可任也者家三人。中地家六人，可任也者二家五人。下地家五人，可任也者家二人。凡起徒役，毋過家一人，以其餘為羨。惟田與追胥竭作。」案田與追胥，是地方上固有的事，起徒役則是國家所要求於人民的。地方上固有的事，總是與人民利害相關的，國家所要求於人民的，則利害未必能一致，或且相反，所以法律上不得不分出輕重。然而到後來，用兵多而差徭繁，能否盡守此規則，就不可知了。古代當兵亦是役的一種。〈王制〉說：「五十不從力政（政同征，即兵役外的力役），六十不與服戎。」《周禮·鄉大夫》說：「國中自七尺以及六十，野自六尺以及六十有五皆征之。」《疏》說七尺是二十歲，六尺是十五歲。六只是未成年之稱，其說大約是對的。然則後期的徭役，也比前期加重了。

以上是古代普遍的賦稅。至於山林川澤之地，則古代是公有的。手

第八章　賦稅

工業，簡易的人人會做，艱難的由公家設官經營。商業亦是代表部族做的（說已見第五章）。既無私有的性質，自然無所謂稅。然而到後來，也漸漸地有稅了。《禮記・曲禮》：「問國君之富，數地以對，山澤之所出。」古田地字通用，田之外兼數山澤，可見漢世自天子至封君，將山川、園池、市井租稅之入，皆作為私奉養，由來已久（參看第五章）。市井租稅，即是商稅。古代工商業的分別，不甚清楚，其中亦必包含工稅。案《孟子・王制》，都說「市廛而不稅，關譏而不征。」廛是民居區域之稱。古代土地公有，什麼地方可以造屋，什麼地方可以開店，都要得公家允許的，不能亂做。所以《孟子・滕文公上篇》，記「許行自楚之滕，踵門而告文公曰：『聞君行仁政，願受一廛而為氓。』文公與之處。」然則「市廛而不稅」，即是給與開店的地方，而不收其稅，這是指後世所謂「住稅」而言，在都邑之內。「關譏而不征」，自然是指後世所謂「過稅」而言。然則今文住稅、過稅俱無。而《周禮》司市，必「凶荒劄喪」，才「市無征而作布」（造貨幣）；司關必凶荒才「無關門之征」（門謂城門），則住稅過稅都有了。又《孟子・公孫丑下篇》說：「古之為市者，有司者治之耳。有賤丈夫焉，必求龍斷而登之，以左右望而罔市利。人皆以為賤，故從而征之」，龍即壟字；龍斷，謂壟之斷者。一個人占據了，第二個人再不能走上去與之並處。罔即今網字。因為所居者高，所見者遠，遙見主顧來了，可以設法招徠；而人家也容易望見他；自可把市利一網打盡了。這是在鄉趕集的，而亦有稅，可見商稅的無孔不入了。此等山川、園池、市肆租稅，都是由封建時代各地方的有土之君各自徵收的，所以很缺乏統一性。

賦稅的漸增，固由有土者的淫侈，戰爭的不息，然而社會進化，政務因之擴張，支出隨之巨大，亦是不可諱的。所以白圭說：「吾欲二十而取一。」孟子即說：「子之道，貉道也。」貉「無城郭、宮室、宗廟祭祀

之禮，無諸侯幣帛饔飧，無百官有司，故二十取一而足。」然則賦稅的漸增，確實亦出於事不獲已。倘使當時的諸侯大夫能審察情勢，開闢利源，或增設新稅，或就舊稅之無害於人民者而增加其稅額，原亦不足為病。無如當時的諸侯大夫多數是不察情勢、不顧人民的能否負擔，而一味橫徵暴斂。於是田租則超過十一之額，而且有如魯國的履畝而稅（見《春秋・宣公十五年》。此因人民不盡力於公田，所以稅其私田）。井田制度破壞盡了。力役亦加多日數，且不依時令，致妨害人民的生業。此等證據，更其舉不勝舉。無怪乎當時的仁人君子，都要痛心疾首了。

然而，這還不算最惡的稅。最惡的稅是一種無名的賦。古書中，「賦」字有兩義：一是上文所述的軍賦，這是正當的。還有一種，則是不論什麼東西，都隨時責之於民。所以《管子》說：「歲有凶穰，故穀有貴賤。令有緩急，故物有輕重。（〈國蓄篇〉）」輕就是價賤，重就是價貴。在上者需用某物，不管人民的有無，下令責其交納，人民只得求之於市，其物的價格就騰貴，商人就要因此剝削平民了。《管子》又說：「以室廬籍，以六畜籍，以田畝籍，以正人籍，以正戶籍。」籍即是取之之意。以室廬籍，當謂按戶攤派；以田畝籍，則按田攤派；正人、正戶，當為別於窮困疲羸的人戶而言；六畜，謂畜有六畜之家，當較不養者為富（〈山權數〉云：「若歲凶旱水泆，民失本，則修宮室臺榭，以前無狗後無彘者為庸。」此以家無孳畜為貧窮的證據）。所以以之為攤派的標準，其苛細可謂已甚了。古代的封君，就是後世鄉曲的地主。後世鄉曲的地主，需要什麼東西，都取之於佃戶的，何況古代的封君，兼有政治上的權力呢？無定時、無定物、無定數，這是最惡的稅。

秦漢之世，去古未遠，所以古代租稅的系統，還覺分明。漢代的田租，就是古代的稅，其取之甚輕。高祖時，十五稅一。文帝從晁錯之說，令民入粟拜爵，十三年，遂全除田租。至景帝十年，乃令民半出租，為

三十而稅一。後漢初年，嘗行十一之稅。天下已定，仍三十而稅一。除靈帝曾按畝斂修宮錢外，始終無他橫斂（修宮錢只是橫斂，實不能算增加田租。可謂輕極了）。但是古代的田，是沒有私租的，漢世則正稅之外，還有私租，所以國家之所取雖薄，農民的負擔，仍未見減輕，還只有加重（王莽行王田之制時，詔書說漢時的私租，「厥名三十，實十稅五」，則合三十稅一的官租，是三十分之十六了）。

漢代的口錢，亦稱算賦。民年十五至五十六，出錢百二十，以食天子。武帝又加三錢，以補車騎馬。見《漢書・高帝紀》四年，〈昭帝紀〉元鳳四年《注》引如淳說引《漢儀注》。案《周禮》太宰九賦，鄭《注》說賦是「口率出泉」；又說：「今之算泉，民或謂之賦，此其舊名與？」泉錢一字。觀此，知漢代的算賦，所謂人出百二十錢以食天子者，乃古代橫斂的賦所變。蓋因其取之無定時、無定物、無定數，實在太暴虐了，乃變為總取錢若干，而其餘一切蠲免。這正和五代時的雜徵斂，宋世變為沿納；明時的加派，變為一條鞭一樣（見下）。

至於正當的賦，則本是供軍用的，所以武帝又加三錢以補車騎馬。漢代的錢價，遠較後世為貴，人民對於口錢的負擔，很覺其重。武帝令民生子三歲出口錢，民至於生子不舉。元帝時，貢禹力言之，帝乃令民七歲乃出口錢（見《漢書・貢禹傳》）。役法：〈高帝紀〉二年《注》引如淳說，《律》：年二十三，傅之疇官，各從其父疇學之（疇之義為類。古行世業之法，子弟的職業，恆與父兄相同；所謂士之子恆為士，農之子恆為農，工之子恆為工，商之子恆為商。參看階級章）。而每一類的人，都有其官長（《國語・周語》：說宣王要料民於太原，仲山父諫，說「古者不料民而知其多少。司民協孤終，司商協民姓，司徒協旅，司寇協奸，牧協職，工協革，場協入，廩協出，是則少多死生，出入往來，皆可知也。」這即是各官各知其所管的民數的證據）。此即所謂疇官。傅之疇官，就是官有

名籍，要負這一類中人所應負的義務了。這該是古制，漢代的人民，分類未必如古代之繁，因為世業之制破壞了。但法律條文，是陳舊的東西，事實雖變，條文未必隨之而變。如淳所引的律文，只看作民年二十三，就役籍有名，該當一切差徭就夠了。景帝二年，令民年二十始傅，又將其提早了三年。役法是徵收人民的勞力的，有役法，則公家舉辦事業不必要出錢雇工，所以在財政上，也是一筆很大的收入。

財政的規模，既經擴張，自當創設新稅。創設新稅，自當用間接之法，避免直接取之於農民。此義在先秦時，只有法家最明白。《管子·海王篇》說，要直接向人民加賦，是人人要反對的。然而鹽是無人不吃的；鐵器亦不論男女，人人要用，如針、釜、耒、耜之類；在鹽鐵上加些微之價，國家所得，已不少了。這是鹽鐵官賣或收稅最古的理論。此等稅或官賣，古代亦必有行之者。漢代郡國，有的有鹽官、鐵官、工官（收工物稅）、都水官（收漁稅），有的又沒有，即由於此。當此之時，自應由中央統籌全域，定立稅法；或由中央直接徵收，或則歸之於地方。但當時的人，不知出此。桑弘羊是治法家之學的；王莽實亦兼采法家之說（見第五章）。所以弘羊柄用時，便筦鹽鐵，榷酒酤，並行均輸、算緡之法（千錢為緡，估計資本所值之數，按之抽稅）。王莽亦行六筦之制（見第五章）。然而行之既未盡善；當時的人，又大多數不懂得此種理論。汲黯說：天子只該「食租衣稅」。晉初定律，把關於酒稅等的法令，都另編為令，出之於律之外，為的是律文不可時改；而此等稅法在當時是認為不正當，天下太平之後，就要廢去的（見《晉書·刑法志》）。看這兩端，便知當時的人，對於間接稅法如何的不了解。因有此等陳舊的見解，遂令中國的稅法，久之不能改良。

田租、口賦兩種專案，是從晉定《戶調式》以後才合併為一的。戶調之法，實起源於後漢之末。魏武帝平河北，曾下令：田租之外，只許每

戶取綿絹若干，不准多收（見《三國魏志・武帝紀》建安九年《注》）。大約這時候：（一）人民流離，田畝荒廢，有能從事開墾的，方招徠之不暇，不便從田租上誅求。（二）又人民的得錢，是比較艱難的（這個歷代情形都如此。所以租稅徵收穀帛，在前代，是有益於農民的。必欲收錢，在徵收租稅時，錢價就昂貴，穀帛的價，就相對下落了）。漢世錢價貴，喪亂之際，買賣停滯，又不能誅求其口錢。所以不如按戶責令交納布帛之類。這原是權宜之法。但到晉武帝平吳，制為定式之後，就成為定法了。

　　戶調之法，是與官授田並行的。當時男子一人，占田七十畝，女子三十畝。其外，丁男課田五十畝，丁女二十畝；次丁男半之，女則不課。丁男之戶，歲輸絹三匹，綿三斤；女及次丁男為戶者半輸。北魏孝文帝均田令，亦有授田之法（已見第五章）。唐時，丁男給田一頃，以二十畝為永業，餘為口分。每年輸粟三石，謂之租。看地方的出產，輸綿及絲麻織品，謂之調。力役每年二十日，遇閏加二日，不役的納絹三尺，謂之庸。立法之意，本是很好的。但到後來，田不能授，而賦稅卻是按戶徵收了。你實際沒有田，人家說官話不承認。兼併的人，都是有勢力的，也無人來整頓他。於是無田的人，反代有田的人出稅。人皆托於宦學釋老，或詐稱客戶以自免，其弊遂至不可收拾。在這個時代，要想整頓，除非普加清查，責令兼併的人將多餘的田退還，由官分給無田者。次則置兼併者於不問，而以在官的閒田補給無田的人。其事都不能行。於是德宗時，楊炎為相，犧牲了社會政策的立法，專就財政上整頓，就有財產之人而收其稅，令於夏秋兩季交納（夏輸毋過六月，秋輸毋過十一月）。是為兩稅。兩稅法的精意，全在「戶無主客，以見居為簿；人無丁中，以貧富為差」十八個字。社會立法之意，雖然犧牲了，以財政政策而論，是不能不稱為良法的。

　　「兩稅以資產為宗」，倘使就此加以研究改良，使有產者依其財產的多少分別等第，負擔賦稅，而於無產者則加以豁免，則雖不能平均負賦，

而在財政上，還不失公平之道，倒也是值得稱許的。然後此的苛稅，仍是向大多數農民剝削。據《宋史·食貨志》所載，宋時的賦稅：有田畝之賦和城郭之賦，這是把田和宅地分別徵收的，頗可稱為合理。又有丁口之賦，則仍是身稅。又有雜變之賦，亦稱為沿納，是兩稅以外苛取於民，而後遂變為常稅的，在理論上就不可容恕了。但各地方的稅率，本來輕重不一。苛捐雜稅，到整理之時，還能定為常賦，可見在理論上雖說不過去，在事實上為害還是不很大的。其自晚唐以來，屬民最甚，直至明立一條鞭之法，為害才稍除的，則是役法。

力役是徵收人民的勞力的。人民所最缺乏的是錢，次之是物品；至於勞力，則農家本有餘閒，但使用之不失其時，亦不過於苛重，即於私人無害，而於公家有益。所以役法行之得當，亦不失為一種良好的賦稅（所以現行徵工之法，限定可以徵工的事項，在立法上是對的）。但是晚唐以後的役法，其屬民卻是最甚的。其原因：由於此時之所以役民者，並非古代的力役之徵，而是庶人在官之事。古代的力役之徵，如築城郭、宮室，修溝渠、道路等，都是人人所能為的；而且其事可以分割，一人只要應役幾日；自然不慮其苛重了。至於在官的庶人，則可分為府、史、胥、徒四種。府是看守財物的；史是記事的；胥是才智之稱，所做的，當屬較高的雜務；「徒，眾也」，是不須才智，而只要用眾力之時所使用的，大概用以供奔走。古代事務簡單，無甚技術關係，即府史亦是多數人所能做，胥徒更不必論了。但此等事務，是不能朝更暮改的。從事其間的，必須視為長久的職業，不能再從事於私人的事業，所以必須給之祿以代耕。後世社會進步了，凡事都有技術的關係，築城郭、宮室，修溝渠、道路等事，亦有時非人人所能為，何況府史胥徒呢（如徒，似乎是最易為的。然而在後世，有追捕盜賊等事，亦非人人所能）？

然而，晚唐以後，卻漸根據「丁」、「資」以定戶等而役之。（一）

所謂丁資，計算已難平允；（二）而其所以役之之事，又本非其所能為；（三）而官又不免加以虐使；於是有等職務，至於破產而不能給。人民遂有因此而不敢同居，不敢從事生產，甚至有自殺以免子孫之役的，真可謂之殘酷無倫了。欲救此弊，莫如分別役的性質，可以役使人民的，依舊簽差；不能役使人民的，則由公家出錢雇人充任。這本不過恢復古代力役之徵，庶人在官，各不相涉的辦法，無甚稀奇，然宋朝主張改革役法的王安石，亦未計及此。王安石所行的法，謂之免役。按宋代役法，原有簽差雇募之分。雇役之法：一者成為有給職，其人不至因荒廢私計而無以為生。二者有等事情，是有人會做，有人不會做的，不會做的人要賠累，會做的人則未必然。官出資雇募，應募的自然都是會做這事情的人，絕不至於受累，所以雇役之法，遠較差役為良。但當時行之，甚不普遍。安石行免役之法：使向來應役的人，出免役錢；不役的人，出助役錢；官以其錢募人充役。此法從我們看來，所失者，即在於未曾分別役的性質，將可以簽差之事，仍留為力役之徵，而一概出錢雇募。使農民本可以勞力代實物或貨幣的，亦概須以實物或貨幣納稅。而公家本可徵收人民勞力的事，亦因力役的習慣亡失，動須出錢雇募。於是有許多事情，尤其是建設事務，因此廢而不舉。這亦是公家的一筆損失。但就雇役和差役兩法而論，則雇役之法，勝於差役多了。而當時的舊黨，固執成見。元祐時，司馬光為相，竟廢雇役而仍行差役。此後雖亦差雇並行，總是以差為主，民受其害者又數百年。

田租、口賦、力役以外的賦稅，昔人總稱為雜稅。看這名目，便有輕視它、不列為財政上重要收入的意思。這是前人見解的陳舊，說已見前。然而歷代當衰亂之際，此等賦稅，還總是有的。如《隋書・食貨志》說，晉過江後，貨賣奴婢、馬牛、田宅、價值萬錢者，輸錢四百，買者一百，賣者三百，謂之「散估」，此即今日的契稅。又說：都東方山津，都西石

頭津，都有津主，以收穫炭、魚、薪之稅，十取其一；淮北大市百餘，小市十餘，都置官司收稅；此即商稅中之過稅及住稅。北朝則北齊後主之世，有關、市、邸、店之稅。北周宣帝時，有入市稅。又酒坊、鹽池、鹽井，北周亦皆有禁。到隋文帝時，卻把這些全數豁免，《文獻通考·國用考》大加盛讚。然而以現代財政學的眼光評論，則還是陳舊的見解。到唐中葉以後，藩鎮擅土，有許多地方賦稅不入於中央；而此時稅法又大壞；中央收入減少，乃不得不從雜稅上設法。宋有天下以後，因養兵特多，此等賦稅不能裁撤，南渡以後，國用更窘，更要加意整頓。於是此等雜稅，遂漸漸地附庸蔚為大國了。不論在政治上、社會上，制度的改變，總是由事實逼迫出來的多，在理論指導之下發明的少。這亦是政治家的一種恥辱。

雜稅之中，最重要的是鹽稅。其法，始於唐之第五琦，而備於劉晏。籍民制鹽（免其役），謂之灶戶，亦謂之亭戶。製成之鹽，賣之商人，聽其所之，不復過問。後人稱之為就場徵稅。宋朝則有官鬻、通商二法。而通商之中，又分為二：（甲）徑售之於商人，（乙）則稱為入邊、入中。入邊是「入邊芻粟」的略稱，入中則是「入中錢帛」的略稱。其事還和茶法及官賣香藥、寶貨有關係。

茶稅，起於唐德宗時。其初是和漆與竹木並稅的。後曾裁撤，旋又恢復，且屢增其額。其法亦是籍民製造，謂之園戶。園戶製成的茶，由官收買，再行賣給商人。官買茶的錢，是預給園戶的，謂之「本錢」。在江陵、真州、海州、漢陽軍、無為軍、蘄州的蘄口，設立六個榷貨務。除淮南十三場所出的茶以外，都送到這六個榷貨務出賣（惟川峽，廣南，聽其自賣，而禁出境）。京城亦有榷貨務，則是只收錢帛而不給貨的。宋初，以河東的鹽供給河北的邊備。其賣鹽之法：是令商人入芻粟於國家指定之處，由該地方的官吏點收，給予收據，估計其價若干，由商人持此據至國

家賣鹽之處，照價給之以鹽，是為入邊芻粟。其六榷貨務出賣的茶，茶是在各榷貨務取，錢帛是在京師榷貨務付出的，是為入中錢帛。這是所以省運輸之費，把漕運和官賣合為一事辦理的，實在是個良法。

至於香藥、寶貨，則是當時對外貿易的進口貨，有半官賣性質的，有時亦以補充入邊入中的不足，謂之三說（此即今兌換之兌字。兌換之兌無義，乃脫換之省寫，脫說古通用）。有時並益以緡錢，謂之四說。以鹽供入邊入中之用，其弊在於虛估。點收的官吏和商人串通了，將其所入之物，高抬價格，官物便變成賤價出賣，公家大受損失了。有一個時期，曾廢除估價，官以實物賣出，再將所得的錢輦至出芻粟之處買入（這不啻入邊之法已廢，僅以官賣某物之價指定供給某處的邊費而已）。但虛估之事，是商人和官吏都有利益的，利之所在，自然政策易於搖動，不久其法復廢。

到蔡京出來，其辦法卻聰明了。他對於商人要販賣官鹽的，給之以引。引分為長短，有若干引，則准做若干鹽的買賣，而這引是要賣錢的。這不是賣鹽，只是出賣販鹽的許可證了。茶，先已計算官給本錢所得的息，均攤之於園戶，作為租稅，而許其與商人直接買賣。至此亦行引法，謂之茶引。蔡京是個貪汙奸佞的人，然而其所立鹽茶之法是頗為簡易的，所以其後遂遵行不變。

但行之既久，弊端又生。因為國家既把鹽賣給大商人，不能不保證其銷路。於是借國家的權力，指定某處地方為某處所產之鹽行銷之地，是為「引地」。其事起於元朝，至清代而其禁極嚴。鹽的引額，是看銷費量而定的，其引地則看水陸運道而定，兩者都不能無變更，而鹽法未必隨之而變。商人恃有法律保護，高抬鹽價，於是私鹽盛行。因私鹽盛行之故，不得不舉辦緝私，其費用亦極大，鹽遂成為徵收費極巨的賦稅。宋朝入邊入中之法，明朝還仿其意而行之。明初，取一部分的鹽，專與商人輸糧於

邊的相交易，謂之中鹽。運糧至邊方，國家固然困難，商人也是困難的。計算收買糧食運至邊方，還不如在邊方開墾之有利，商人遂有自出資本，雇人到邊上開墾的，謂之商屯。當時的開平衛，就是現在的多倫縣一帶，土地墾闢了許多。後來因戶部改令商人交納銀兩，作為庫儲，商屯才漸次撤廢。

按移民實邊，是一件最難的事。有移殖能力的人，未必有移殖的財力。國家出資移民，又往往不能得有移殖能力的人，空耗財力，毫無成績。商人重利，其經營一定比官吏切實些。國家專賣之物，如能劃出一部分，專和商人出資移民的相交易，一定能獎勵私人出資移民的。國家只須設官管理，規定若干條法律，使資本家不至剝削農民就夠了。這是前朝的成法，可以師其意而行之的。又明初用茶易西番之馬，含有振興中國馬政及制馭西番兩種用意。因為內地無廣大的牧場，亦且天時地利等，養馬都不如西番的適宜，而西番馬少，則不能為患。其用意，亦是很深遠的。當時成績極佳。後因官吏不良，多與西番私行交易，好馬自私，駑馬入官，而其法才壞。現在各民族都是一家，雖然不必再存什麼制馭之意，然借此以振興邊方的畜牧，亦未嘗不是善策。這又是前朝的成法，可以師其意而變通之的。

酒：歷代有禁時多，徵榷時少。因為昔人認酒為糜穀，而其物人人能制，要收稅或官賣，是極難的。歷代收酒稅認真的，莫如宋朝。其事亦起於唐中葉以後。宋時，諸州多置「務」自釀。縣和鎮鄉，則有許民釀而收其稅的。其收稅，多用投標之法，認稅最多的人，許其釀造，謂之「撲買」。承釀有一定年限，不及年限，而虧本停止，謂之「敗闕」。官吏為維持稅收起見，往往不許其停業，於是有勒令婚喪之家買酒若干的；甚有均攤之於民戶的。這變成強迫買酒了，如何可行？但酒稅在北宋，只用為地方經費，如「酬獎役人」之類（當重難差徭的，以此調劑它）。到南

宋，就列為中央經費了。官吏要維持收入，也是不得不然的。收酒稅之法，最精明的，是趙開的「隔釀」，亦稱為「隔槽」。行之於四川，由官辟釀酒的場所，備釀酒的器具，使凡要釀酒的，都自備原料，到這裡來釀。出此範圍之外，便一概是私酒。這是為便於緝私起見，其立法是較簡易的，不過取民未免太苛罷了。

　　阬冶：在唐朝，或屬州郡，或隸鹽鐵使。宋朝，或官置鹽冶場務，或由民承買，而以分數中賣於官，皆屬轉運使。元朝礦稅稱為稅課，年有定額。此外還有許多無定額的，總稱為額外課（額外課中，通行全國的，為契稅及曆本兩項）。

　　商稅是起於唐朝的藩鎮的，宋朝相沿未廢。分為住稅和過稅。住稅千分之三十，過稅千分之二十。州縣多置「監」、「務」收取，關鎮亦有設置的。其所稅之物，隨地不同。照法律都應揭示明白，但實際能否如此，就不可知了。唐宋時的商稅，實際上是無甚關係的。關係重要的，倒要推對外的市舶司。

　　市舶司起於唐朝。《文獻通考》說：唐有市舶使，以右威衛中郎將周慶立為之。代宗廣德元年，有廣州市舶使呂太一。按慶立事見《新唐書·柳澤傳》，呂太一事見《舊唐書·代宗本紀》。又《新書·盧懷慎傳》說懷慎之子奐，「天寶初為南海太守，汙吏斂手，中人之市舶者，亦不敢干其法」。合此數事觀之，似乎唐時的市舶使，多用中人，關係還不甚重要，到宋朝就不然了。宋朝在杭州、明州、秀州、溫州、泉州及密州的板橋鎮（就是現在的青島），均曾設立市舶司。海舶至，先十権其一。其香藥、寶貨，又須先盡官買，官買足了，才得和人民交易。香藥、寶貨，為三說之一（已見前）。南宋時又用以稱提關會（關子、會子是南宋時紙幣之名。提高其價格，謂之稱提），可見其和財政大有關係了。元明亦有市舶司。明朝的市舶司，意不在於收稅，而在於管理外商。因為明初沿海已

有倭寇之故。中葉以後，廢司不設，中外互市，無人管理，奸商及各地方的勢家因而欺侮夷人，欠其貨款不還，為激成倭寇肆擾原因之一。

賦役之法，至近代又有變遷。《元史・食貨志》說，元代的租稅，取於內郡的，丁稅、地稅分為兩，是師法唐之租庸調的。取於江南的合為一，是師法唐朝的兩稅的。這不過是名目上的異同，實際都是分兩次徵收，和兩稅之法無異。總而言之，從楊炎創兩稅以後，徵收的時期，就都沒有改變了。元朝又有所謂絲料、包銀。絲料之中，又分二戶絲和五戶絲。二戶絲入官，五戶絲輸於本位（后妃、公主、宗王、功臣的分地）。包銀每戶四兩，二兩收銀，二兩折收絲絹顏色。這該是所以代戶役的，然而他役仍不能免。按戶役變成賦稅，而仍責令人民應役；雜稅變成正稅，而後來需用雜物，又隨時斂取於民；這是歷代的通病，正不獨元朝為然。

明初的賦役，就立法言之，頗為整飭。其制度的根本，是黃冊和魚鱗冊兩種冊籍。黃冊以戶為主，記各戶所有的丁糧（糧指所有的田）。根據之以定賦役。魚鱗冊以田為主，記其地形、地味及所在，而注明其屬於何人。黃冊由里長管理，照例應有兩本。一本存縣官處，一本存里長處，半年一換。各戶丁糧增減，里長應隨時記入冊內，半年交官，將存在官處的一本，收回改正。其立法是很精明的。但此等責任，是否里長所能盡，先是一個問題。況且賦役是弊端很多的。一切惡勢力，是否里長所能抗拒？里長是否即是此等黑幕中的一個人？亦是很難說的。所以後來，兩冊都失實了。

明代的役法，分為力差和銀差。力差還是徵收其勞力的，銀差則取其實物及貨幣。田稅是有定額的，役法則向來是量出為入。後來凡有需要，即取之於民，謂之加派。無定時，無定額，人民大困。役法向來是按人戶的等第以定其輕重、免否的。人戶的等第，則根據丁口資產的多寡推定，是謂「人戶物力」。其推定，是很難公平的。因為有些財產，不能隱匿，而所值轉微（如牛及農具、桑樹等）；有些財產，易於隱匿，而所值轉鉅

（如金帛等）。況且人戶的規避，吏胥的任意出入，以及索詐、受賄等，都在所不免。歷代訖無善策，以除其弊。於是發生專論丁糧和兼論一切資產的問題。論道理，自以兼論一切資產為公平。論手續，卻以專論丁糧為簡便。到底因為調查的手續太繁了，弊端太多了，斟酌於二者之間，還是以犧牲理論的公平，而求手續的簡便為有利，於是漸趨於專論丁糧之途。加派之弊，不但在其所取之多，尤在於其無定額、無定時，使百姓無從預計。於是有一條鞭之法。總算一州縣每一年所需用之數，按闔境的丁糧均攤。自此以外，不得再有徵收。而其所謂丁者，並非實際的丁口，乃是通計一州縣所有的丁額，攤派之於有田之家，謂之「丁隨糧行」。明朝五年一均役，清朝三年一編審，後亦改為五年，所做的都是此項工作。從實際上來說，乃因每隔幾年，貧富的情形變換了，於是將丁額改派一次，和調查丁口全不相干。役法變遷至此，可謂已行免役之法，亦可謂實已加重田賦而免其役了。加賦偏於田畝，是不合理的，因為沒有專令農民負擔的理由。然則加農民之田賦而免其役，較之唐宋後之役法，猶為此善於彼。因為役事無法分割，負擔難得公平，改為徵其錢而免其役，就不然了。況且有丁負擔賦稅的能力小，有產負擔賦稅的能力大，將向來有丁的負擔，轉移於有糧之家，也是比較合理的。這是稅法上自然的進化。

　　一條鞭之法，起源於江西，後漸遍行於全國，其事在明神宗之世。從晚唐役法大壞至此，約歷經八百年左右，亦可謂之長久了。這是人類不能以理智支配事實，而聽其自然遷流之弊。職是故，從前每州縣的丁額，略有定數，不會增加。因為增丁就是增賦，當時推行，已覺困難；後來徵收，更覺麻煩；做州縣官的人，何苦無事討事做？清聖祖明知其然，所以落得慷慨，下詔說，康熙五十年以後新生的人丁，永不加賦。到雍正時，就將丁銀攤入地糧了。這是事勢的自然，不論什麼人，生在這個時候，都會做的，並算不得什麼仁政。從前的人，卻一味歌功頌德。不但在清朝時

候如此，民國時代，有些以遺老自居的人，也還是這樣。這不是沒有歷史知識，就是別有用心了。

清朝因有聖祖之詔，所以始終避免加賦之名。但後來田賦的附加很多，實在亦與加賦無異。又古代的賦稅，所稅者何物，所取者即是何物。及貨幣通行以後，漸有徑收貨幣，或本收貨物之稅，亦改收貨幣的。又因歷代幣制紊亂，或數量不足，又或官吏利於上下其手，有本收此物而改收他物的。總之，收稅並非全收貨幣。明初，收本物的謂之「本色」，收貨幣的謂之「折色」。宣宗以後，紙幣廢而不行，銅錢又缺乏，賦稅漸改徵銀。田賦在收本色時，本來有所謂耗，是因改裝，搬運時，不免有所損失；又收藏之後，或有腐敗及蟲蛀、鼠竊等；乃於收稅之時，酌加若干。積少成多，於官吏頗有裨益。改收銀兩以後，因將碎銀熔成整鋌，經火亦有耗損，乃亦於收銀時增加若干，謂之「火耗」。後來製錢充足，收賦時改而收錢，則因銀錢的比價並無一定，官吏亦可將銀價抬高，其名目則仍謂之火耗，此亦為農民法外的負擔。但從前州縣官的行政經費，是不夠的，非借此等彌補不可。所以在幣制改革以後，亦仍許徵稅的人，於稅收中提取若干成，作為徵收之費。

近世田賦而外，稅收發達的，當推關鹽兩稅。鹽稅自南宋以後收入即逐漸增加。元明清三朝，均為次於田賦的重要賦稅。關稅起於明宣宗時。當時因紙幣跌價，增設若干新稅，並增加舊稅稅額以收回鈔票。後來，這種新增的稅目和稅額，有仍復其舊的，有相沿未廢的。關稅亦為相沿未廢者之一，故稱為鈔關。清朝稱為常關。常關為數有限，然而各關都有分關，合計之數亦不少。太平軍興之後，又有所謂釐金，屬於布政司而不屬於中央。於水陸要路設卡，以多為貴，全不顧交通上自然的形勢。以致一種貨物的運輸，有重複收稅至於數次的。所稅的貨物及其稅額，亦無一定，實為最惡的稅法。

第八章　賦稅

　　新海關設於五口通商以後，當時未知關稅的重要，貿然許外人以協定稅率。庚子戰後，因賠款的負擔重了，《辛丑和約》中國要求增稅。外人乃以裁釐為交換條件。釐不能裁，增稅至百分之十二點五之議，亦不能行。民國時代，中國參加歐戰，事後在美國所開太平洋會議中提出關稅自主案。外人仍只許我開關稅會議，實行《辛丑合約》。十四年開會時，中國又提出關稅自主案，許於十八年與裁釐同時並行，同時擬定七級稅則，實際上得各國的承認。國民政府宣布關稅自主，與各友邦或訂關稅條約，或於通商條約中訂有關涉關稅的條款。十八年，先將七級稅實施。至二十年，將釐金裁撤後，乃將七級稅廢去，另訂稅則頒布。主權一經受損，其恢復之難如此，亦可為前車之鑑了。

　　關鹽兩稅之外，清代較為重要的，是契稅、當稅、牙稅。此等稅亦在於加以管理，不盡在增加收入。其到晚近才發達的，則有煙酒稅、印花稅、礦稅、所得稅。其重要的貨物，如捲煙、麥粉、棉紗、火柴、水泥、薰煙、啤酒、洋酒等，則徵收統稅。國民政府將此等稅和關稅、鹽稅、牙稅、當稅，均列為中央收入。田賦劃歸地方，和契稅、營業稅同為地方收入大宗。軍興以來，各地方有許多苛捐雜稅，則下令努力加以廢除。在理論上，賦稅已漸上軌道，但在事實上，則還待逐漸加以整頓罷了。

第九章　兵制

中國的兵制，約可分為八期：

- ◆ 第一期，在古代，有征服之族和被征服之族的區別。征服之族，全體當兵，被征服之族則否，是為部分民兵制。

- ◆ 第二期，後來戰爭劇烈了，動員的軍隊多，向來不服兵役的人民，亦都加入兵役，是為全體皆兵制。

- ◆ 第三期，天下統一了，不但用不著全體皆兵，即一部分人當兵，亦覺其過剩。偶爾用兵，為顧恤民力起見，多用罪人及降服的異族。因此，人民疏於軍事，遂招致降服的異族的叛亂，是即所謂五胡亂華。而中國在這個時代，因亂事時起，地方政府擅權，中央政府不能駕馭，遂發生所謂州郡之兵。

- ◆ 第四期，五胡亂華的末期，異族漸次和中國同化，人數減少，而戰鬥顧甚劇烈，不得已，乃用漢人為兵。又因財政艱窘，不得不令其耕以自養。於是又發生一種部分民兵制，是為周、隋、唐的府兵。

- ◆ 第五期，承平之世，兵力是不能不腐敗的。府兵之制，因此廢壞。而其時適值邊方多事，遂發生所謂藩鎮之兵，因此引起內亂。內亂之後，藩鎮遍於內地，唐室卒因之分裂。

- ◆ 第六期，宋承唐、五代之後，竭力集權於中央。中央要有強大的常備軍，又覷破兵民分業在經濟上的利益，於是有極端的募兵制。

- ◆ 第七期，元以異族入主中原，在軍事上，自然另有一番措置。明朝卻東施效顰，其結果，到底因淤滯而敗。

- ◆ 第八期，清亦以異族入主，然而不久兵力即腐敗。中葉曾因內亂，一度建立較強大的陸軍。然又值時局大變，此項軍隊，應付舊局面則有餘，追隨新時代則不足，對外屢次敗北。而中國的軍紀，卻又久壞，遂釀成晚清以來的內亂。直至最近，始因外力的壓迫，走上一條曠古未有的新途徑。

以上用鳥瞰之法，揭示一個大綱。以下再逐段加以說明。

　　第一期的階級制度，看第四、第八兩章，已可明白。從前的人，都說古代是寓兵於農的。寓兵於農，便是兵農合一，井田既廢，兵農始分。這是一個重大的誤解。寓兵於農，乃謂以農器為兵器，說見《六韜·農器篇》。古代兵器是銅做的，農器是鐵做的。兵器都藏在公家，臨戰才發給（所謂授甲、授兵），也只能供給正式軍隊用。鄉下保衛團一類的兵，是不能給予的。然而敵兵打來，不能真個制梃以自衛。所以有如《六韜》之說，教其以某種農器當某種兵器。古無稱當兵的人為兵的，寓兵於農，如何能釋為兵農合一呢？江永《群經補義》中有一段，駁正此說。他舉《管子》的參國伍鄙。參國，即所謂制國以為二十一鄉，工商之鄉六，士鄉十五，公和高子、國子，各帥五鄉。伍鄙，即三十家為邑，十邑為卒，十卒為鄉，三鄉為縣，十縣為屬，乃所以處農人（按所引《管子》，見〈小匡篇〉）。又引陽虎欲作亂，壬辰戒都車，令癸巳至（按見《左傳·定公八年》）以證兵常近國都。其說可謂甚精。

　　案《周禮·夏官·序官》：王六軍，大國三軍，次國二軍，小國一軍。〈大司徒〉，五家為比，五比為閭，四閭為族，五族為黨，五黨為州，五州為鄉；〈小司徒〉，五人為伍，五伍為兩，四兩為卒，五卒為旅，五旅為師，五師為軍；則六軍適出六鄉。六鄉之外有六遂，鄭《注》說：遂以軍法如六鄉。其實鄉列出兵法，無田制，遂陳田制，無出兵法，鄭《注》是錯誤的（說本朱大韶《實事求是齋經義》、《司馬法非周制說》）。六鄉出兵，六遂則否，亦兵在國中之證。這除用征服之族居國，被征服之族居野，無可解釋。或謂難道古代各國都有征服和被征服的階級嗎？即謂都有此階級，亦安能都用此治法，千篇一律呢？殊不知：（一）古代之國，數逾千百，我們略知其情形的，不過十數，安知其千篇一律？（二）何況制度是可以互相模仿的。世既有黷武之國，即素尚平和之國，亦不得不肆

力於軍事組織以相應。既肆力於軍事組織，其制度，自然可以想像的。所以雖非被征服之族，其中的軍事領袖及武士，亦可以逐漸和民眾相離，而與征服之族，同其位置。（三）又況且戰士必須講守禦，要講守禦，自不得不居險；而農業，勢不能不向平原發展；有相同的環境，自可有相同的制度。（四）又況且我們所知道的十餘國，如求其根源，都是同一或極相接近的部族，又何怪於其文化的相同呢？所以以古代為部分民兵制，實無疑義。

　　古代之國，其兵數是不甚多的。說古代軍隊組織的，無人不引據《周禮》。不過以《周禮》之文，在群經中獨為完具罷了。其實《周禮》之制，是和他書不合的。案《詩經・魯頌》，「公徒三萬」，則萬人為一軍。《管子・小匡篇》說軍隊組織之法正如此（五人為伍，五十人為小戎，二百人為卒，二千人為旅，萬人一軍）。《白虎通義・三軍篇》說：「雖有萬人，猶謙讓，自以為不足，故復加二千人」，亦以一軍為本萬人。《說文》以四千人為一軍，則據既加二千人後立說。《穀梁》襄公十一年，「古者天子六師，諸侯一軍」（這個軍字，和師字同義。變換其字面，以免重複，古書有此文法），一師當得二千人。《公羊・隱公五年》何《注》：「二千五百人稱師，天子六師，方伯二師，諸侯一師」，「五百」二字必後人據《周禮》說妄增。然則古文家所說的軍隊組織，較今文家擴充了，人數增多了。此亦今文家所說制度，代表較早的時期，古文家說代表較晚的時期的一證。

　　當兵的一部分人，居於山險之地，山險之地，是行畦田之制的；而《司馬法》所述賦法，都以井田之制為基本，如此，當兵的義務，就擴及全國人了。《司馬法》之說，已見第八章，茲不再引。案《司馬法》以終十為同，同方百里，同十為封，封十為畿，畿方千里。如前一說：一封當得車千乘，士萬人，徒二萬人；一畿當得車萬乘，士十萬人，徒二十萬人。後一說：一同百里，提封萬井，除山川、沈斥、城池、邑居、園囿、

術路外，定出賦的六千四百井，所以有戎馬四百匹，兵車百乘。一封有戎馬四千匹，兵車千乘；一畿有戎馬四萬匹，兵車萬乘（見於《漢書‧刑法志》）。若計其人數，則一同七千五百，一封七萬五千，一畿七十五萬。《史記‧周本紀》說，牧野之戰，紂發卒七十萬人，以拒武王；《孫子‧用間篇》說：「內外騷動，殆於道路，不得操事者，七十萬家。」都是本此以立說。

《司馬法》之說，固為學者所虛擬，亦必和實際的制度相近。春秋時，各國用兵，最多不過數萬。至戰國時，卻阬降斬級，動以萬計。此等記載，必不能全屬子虛，新增的兵，從何處來呢？我們看《左傳‧成公二年》，記齊頃公鞍戰敗北逃回去的時候，「見保者曰：勉之，齊師敗矣」。可見其時正式的軍隊雖敗於外，各地方守禦之兵仍在。而《戰國策》載蘇秦說齊宣王之言，說「韓魏戰而勝秦，則兵半折，四竟不守；戰而不勝，國以危亡隨其後」。可見各地方守禦之兵，都已調出去充作正式軍隊了。這是戰國時兵數驟增之由。在中國歷史上，真正全國皆兵的，恐怕莫若這個時期了。

秦漢統一以後，全國皆兵之制，便開始破壞。《漢書‧刑法志》說：「天下既定，踵秦而置材官於郡國。」《後漢書‧光武紀注》引《漢官儀》（建武七年）說：「高祖令天下郡國，選能引關、蹶張、材力武猛者，以為輕車騎士、材官、樓船。常以立秋後講肄課試。」則漢兵制實沿自秦。《漢書‧高帝紀注》引《漢儀注》（二年）說：「民年二十三為正，一歲為衛士，一歲為材官騎士，習射禦騎馳戰陳，年五十六衰老，乃得免為庶民，就田裡。」《昭帝紀注》引如淳說（元鳳四年）：「更有三品，有卒更，有踐更，有過更。古者正卒無常，人皆當迭為之，是為卒更。貧者欲得雇更錢者，次直者出錢雇之，月二千，是為踐更。天下人皆直戍邊三日，亦名為更，律所謂繇戍也。不可人人自行三日戍，又行者不可往便還，因便

住，一歲一更，諸不行者，出錢三百入官，官以給戍者，是為過更。」此為秦漢時人民服兵役及戍邊之制。

　　法雖如此，事實上已不能行。晁錯說秦人謫發之制，先發吏有謫及贅婿、賈人，後以嘗有市籍者，又後以大父母、父母嘗有市籍者，後入閭取其左（見《漢書》本傳）。此即漢世所謂七科謫（見《漢書・武帝紀》天漢四年《注》引張晏說）。二世時，山東兵起，章邯亦將驪山徒免刑以擊之。則用罪人為兵，實不自漢代始。漢自武帝初年以前，用郡國兵之時多，武帝中年以後，亦多用謫發。此其原因，乃為免得擾動平民起見。《賈子書・屬遠篇》說：「古者天子地方千里，中之而為都，輸將繇使，遠者不五百里而至。公侯地百里，中之而為都，輸將繇使，遠者不五十里而至。秦輸將起海上，一錢之賦，十錢之費弗能致。」此為古制不能行的最大原因。封建時代，人民習於戰爭，征戍並非所懼。然而路途太遠，曠日持久，則生業盡廢。又《史記・貨殖傳》說，七國兵起，長安中列侯封君行從軍旅，齎貸子錢。則當時從軍的人，所費川資亦甚巨。列侯不免借貸，何況平民？生業盡廢，再重以路途往來之費，人民在經濟上，就不堪負擔了。這是物質上的原因。至於在精神上，小國寡民之時，國與民的利害，較相一致，至國家擴大時，即不能盡然，何況統一之後？王恢說戰國時，一代國之力，即可以制匈奴（見《漢書・韓安國傳》）。而秦漢時騷動全國，究竟宣元時匈奴之來朝，還是因其內亂之故，即由於此。在物質方面，人民的生計，不能不加以顧恤；在精神方面，當時的用兵，不免要招致怨恨；就不得不漸廢郡國調發之制，而改用謫發、謫戍了。這在當時，亦有令農民得以專心耕種之益。然而合前後而觀之，則人民因此而忘卻當兵的義務，而各地方的武備，也日益空虛了。所以在政治上，一時的利害，有時與永久的利害，是相反的。調劑於二者之間，就要看政治家的眼光和手腕了。

民兵制度的破壞，形式上是在後漢光武之時的。建武六年，罷郡國都尉官。七年，罷輕車騎士、材官、樓船。自此各郡國遂無所謂兵備了（後來有些緊要的去處，亦復置都尉。又有因亂事臨時設立的。然不是經常、普遍的制度）。而外強中弱之機，亦於此時開始。漢武帝置七校尉，中有越騎、胡騎及長水（見《漢書·百官公卿表》。長水，顏師古云：胡名）。其時用兵，亦兼用屬國騎等，然而並不恃為主要的兵力。後漢光武的定天下，所靠的實在是上谷、漁陽的兵，邊兵強而內地弱的機緘，肇見於此。安帝以後，羌亂頻仍，涼州一隅，迄未寧靜，該地方的羌胡，尤強悍好鬥。中國人好鬥的性質，誠不能如此等淺演的降夷，然而戰爭本不是單靠野蠻好殺的事。以當時中國之力，謂不足以制五胡的跳梁，絕無此理。五胡亂華的原因，全由於中國的分裂。分裂之世，勢必軍人專權。專權的軍人，初起時或者略有權謀，或則有些獷悍的性質，然而到了後來，年代積久了，則必入於驕奢淫佚。一驕奢淫佚，則政治紊亂，軍紀腐敗，有較強的外力加以壓迫，即如山崩川潰，不可復止。西晉初年，君臣的苟安、奢侈，正是軍閥擅權的結果，五胡擾亂的原因。

五胡亂華之世，是不甚用中國人當兵的（說已見第四章）。其時用漢兵的，除非所需兵數太多，異族人數不足，乃調發以充數。如石虎伐燕，苻秦寇晉諸役是。這種軍隊，自然不會有什麼戰鬥力的（軍隊所靠的是訓練。當時的五胡，既不用漢人做主力的軍隊，自然無所謂訓練。《北齊書·高昂傳》說：高祖討爾朱兆於韓陵，昂自領鄉人部曲三千人。高祖曰：「高都督純將漢兒，恐不濟事，今當割鮮卑兵千餘人，共相參雜，於意如何？」昂對曰：「敖曹所將部曲，練習已久，前後戰鬥，不減鮮卑。今若雜之，情不相合。願自領漢軍，不煩更配。」高祖然之。及戰，高祖不利，反借昂等以致克捷。可見軍隊只重訓練，並非民族本有的強弱）。所以從劉、石倡亂以來，至於南北朝之末，北方的兵權，始終在異族手裡。

這是漢族難於恢復的大原因。不然，五胡可乘的機會，正多著呢！然則南方又何以不能乘機北伐？此則仍由軍人專橫，中央權力不能統一之故。試看晉朝東渡以後，荊揚兩州的相持，宋、齊、梁、陳之世，中央和地方政府互相爭鬥的情形，便可知道。

　　北強南弱之勢，是從東晉後養成的。三國以前，軍事上的形勢，是北以持重勝，南以剽悍勝。論軍隊素質的佳良，雖南優於北，論社會文明的程度，則北優於南，軍事上勝敗的原因，實在於此。後世論者，以為由於人民風氣的強弱，實在是錯誤的（秦雖並六國，然劉邦起沛，項籍起吳，卒以亡秦，實在是秦亡於楚。所以當時的人，還樂道南公「亡秦必楚」之言，以為應驗。劉項成敗，原因在戰略上，不關民氣強弱，是顯而易見的。吳楚七國之亂，聲勢亦極煊赫，所以終於無成，則因當時天下安定，不容有變，而吳王又不知兵之故。孫策、孫權、周瑜、魯肅、諸葛恪、陸遜、陸抗等，以十不逮一的土地人民，矯然與北方相抗，且有吞併中原之志，而魏亦竟無如之何，均可見南方風氣的強悍）。

　　東晉以後，文明的重心，轉移於南，訓卒厲兵，本可於短期間奏恢復之烈。之所以終無成功，而南北分裂竟達於二百六十九年之久，其結果且卒並於北，則全因是時承襲漢末的餘毒，士大夫衰頹不振，軍人擁兵相猜，而南方的政權，顧全在此等北來的人手中之故。試設想：以孫吳的君臣，移而置之於東晉，究竟北方能否恢復，便可見得。「灑落君臣契，飛騰戰伐名。」無怪杜甫要對呂蒙營而感慨了。經過這長時期的腐化，而南弱的形勢遂成。

　　而北方當是時，則因長期的戰鬥，而造成一武力重心。趙翼《廿二史劄記》有一條，說周、隋、唐三代之祖，皆出武川，可見自南北朝末至唐初，武力的重心，實未曾變。按五胡之中，氐、羌、羯民族皆小，強悍而人數較多的，只有匈奴、鮮卑。匈奴久據中原之地，其形勢實較鮮卑為

佳。但其人太覺凶暴，羯亦然。被冉閔大加殺戮後，其勢遂衰。此時北方之地，本來即可平靖。然而自東晉以前，虎鬥龍爭，多在今河北、河南、山東、山西、陝西數省境內，遼寧、熱、察、綏之地，是比較安靜的。鮮卑人休養生息於此，轉覺氣完力厚。當時的鮮卑人，實在是樂於平和生活，不願向中原侵略的。所以北魏平文帝、昭成帝兩代，都因要南侵為其下所殺（見《魏書·序紀》）。然則到道武帝，卒肆其凶暴，強迫其下侵入中原（道武帝伐燕，大疫，群下咸思還北。帝曰：「四海之人，皆可與為國，在吾所以撫之耳，何恤乎無民？」群臣乃不敢復言，見《魏書·本紀》皇始二年。按〈序紀〉說：穆帝「明刑峻法，諸部民多以違命得罪。凡後期者，皆舉部戮之。或有室家相攜，而赴死所。人問何之？答曰：當往就誅。」其殘酷如此。道武帝這話，已經給史家文飾得很溫婉的了。若照他的原語，記錄下來，那便是「你們要回去，我就要把你們全數殺掉」。所以群臣不敢復言了）。此時割據中原的異族，既已奄奄待斃，宋武帝又因內部矛盾深刻，不暇經略北方，北方遂為所據。然自孝文帝南遷以前，元魏立國的重心，仍在平城。屬於南方的侵略，僅是發展問題，對於北方的防禦，卻是生死問題，所以要於平城附近設六鎮，以武力為拱衛。南遷以後，因待遇的不平等，而釀成六鎮之亂。因六鎮之亂而造成一個爾朱氏，連高氏、賀拔氏、宇文氏等，一齊帶入中原。龍爭虎鬥者，又歷經五六十年，然後統一於隋。

隋唐先世，到底是漢族還是異族，近人多有辯論。然而民族是論文化的，不是論血統的。近人所辯論的，都是血統問題，在民族鬥爭史上，實在無甚意義。至於隋唐的先世，曾經漸染胡風，也是武川一系中的人物，則無可諱言。所以自爾朱氏之起至唐初，實在是武川的武力在政治舞臺上活躍的時代。要到唐貞觀以後，此項文化的色彩，才漸漸淡滅（唐初的隱太子、巢剌王、常山湣王等，還都是帶有胡化色彩的人）。五胡亂華的已

事，雖然已成過去，然而在軍事上，重用異族的風氣，還有存留。試看唐朝用蕃將蕃兵之多，便可明白。論史者多以漢唐並稱，論唐朝的武功，其成就，自較漢朝為尤大。然而此乃世運為之，主要的是中外交通的進步。若論軍事上的實力，則唐朝何能和漢朝比？漢朝對外的征討，十之八九是發本國兵出去打的，唐朝則多是以夷制夷。這以一時論，亦可使中國的人民減輕負擔，然通全域而觀之，則亦足以養成異族強悍，漢族衰頹之勢。安祿山之所以蓄意反叛，沙陀突厥之所以橫行中原，都由於此。就是宋朝的始終不振，也和這有間接的關係。因為久已柔靡的風氣，不易於短時期中訓練之使其變為強悍。而唐朝府兵的廢壞，亦和其擱置不用很有關係的。

府兵之制起於周。籍民為兵，蠲其租調，而令刺史以農隙教練。分為百府，每府以一郎將主之，而分屬於二十四軍（當時以一柱國主二大將，一將軍統二開府，開府各領一軍）。其眾合計不滿五萬。隋唐皆沿其制，而分屬於諸衛將軍。唐制，諸府皆稱折衝府，各置折衝都尉，而以左右果毅校尉副之。上府兵一千二百人，中府千人，下府八百人。民年二十服兵役，六十而免。全國六百三十四府，在關中的有二百六十一府，以為強幹弱枝之計。府兵之制：平時耕以自養。戰時調集，命將統之。師還則將上所佩印，兵各還其府。（一）無養兵之費，而有多兵之用。（二）兵皆有業之民，無無家可歸之弊。（三）將帥又不能擁兵自重。這是與藩鎮之兵及宋募兵之制相較的優點，從前的論者多稱之。

但兵不惟其名，當有其實。唐朝府兵制度存在之時，得其用者甚少。此固由於唐時征討，多用蕃兵，然而府兵恐亦未足大用。其故，乃當時的風氣使之，而亦可謂時勢及國家之政策使之。兵之精強，在於訓練。主兵者之能勤於訓練，則在預期其軍隊之有用。若時值承平，上下都不以軍事為意，則精神不能不懈弛；精神一懈弛，訓練自然隨之而廢了。所以唐代

府兵制度的廢壞，和唐初時局的承平及唐代外攘不甚調發大兵都有關係。高宗、武后時，業已名存實亡。到玄宗時，就竟不能給宿衛了（唐時宿衛之兵，都由諸府調來，按期更換，謂之「番上」。番即現在的班字）。時相張說，知其無法整頓，乃請宿衛改用募兵，謂之騎，自此諸府更徒存虛籍了。

唐初邊兵屯戍的，大的稱軍，小的稱城鎮守捉，皆有使以主之。統屬軍、城鎮守捉的曰道，道有大總管，後改稱大都督。大都督帶使持節的，人稱之為節度使。睿宗後遂以為官名。唐初邊兵甚少。武后時，國威陵替，北則突厥，東北則奚、契丹，西南則吐蕃皆跋扈。玄宗時，乃於邊陲置節度使，以事經略，而自東北至西北邊之兵尤強。天下遂成偏重之勢。安祿山、史思明皆以胡人而懷野心，卒釀成天寶之亂。亂後，藩鎮遂遍於內地。其中安史餘孽，唐朝不能徹底剷除，亦皆授以節度使。諸鎮遂互相結約，以土地傳子孫，不奉朝廷的命令。肅代兩世，皆姑息養癰。德宗思整頓之，而兵力不足，反召朱泚之叛。後雖削平朱泚，然河北、淮西，遂不能問。憲宗以九牛二虎之力，討平淮西，河北亦聞風自服。然及穆宗時，河北即復叛。自此，終唐之世，不能戡定了。唐朝藩鎮，始終據土自專的，固然只有河北。然而其餘地方，亦不免時有變亂。且即在平時，朝廷指揮統馭之力，亦總不甚完全。所以肅代以還，已隱伏分裂之勢。至黃巢亂後，遂潰決不可收拾了。然而藩鎮固能梗命，而把持中央政府，使之不能振作的，則禁軍之患，尤甚於藩鎮。

禁軍是唐初從征的兵，無家可歸的。政府給以渭北閒田，留為宿衛，號稱元從禁軍。此本國家施恩之意，並非仗以戰鬥。玄宗時破吐蕃，於臨洮之西置神策軍。安史之亂，軍使成如璆遣將衛伯玉率千人入援，屯於陝州。後如璆死，神策軍之地，陷於吐蕃，乃即以伯玉為神策軍節度使，仍屯於陝，而中官魚朝恩以觀軍容使監其軍。伯玉死，軍遂統於朝恩。代

宗時，吐蕃陷長安，代宗奔陝，朝恩以神策軍扈從還京。其後遂列為禁軍，京西多為其防地。德宗自奉天歸，懷疑朝臣，以中官統其軍。其時邊兵賞賜甚薄，而神策軍頗為優厚，諸將遂多請遙隸神策軍，軍額擴充至十五萬。中官之勢，遂不可制。「自穆宗以來八世，而為宦官所立者七君。（《唐書·僖宗紀》讚語。參看《廿二史劄記·唐代宦官之禍》條）」順宗、文宗、昭宗皆以欲誅宦官，但或遭廢殺，或見幽囚。當時的宦官，已成非用兵力不能剷除之勢。然而在宦官監製之下，朝廷又無從得有兵力（文宗時，鄭注欲奪宦官之兵而敗。昭宗欲自練兵以除宦官而敗）。召外兵，則明知宦官除而政權將入除宦官者之手，所以其事始終無人敢為。然而相持至於唐末，卒不得不出於此一途。於是宦官盡而唐亦為朱梁所篡了。宦官之禍，是歷代多有的，擁兵為患的，卻只有唐朝（後漢末，蹇碩欲圖握兵，旋為何進所殺）。總之，政權根本之地，不可有擁兵自重的人，宦官亦不過其中之一罷了。

　　禁兵把持於內，藩鎮偪塞於外，唐朝的政局，終已不可收拾，遂分裂而為五代十國。唐時的節度使，雖不聽政府的命令，而亦不能節制其軍隊。軍隊不滿意於節度使，往往嘩變而殺之，而別立一人。政府無如之何，只得加以任命。狡黠的人，遂運動軍士，殺軍帥而擁戴自己。即其父子兄弟相繼的，亦非厚加賞賜，以餌其軍士不可。凡此者，殆已成為通常之局。所謂「地擅於將，將擅於兵」。五代十國，惟南平始終稱王，餘皆稱帝，然論其實，則仍不過一節度使而已。宋太祖黃袍加身，即是唐時擁立節度使的故事，其餘證據，不必列舉。事勢至此，固非大加整頓不可。所以宋太祖務要削弱藩鎮，而加強中央之兵。

　　宋朝的兵制，兵之種類有四：曰禁軍，是為中央軍，均屬三衙；曰廂軍，是為地方兵，屬於諸州；曰鄉兵，為民兵，僅保衛本地方，不出戍；曰蕃兵，則是異族團結為兵，而用鄉兵之法的。太祖用周世宗之策，將廂

軍之強者，悉升為禁軍，其留為廂軍者，不甚教閱，僅堪給役而已。鄉兵、蕃兵，本非國家正式的軍隊，可以弗論。所以武力的重心，實在禁軍。全國須戍守的地方，乃遣禁軍更番前往，謂之「番戍」。昔人議論宋朝兵制的，大都加以詆毀。甚至以為唐朝的所以強，宋朝的所以弱，即由於藩鎮的存廢。這真是瞽目之談。唐朝強盛時，何嘗有什麼藩鎮？到玄宗設立藩鎮時，業已因國威陵替，改取守勢了。從前對外之策，重在防患未然，必須如漢之設度遼將軍、西域都護，唐之設諸都護府，對於降伏的部落，監視其行動，通達其情意，並處理各部族間相互的關係。總而言之，不使其互相併吞，坐致強大，是為防患未然。其設置，是全然在夷狄境內，而不在中國境內的，此之謂「守在四夷」，是為上策。經營自己的邊境，已落第二義了。然而果其士馬精強，障塞完固，中央的軍令森嚴，邊將亦奉令維謹，尚不失為中策。若如唐朝的藩鎮擅土，則必自下策而入於無策的。因為軍隊最怕的是驕，驕則必不聽命令，不能對外而要內訌；內訌勢必引外力以為助，這是千古一轍的。以唐朝幽州兵之強，而不能制一契丹，使其坐大；藩鎮遍於內地，而黃巢橫行南北，如入無人之境，卒召沙陀之兵，然後把他打平；五代時，又因中央和藩鎮的內訌，而引起契丹的侵入；都是鐵一般強，山一般大的證據。藩鎮的為禍為福，可無待於言了。

宋朝的兵，是全出於招募的，和府兵之制相反，論者亦恆右唐而左宋，這亦是耳食之談。募兵之制，雖有其缺點，然而在經濟上及政治上，亦自有其相當的價值。天下奸悍無賴之徒，必須有以銷納之，最好是能懲治之，感化之，使改變其性質。此輩在經濟上，即是所謂「無賴」；又其性質，不能勤事生產，欲懲治之、感化之極難。只有營伍之中，規律最為森嚴，或可約束之，使之改變。此輩性行雖然不良，然苟能束之以紀律，其戰鬥力，不會較有身家的良民為差，或且較勝。利用養兵之費，銷納其

一部分，既可救濟此輩生活上的無賴，而餉項亦不為虛糜。假若一個募兵在伍的年限是十年到二十年，則其人已經過長期的訓練；裁遣之日，年力就衰，大多數的性質，必已改變，可以從事於生產，變做一個良民了。以經濟原理論，本來宜於分業，平民出餉以養兵，而於戰陣之事，全不過問，從經濟的立場論，是有益無損的。若謂行募兵之制則民不知兵，則舉國皆兵，實至今日乃有此需要。在昔日，兵苟真能禦敵，平民原不須全體當兵。所以說募兵之制，在經濟上和政治上，自有其相當的價值。宋代立法之時，亦自有深意。不過所行不能副其所期，遂至利未形而害已見罷了。

宋朝兵制之弊在於：（一）兵力的逐漸腐敗。（二）番戍之制：兵不知將，將不知兵，既不便於指揮統馭；而兵士居其地不久，既不熟習地形，又和當地的人民沒有聯絡；三年番代一次，道途之費，卻等於三年一次出征。（三）而其尤大的，則在帶兵的人，利於兵多，既可缺額剋餉以自肥，又可役使之以圖利。乞免者既不易得許；每逢水旱偏災，又多以招兵為救荒之策；於是兵數遞增。宋開國之時，不滿二十萬。太祖末年，已增至三十七萬。太宗末年，增至六十六萬。真宗末年，增至九十一萬。仁宗時，西夏兵起，增至一百二十五萬。後雖稍減，仍有一百一十六萬。歐陽修說：「天下之財，近自淮甸，遠至吳楚，莫不盡取以歸京師。晏然無事，而賦斂之重，至於不可復加。」養兵之多如此，即使能戰，亦伏危機，何況並不能戰，對遼對夏，都是隱忍受侮；而西夏入寇時，仍驅鄉兵以禦敵呢？當時兵多之害，人人知之，然皆顧慮召變而不敢裁。直至王安石出，才大加淘汰。把不任禁軍的降為廂軍，不任廂軍的免為民，兵額減至過半。又革去番戍之制，擇要地使之屯駐，而置將以統之（以第一、第二為名，全國共九十一將）。安石在軍事上，雖然無甚成就，然而其裁兵的勇氣，是值得稱道的。惟其所行民兵之制，則無甚成績，而且有弊端。

王安石民兵之法，是和保伍之制連帶的。他立保甲之法，以十家為一保，設保長。五十家為一大保，設大保長。五百家為一都保，設都保正、副。家有兩丁的，以其一為保丁。其初日輪若干人儆盜，後乃教以武藝，籍為民兵。

　　民兵成績，新黨亦頗自詡（如《宋史》載章惇之言，謂「仕宦及有力之家，子弟欣然趨赴，馬上藝事，往往勝諸軍」之類）。然而據《宋史》所載司馬光、王巖叟的奏疏，則其有名無實，以及保正長、巡檢使等的誅求，真是暗無天日。我們不敢說新黨的話全屬子虛，然而這怕是少數，其大多數，一定如舊黨所說的。因為此等行政上的弊端，隨處可以發現。民兵之制，必要的條件有二：（一）為強敵壓迫於外。如此，舉國上下，才有憂勤惕厲的精神，民雖勞而不怨。（二）則行政上的監督，必須嚴密，官吏及保伍之長，才不敢倚勢虐民。當時這兩個條件，都是欠缺的，所以不免弊餘於利。

　　至於伍保之法，起源甚古。《周禮》大司徒說：「令五家為比，使之相保；五比為閭，使之相受；四閭為族，使之相葬；五族為黨，使之相救；五黨為州，使之相賙；五州為鄉，使之相賓。」這原和《孟子》「死徙無出鄉，鄉田同井，出入相友，守望相助，疾病相扶持」之意相同，乃使之互相救恤。商君令什伍相司（同伺）連坐，才使之互相稽察。前者為社會上固有的組織，後者則政治上之所要求。此惟亂時可以行之。在平時，則犯大惡者，如謀反叛逆之類，非極其祕密，即徒黨眾多，聲勢浩大（如江湖豪俠之類）。或其人特別凶悍，為良民所畏，如土豪劣紳之類。必非人民所能檢舉。若使之檢舉小惡，則徒破壞社會倫理，而為官吏開敲詐之門，其事必不能行。所以自王安石創此法後，歷代都只於亂時用以清除奸宄，在平時總是有名無實，或並其名而無之的（伍保之法，歷代法律上本來都有，並不待王安石的保甲，然亦都不能行）。

　　裁募兵，行民兵，是宋朝兵制的一變。自此募兵之數減少。元祐時，舊黨執政，民兵之制又廢。然而募兵之額，亦迄未恢復。徽宗時，更利其缺額，封樁其餉，以充上供，於是募兵亦衰。至金人入犯，以陝西為著名多兵之地，種師道將以入援，僅得一萬五千人而已。以兵多著名的北宋，而其結果至於如此，豈非奇談？

　　南渡之初，軍旅寡弱。當時諸將之兵，多是靠招降群盜或招募，以資補充的。其中較為強大的，當推所謂御前五軍。楊沂中為中軍，總宿衛；張俊為前軍，韓世忠為後軍，岳飛為左軍，劉光世為右軍，皆屯駐於外，是為四大將。光世死，其軍叛降偽齊（一部分不叛的，歸於張俊），以四川吳玠之軍補其缺。其時嶽飛駐湖北，韓世忠駐淮東，張俊駐江東，皆立宣撫司。宗弼再入犯，秦檜決意言和，召三人入京，皆除樞密副使，罷三宣撫司，以副校統其兵，稱為統制御前軍馬。駐紮之地仍舊，謂之某州駐紮御前諸軍。四川之兵，亦以御前諸軍為號。直達朝廷，帥臣不得節制。其餉，則特設總領以司之，不得自籌。其事略見《文獻通考・兵考》。

　　北族在歷史上，是個侵略民族。這是地理條件所決定的。在地理上，瘠土的民族，常向沃土的民族侵略；但又必具有地形平坦，利於集合的條件。所以像天山南路，沙漠綿延，人所居住的，都是星羅棋布的泉地，像海中的島嶼一般；又或仰雪水灌溉，依天山之麓而建國；以至青海、西藏，山嶺崎嶇，交通太覺不便；則土雖瘠，亦不能成為侵略民族。歷史上侵掠的事實，以蒙古高原為最多，而遼吉二省間的女真，在近代，亦曾兩度成為侵略民族。這是因為蒙古高原，地瘠而平，於侵掠的條件，最為完具。而遼吉兩省，地形亦是比較平坦的；且與繁榮的地方相接近，亦有以引起其侵略之欲望。北族如匈奴、突厥等，雖然強悍，初未嘗侵入中國。五胡雖占據中國的一部分，然而久居塞內，等於中國的亂民，而其制度亦無足觀。只有遼、金、元、清四朝，是以一個異民族的資格侵入中國的；

而其制度，亦和中國較有關係。今略述其事如下。

　　四朝之中，遼和中國的關係最淺。遼的建國，是合部族及州縣而成。部族是他的本族和所征服的北方的遊牧民族；州縣則取自中國之地。其兵力，亦是以部族為基本的。部族的離合及其所居之地，都是由政府指定，不能自由。其人民全體皆隸兵籍，當兵的素質，極為佳良。《遼史》稱其「各安舊風，狃習勞事，不見紛華異物而遷。故能家給人足，戎備整完。卒之虎視四方，強朝弱附，部族實為之爪牙」，可謂不誣了。

　　但遼立國雖以部族為基本，而其組織軍隊，亦非全不用漢人。世徒見遼時的五京鄉丁只保衛本地方，不出戍，以為遼朝全不用漢人做正式軍隊，其實不然。遼制有所謂宮衛軍者，每帝即位，輒置之。出則扈從，入則居守，葬則因以守陵。計其丁數，凡有四十萬八千，出騎兵十萬一千。所謂不待調發州縣部族，而十萬之兵已具。這是遼朝很有力的常備軍。然其置之也，則必「分州縣，析部族」。又太祖征討四方，皇后述律氏居守，亦摘蕃漢精銳三十萬為屬珊軍。可見遼的軍隊中，亦非無漢人了。此外遼又有所謂大首領部族軍，乃親王大臣的私甲，亦可率之以從征。國家有事，亦可向其量借。又北方部族，服屬於遼的，謂之屬國，亦得向其量借兵糧。契丹的疆域頗大，兵亦頗多而強，但其組織不堅凝。所以天祚失道，金兵一臨，就土崩瓦解。這不是遼的兵力不足以禦金，乃是並沒有從事於抵禦。其立國本無根柢，所以土崩瓦解之後，亦就更無人從事於復國運動。耶律大石雖然有意於恢復，在舊地，亦竟不能自立了。

　　金朝的情形，與遼又異。遼雖風氣敦樸，然而畜牧極盛，其人民並不貧窮的。金則起於瘠土，人民非常困窮，然亦因此而養成其耐勞而好侵掠的性質。《金史》說其「地狹產薄，無事苦耕，可致衣食；有事苦戰，可致俘獲」，可見其侵掠的動機了。金本是一小部族，其兵全是集合女真諸部族而成，戰時的統帥，即是平時的部長。在平時稱為孛堇，戰時則稱為

猛安謀克。猛安譯言千夫長，謀克譯言百夫長，這未必真是千夫和百夫，不過依其眾寡，略分等級罷了。金朝的兵，其初戰鬥力是極強的，但遷入中原之後，腐敗亦很速。看《廿二史劄記・金用兵先後強弱不同》一條，便可知道。金朝因其部落的寡少，自伐宋以後，即參用漢兵。其初契丹、渤海、漢人等，投降金朝的，亦都授以猛安謀克。女真的猛安謀克戶，雜居漢地的，亦聽其與契丹、漢人相婚姻，以相固結。熙宗以後，漸想把兵柄收歸本族，於是罷漢人和勃海人猛安謀克的承襲。移剌窩斡亂後，又將契丹戶分散，隸屬於諸猛安謀克。自世宗時，將猛安謀克戶移入中原，其人既已腐敗到既不能耕，又不能戰，而宣宗南遷，仍倚為心腹，外不能抗敵，而內斂怨於民。金朝的速亡，實在是其自私本族有以自召之的。總而言之，文明程度落後的民族，與文明程度較高的民族遇，是無法免於被同化的。像金朝、清朝這種用盡心機，而仍不免於滅亡，還不如像北魏孝文帝一般，自動同化於中國的好。

　　元朝的兵制，也是以壓制為政策的。其兵出於本部族的，謂之蒙古軍；出於諸部族的，謂之探馬赤軍。既入中原後，取漢人為軍，謂之漢軍。其取兵之法，有以戶論的，亦有以丁論的。兵事已定之後，曾經當過兵的人，即定入兵籍，子孫世代為兵。其貧窮的，將幾戶合併應役。甚貧或無後的人，則落其兵籍，別以民補。此外無他變動。其滅宋所得的兵，謂之新附軍。帶兵的人，「視兵數之多寡，為爵秩之崇卑」，名為萬戶、千戶、百戶，皆分上、中、下。初制，萬戶、千戶死陣者，子孫襲職；死於病者降一等。後來不論大小及身故的原因，一概襲職。所以元朝的軍官，可視為一個特殊階級。世祖和二三大臣定計：使宗王分鎮邊徼及襟喉之地；河、洛、山東，是他們所視為腹心之地，用蒙古軍、探馬赤軍戍守。江南則用漢軍及新附軍，但其列城，亦有用萬戶、千戶、百戶戍守的。元朝的兵籍，漢人是不許閱看的。所以占據中國近百年，無人知其兵

數。觀其屯戍之制，是很有深心的。但到後來，其人亦都入洪爐而俱化。末葉兵起時，宗王和世襲的軍官，並不能護衛它。

元朝以異族入據中國，此等猜防之法，固然無怪其然。明朝以本族人做本族的皇帝，卻亦暗襲其法，那就很為無謂了。明制：以五千六百人為衛，一千一百十二人為千戶所，一百十二人為百戶所（什伍之長，歷代都即在其什伍之人數內，明朝則在其外。每一百戶所，有總旗二人，小旗十人，所以共為一百十二人）。衛設都指揮使，隸屬於五軍都督府。兵的來路有三種：第一種從征，是開國時固有的兵。第二種歸附，是敵國兵投降的。第三種謫發，則是刑法上罰令當兵的，俗話謂之「充軍」。從征和歸附，固然是世代為兵，謫發亦然。身死之後，要調其繼承人，繼承人絕掉，還要調其親族去補充的，謂之「句丁」。這明是以元朝的兵籍法為本而加以補充的。五軍都督府，多用明初勳臣的子孫，也是模仿元朝軍官世襲之制。

治天下不可以有私心，有私心，要把一群人團結為一黨，互相護衛，以把持天下的權利，其結果，總是要自受其害的。軍官世襲之制，後來腐敗到無可挽救，即其一端。金朝和元朝，都是異族，他們社會進化的程度本淺，離封建之世未遠，猛安謀克和萬戶千戶百戶，要行世襲之制，還無怪其然。明朝則明是本族人，卻亦重視開國功臣的子孫，把他看作特別階級，其私心就不可恕了。抱封建思想的人，總以為某一階級的人其特權和權利既全靠我做皇帝才能維持，他們一定會擁護我，所以把這一階級的人看得特別親密。殊不知這種特權階級，到後來荒淫無度，知識志氣都沒有了，何謂權利？怕他都不大明白。明白了，明白什麼是自己的權利了；明白自己的權利，如何才得維持了；因其懦弱無用，眼看著他人搶奪他的權利，他亦無如之何。所謂貴戚世臣，理應與國同休戚的，卻從來沒有這回事，即由於此。武力是不能持久的；持久了，非腐敗不可。這其原因，由

於戰爭是社會的變態而非其常態。變態是有其原因的，原因消失了，變態亦即隨之而消失。所以從歷史上看來，從沒有一支真正強盛到幾十年的軍隊（因不遇強敵，甚或不遇戰事，未至潰敗決裂，是有的。然而這只算是僥倖。極強大的軍隊，轉瞬化為無用，這種事實，是舉不勝舉的。以宋武帝的兵力，而到文帝時即一蹶不振，即其一例。又如明末李成梁的兵力，亦是不堪一擊的，僥倖他未與滿洲兵相遇罷了。然而軍事的敗壞，其機實隱伏於成梁之時，這又是其一例。軍隊的腐敗，其表現於外的，在精神方面，為士氣的衰頹；在物質方面，則為積弊的深痼；雖有良將，亦無從整頓，非解散之而另造不可。世人不知其原理，往往想就軍隊本身設法整頓，其實這是無法可設的。因為軍隊是社會的一部分，不能不受廣大社會的影響。在社會學上，較低的原理，是要受較高的原理的統馭的）。「兵可百年不用，不可一日無備」，這種思想，亦是以常識論則是，而經不起科學評判的。因為到有事時，預備著的軍隊，往往無用，而仍要臨時更造。府兵和衛所，是很相類的制度。府兵到後來，全不能維持其兵額。明朝對於衛所的兵額，是努力維持的，所以其缺額不至如唐朝之甚。然而以多數的兵力，對北邊，始終只能維持守勢（現在北邊的長城，十分之九，都是明朝所造）。末年滿洲兵進來，竟爾一敗塗地；則其兵力亦有等於無。此皆特殊的武力不能持久之證。

　　清朝太祖崛起，以八旗編制其民。太宗之世，蒙古和漢人歸降的，亦都用同一的組織。這亦和金朝人以猛安謀克授渤海、漢人一樣。中國平定之後，以八旗兵駐防各處，亦和金朝移猛安謀克戶於中原，及元朝鎮戍之制，用意相同。惟金代的猛安謀克戶，系散居於民間；元朝萬戶分駐各處和漢人往來，亦無禁限。清朝駐防的旗兵，則是和漢人分城而居的，所以其衝突不如金元之烈。但其人因此與漢人隔絕，和中國的社會全無關係，到末造，要籌畫旗民生計，就全無辦法了。清代的漢兵，謂之綠旗，亦稱

綠營。中葉以前的用兵，是外征以八旗為主，內亂以綠營為主的。八旗兵在關外時，戰鬥之力頗強，中國軍隊強悍的，亦多只能取守勢，野戰總是失利時居多（洪承疇松山之戰，是其一例）。然入關後腐敗亦頗速。三藩亂時，八旗兵已不足用了。自此至太平天國興起時，內地粗覺平安，對外亦無甚激烈的戰鬥。武功雖盛，實多僥天之幸。所以太平軍一起，就勢如破竹了。

中國近代，歷史上有兩種潮流潛伏著，推波助瀾，今猶未已，非通觀前後，是不能覺悟出這種趨勢來的。這兩種潮流：其一是南方勢力的興起。南部數省，向來和大局無甚關係。自明桂王據雲貴與清朝相抗；吳三桂舉兵，雖然終於失敗，亦能震盪中原，而西南一隅，始隱然為重於天下。其後太平軍興，征伐幾遍全國。雖又以失敗終，然而自清末革命，至國民政府北伐之成功，始終以西南為根據。現在的抗戰，還是以此為民族復興的策源地的。

其二是全國皆兵制的恢復。自秦朝統一以後，兵民漸漸分離，至後漢之初，而民兵之制遂廢，至今已近兩千年了。康有為說，中國當承平時代，是沒有兵的。雖亦有稱為兵的一種人，其實性質全與普通人民無異（見《歐洲十一國遊記》）。此之謂有兵之名，無兵之實。曠觀歷代，都是當需要用兵時，則產生出一支真正的軍隊來；事過境遷，用兵的需要不存，此種軍隊，亦即凋謝，而只剩些有名無實的軍隊，充作儀仗之用了。此其原理，即由於上文所說的戰爭是社會的變態，原不足怪。但在今日，帝國主義跋扈之秋，非恢復全國皆兵之制，是斷不足以自衛的，更無論扶助其他弱小民族了。這一個轉變，自然是極艱難，但環境既已如此，絕不容許我們不變。當中國和歐美人初接觸時，全未知道需要改變。所想出來的法子，如引誘他們上岸，而不和他在海面作戰；如以靈活的小船，制他笨重的大船等；全是些閉著眼睛的妄論。到咸同間，外患更深了，所謂中

興將帥，一因經驗較多，二是與歐美人頗有相當的接觸，才知道現在的局面，非復歷史上所有，欲圖適應，非有相當的改革不可。於是有造成一支軍隊以適應時勢的思想。設船政局、製造局，以改良器械；陸軍則改練洋操；亦曾成立過海軍。都是這種思想的表現。即至清末，要想推行徵兵制，其實所取的辦法，離民兵之制尚遠，還不過是這種思想。民國二十餘年，兵制全未革新，且復演了歷史上武人割據之局。

然而時代的潮流，奔騰澎湃，終不容我們不捲入漩渦。抗戰以來，我們就一步步的，走入舉國皆兵之路了。這兩種文化，現在還在演變的中途，我們很不容易看出其偉大。然而在將來，做歷史的人，一定要認此為劃時代的大轉變，是毫無可疑的。這兩種文化，實在還只是一種。不過因為這種轉變，強迫著我們產生一種新組織，以與時代相適應，而時代之所以有此要求，則緣世界交通而起。在中國，受世界交通影響最早的是南部；和舊文化關係最淺的，亦是南部。受舊文化的影響較淺，正是迎受新文化的一個預備條件。所以近代改革的原動力，全出於南方；南方始終代表著一個開明的勢力（太平天國雖然不成氣候，湘淮軍諸首領，雖然頗有學問，然以新舊論，則太平天國，仍是代表新的，湘淮軍人物，仍是代表舊的。不過新的還未成熟，舊的也還餘力未盡罷了）。千回百折，似弱而卒底於有成。

幾千年以來，內部比較平安，外部亦無真正大敵，因此，養成中國長期間無兵，只有需要時才產生真正的軍隊；而這軍隊，在全國人中，只占一極小部分。在今日，又漸漸地改變，而走上全國皆兵的路了。而亙古未曾開發的資源，今日亦正在開發。以此廣大的資源，供此眾多民族之用，今後世界的戰爭，不更將增加其慘酷的程度嗎？不，戰爭只是社會的變態。現在世界上戰爭的慘酷，都是帝國主義造成的，這亦是社會的一個變態，不過較諸既往，情形特別嚴重罷了。變態是絕不能持久的。資本的帝

國主義，已在開始崩潰了。我們雖有橫絕一世的武力，大勢所趨，決然要用之於打倒帝國主義之途，斷不會加入帝國主義之內，而成為破壞世界和平的一分子。

第九章　兵制

第十章　刑法

　　談中國法律的，每喜考究成文法起於何時。其實這個問題，是無關緊要的。法律的來源有二：一為社會的風俗，一為國家對於人民的要求。前者即今所謂習慣，是不會著之於文字的，然而其對於人民的關係，則遠較後者為密切。

　　中國刑法之名，有可考者始於夏。《左傳・昭公六年》，載叔向寫給鄭子產的信，說：「夏有亂政而作《禹刑》，商有亂政而作《湯刑》，周有亂政而作《九刑》。」這三種刑法的內容，我們無從知其如何，然而叔向這一封信，是因數產作刑書而起的，其性質，當和鄭國的刑書相類。子產所作的刑書，我們亦無從知其如何，然昭公二十九年，《左傳》又載晉國趙鞅鑄刑鼎的事。杜《注》說，子產的刑書，也是鑄在鼎上的。雖無確據，然士文伯譏其「火未出而作火以鑄刑器」，其必著之金屬物，殆無可疑。所能著者幾何？而《書經・呂刑》說：「墨罰之屬千；劓罰之屬千；剕罰之屬五百；宮罰之屬三百；大辟之罰，其屬二百；五刑之屬三千。」請問如何寫得下？然則《呂刑》所說，其必為習慣而非國家所定的法律，很明白可見了。

　　個人在社會之中，必有其所當守的規則。此等規則，自人人如此言之，則曰俗。自一個人必須如此言之，則曰禮（故曰禮者，履也）。違禮，就是違反習慣，社會自將加以制裁，故曰：「出於禮者入於刑。」或疑三千條規則，過於麻煩，人如何能遵守？殊不知古人所說的禮，是極其瑣碎的。一言一動之微，莫不有其當守的規則。這在我們今日，亦何嘗不如此？我們試默數言語動作之間，所當遵守的規則，何減三千條？不過童而習之，不覺得其麻煩罷了。《禮記・禮器》說「曲禮三千」，《中庸》說「威儀三千」，而《呂刑》說「五刑之屬三千」，其所謂刑，為施諸違禮者可知。古以三為多數，言千乃舉成數之辭。以十言之而覺其少則曰百，以百言之而猶覺其少則曰千，墨劓之屬各千，猶言其各居總數三之

一。荆罰之屬五百，則言其居總數六之一。還有六分之一，宮罰又當占其五分之三，大辟占其五分之二，則云宮罰之屬三百，大辟之罰其屬二百，這都是約略估計之辭。若真指法律條文，安得如此整齊呢？然則古代人民的生活，其全部殆為習慣所支配是無疑義了。

社會的習慣，是人人所知，所以無待於教。若有國有家的人所要求於人民的，人民初無從知，則自非明白曉諭不可。《周禮》布憲，「掌憲邦之刑禁（「憲謂表而縣之」，見《周禮》小宰《注》），正月之吉，執邦之旌節，以宣布於四方。」而州長、黨正、族師、閭胥，咸有屬民讀法之舉。天、地、夏、秋四官，又有縣法象魏之文。小宰、小司徒、小司寇、士師等，又有徇以木鐸之說。這都是古代的成文法，用言語、文字或圖畫公布的。在當時，較文明之國，必無不如此。何從鑿求其始於何時呢？無從自知之事，未嘗有以教之，自不能以其違犯為罪。所以說「不教而誅謂之虐」（《論語·堯曰》）。而三宥、三赦之法，或曰不識，或曰遺忘，或曰老耄，或曰蠢愚（《周禮·司刺》），亦都是體諒其不知的。後世的法律，和人民的生活，相去愈遠；其為人民所不能了解，十百倍於古昔；初未嘗有教之之舉，而亦不以其不知為恕。其殘酷，實遠過於古代。即後世社會的習慣，責人以遵守的，亦遠不如古代的合理。後人不自哀其所遭遇之不幸，而反以古代的法律為殘酷，而自詡其文明，真所謂「溺人必笑」了。

刑字有廣狹二義：廣義包括一切極輕微的制裁、懲戒、指摘、非笑而言。「出於禮者入於刑」，義即如此。曲禮三千，是非常瑣碎的，何能一有違犯，即施以懲治呢？至於狹義之刑，則必以金屬兵器加傷害於人身，使其蒙不可恢復的創傷，方足當之。漢人說：「死者不可復生，刑者不可復屬。」義即如此。此為刑字的初義，乃起於戰陣，施諸敵人及間諜內奸的，並不施諸本族。所以司用刑之官曰士師（士是戰士，士師謂戰士之長），曰司寇。《周禮》司徒的屬官，都可以聽獄訟，然所施之懲戒，至

於圜土、嘉石而止（見下）。其附於刑者必歸於士，這正和今日的司法機關和軍法審判一般。因為施刑的器具（兵器），別的機關裡，是沒有的。刑之施及本族，當是俘異族之人以為奴隸，其後本族犯罪的人，亦以為奴隸，而儕諸異族，乃即將異族的裝飾，施諸其人之身。所以越族斷髮文身，而和黥，在我族都成為刑罪。後來有暴虐的人，把他推而廣之，而傷殘身體的刑罰，就日出不窮了。

　　五刑之名，見於《書經‧呂刑》。《呂刑》說：「苗民弗用靈，制以刑，惟作五虐之刑曰法。爰始淫為劓、刵、椓、黥。」「劓、刵、椓、黥」，歐陽、大小夏侯作「臏、宮、劓、割頭、庶勍」（《虞書》標題下《疏》引）。臏即剕；割頭即大辟；庶勍的庶字不可解，勍字即黥字，是無疑義的。然則今本的劓、刵、椓、黥是誤字。《呂刑》的五刑，實為苗民所創（苗民的民字乃貶辭，實指有苗之君，見《禮記‧緇衣疏》引《呂刑》鄭《注》）。《國語‧魯語》臧文仲說：「大刑用甲兵，其次用斧鉞。中刑用刀鋸，其次用鑽鑿。薄刑用鞭樸。大者陳之原野，小者肆之市朝。」（是為「五服三次」。〈堯典〉說：「五刑有服，五服三就」，亦即此）。大刑用甲兵，是指戰陣；其次用斧鉞，是指大辟；中刑用刀鋸指劓、腓、宮。其次用鑽鑿指墨。薄刑用鞭樸，雖非金屬兵器，然而古人亦以林木為兵（《呂覽‧蕩兵》：「未有蚩尤之時，民固剝林木以戰矣。」）；《左傳‧僖公二十七年》，楚子玉治兵，鞭七人，可見鞭亦軍刑。〈堯典〉：「象以典刑，流宥五刑，鞭作官刑，樸作教刑，金作贖刑。」象以典刑，即《周禮》的縣法象魏；流宥五刑，當即《呂刑》所言之五刑；金作贖刑，亦即《呂刑》所言之法。所以必用金，是因古者以銅為兵器。可見所謂「虧體」之刑，全是源於兵爭的。至於施諸本族的，則古語說「教笞不可廢於家」，大約並鞭、樸亦不能用。最嚴重的，不過逐出本族之外，是即所謂流刑。〈王制〉的移郊、移逐、屏諸遠方，即指其事。《周禮》

司寇有圜土、嘉石，皆役諸司空。圜土、嘉石，都是監禁；役諸司空，是罰做苦工；怕已是施諸奴隸的，未必施諸本族了（於此見殘酷的刑罰，全是因戰爭而起的）。

五刑之中，婦人的宮刑，是閉於宮中（見《周禮・司刑》鄭《注》）。其實並不虧體。其餘是無不虧體的。《周禮・司刑載》五刑之名，惟臏作刖，餘皆與《呂刑》同。《爾雅・釋言》及《說文》，均以、刖為一事。惟鄭玄《駁五經異義》說：「皋陶改臏為荆，周改荆為刖。」段玉裁《說文》䯏字《注》說：臏是䯏的俗字，乃去膝頭骨，刖則漢人之斬止，其說殊不足據（䯏乃生理名詞，非刑名）。當從陳喬樅說，以為斬左趾，刖為並斬右趾為是（見《今文尚書・經說考》）。然則五刑自苗民創制以來，至作《周禮》之時，迄未嘗改。

然而，古代虧體之刑，實際上並不止於此。見於書傳的，如斬（古稱斬謂腰斬。後來戰陣中之斬級，事與刑場上的割頭異，無以名之，借用腰斬的斬字。再後來，斬字轉指割頭而言，腰斬必須要加一個腰字了）、磔（裂其肢體而殺之。《史記・李斯列傳》作矺，即《周禮・司戮》之辜）、脯（謂去衣磔之，亦見《周禮・司戮》）、車裂（亦曰轘）、縊（《左傳・哀公二年》，「絞縊以戮」。絞乃用以縊殺人之繩，後遂以絞為縊殺）、焚（亦見司戮）、烹（見《公羊・莊公四年》）、脯醢等都是。脯醢當為食人之族之俗，後變為刑法的。刵即馘（割耳）。亦源於戰陣。《孟子》說文王之治岐也，罪人不孥（〈梁惠王下篇〉）。《左傳・昭公二十二年》引《康誥》，亦說父子兄弟，罪不相及。而《書經》中的〈甘誓〉、〈湯誓〉都有孥戮之文。可見沒入家屬為奴婢，其初亦是軍法。這還不過沒為奴隸而已，若所謂族誅之刑，則親屬都遭殺戮。這亦是以戰陣之法推之刑罰的。因為古代兩族相爭，本有殺戮俘虜之事。強宗巨家，一人被殺，其族人往往仍想報復，為預防後患起見，就不得不加以殺戮了。《史記・秦

本紀》：文公二十年，「法初有三族之罪」（父母、兄弟、妻子）。此法後相沿甚久。魏晉南北朝之世，政敵被殺的，往往牽及家屬，甚至嫁出之女，亦不能免。可見戰爭的殘酷了。

　　古代的用法，其觀念，有與後世大異的。那便是古代的「明刑」，乃所以「弼教」（「明於五刑，以弼五教」，見《書經·堯典》）。而後世則但求維持形式上的互助。人和人的相處，所以能平安無事，而且還可以有進步，所靠的全是善意。苟使人對人，人對社會，所懷挾的全是善意，一定能彼此相安，還可以互相輔助，日進無疆，所做的事情，有無錯誤，倒是無關緊要的。若其彼此之間，都懷挾敵意，僅以懾於對方的實力、社會的制裁，有所憚而不敢為；而且進而作利人之事，以圖互相交換；則無論其所行的事，如何有利於人，有利於社會，根本上總只是商業道德。商業道德，是絕無以善其後的。人，本來是不分人我，不分群己的。然到後來，社會的組織複雜了，矛盾漸漸深刻，人我群己的利害，漸漸發生衝突，人就有破壞他人或社會的利益以自利的。欲救此弊，非把社會階級徹底剷除不可。古人不知此義，總想以教化來挽回世風。教化之力不足，則輔之以刑罰。所以其用法，完全注重於人的動機。所以說《春秋》斷獄重志（《春秋繁露·精華篇》）。所以說：「聽訟吾猶人也，必也使無訟乎？無情者不得盡其辭，大畏民志，此謂知本。」（《大學》）。此等希望，自然要終成泡影的。法律乃讓步到不問人的動機，但要求其不破壞我所要維持的秩序為止。其用心如何，都置諸不問。法律至此，就失其弼教的初意，而只成為維持某種秩序的工具了。於是發生「說官話」的現象。明知其居心不可問，如其行為無可指摘，即亦無如之何。法律至此，乃自成為反社會之物。

　　有一事，是後世較古代為進步的。古代氏族的界限，還未化除，國家的權力，不能侵入氏族團體之內，有時並不能制止其行動。氏族員遂全

處於其族長權力之下。此等風氣在家族時代，還有存留。而氏族與氏族間的爭鬥，亦往往靠實力解決。《左傳‧成公三年》，知罃被楚國釋放的時候，說「首（罃父），其請於寡君，而以戮於宗，亦死且不朽」。昭公二十一年，宋國的華費遂說：「吾有讒子而弗能殺。」可見在古代，父可專殺其子。《白虎通義‧誅伐篇》卻說「父殺其子當誅」了。《禮記》的〈曲禮〉、〈檀弓〉均明著君父、兄弟、師長，交遊報仇之禮。《周禮》的調人，是專因報仇問題而設立的。亦不過令有仇者避之他處；審查報仇的合於義與否；禁止報仇不得超過相當限度而已；並不能根絕其事。報仇的風氣，在後世雖相沿甚久，習俗上還視為義舉，然而在法律上，總是逐步遭遇到禁止的。這都是後世法律，較之古代進步之處。但家長或族長，到現在，還略有處置其家人或族眾的權力，國家不能加以干涉，使人人都受到保護；而國家禁止私人復仇，而自己又不能真正替人民伸雪冤屈；也還是未盡善之處。

　　法律是不能一天不用的，苟非文化大變，引用別一法系的法律，亦絕不會有什麼根本的改革，所以總是相承而漸變。中國最早的法典，是李悝的《法經》。據《晉書‧刑法志》所載陳群〈魏律序〉，是悝為魏文侯相，撰次諸國法所為。魏文侯在位，據《史記‧六國表》，是自周威烈王二年至安王十五年，即民國紀元前二三三六年至二二九八年（西元紀元前四二五年至前三八七年）。可謂很古老的了。撰次，便是選擇排比。這一部書，在當時，大約所參考者頗博，且曾經過一番斟酌去取，依條理系統編排的，算做一部佳作。所以商君「取之以相秦」，沒有重纂。這時候的趨勢，是習慣之力，即社會制裁，漸漸地不足以維持社會，而要乞靈於法律。而法律還是謹守著古老的規模，所規定之事極少，漸覺其不夠用。

　　法經共分六篇：〈魏律序〉舉其篇目，是盜、賊、網、捕、雜，又以一篇著其加減。盜是侵犯人的財產；賊是傷害人的身體；盜賊須網捕，所

以有網捕兩篇，其餘的則並為雜律。古人著書，常將重要的事項，獨立為篇，其餘則並為一篇，總稱為雜。一部自古相傳的醫書，號為出於張仲景的，分為傷寒、雜病兩大部分（雜病或作卒病，乃誤字）。即其一證。網捕盜賊，分為四篇，其餘事項，共為一篇，可見《法經》視盜賊獨重，視其餘諸事項都輕，斷不足以應付進步的社會。

　　漢高祖入關，卻更做了一件違反進化趨勢的事。他說：「吾與父老約法三章耳：殺人者死，傷人及盜抵罪，餘悉除去秦法。」因為「約法三章」四字，給人家用慣了，很有些人誤會：這是漢高祖與人民立約三條。其實據陳群〈魏律序〉，李悝《法經》的體例，是「集類為篇，結事為章」的，每一篇之中，包含著許多章。「吾與父老約：法，三章耳」，當以約字斷句，法字再一讀。就是說六篇之法，只取三章，其餘五篇多，都把他廢掉了。秦時的民不聊生，實由於政治太不安靜。專就法律立論，則由於當時的獄吏自成一種風氣，用法務取嚴酷。和法律條文的多少，實在沒有關係。但此理是無從和群眾說起的。約法三章，餘悉除去，在群眾聽起來，自然是歡欣鼓舞的了。這事不過是一時收買人心之術，無足深論。其事自亦不能持久。所以《漢書·刑法志》說：天下既定，「三章之法，不足以禦奸」。蕭何就把六篇之法恢復，且增益三篇；叔孫通又益以律所不及的旁章十八篇，共有二十七篇了。

　　當時的趨勢，是法律內容要擴充，既擴充了，自應依條理系統加以編纂，使其不至雜亂。第一步，漢初已這麼做了。武帝時，政治上事務繁多，自然需要更多的法律。於是張湯、趙禹又加增益，律共增至六十篇。又當時的命令，用甲、乙、丙、丁編次，通稱謂之「令甲」，共有三百餘篇。再加以斷事的成案，即當時所謂比，共有九百零六卷。分量已經太多了，而編纂又極錯亂，「盜律有賊傷之例，賊律有盜章之文」。引用既難，學者乃為之章句（章句二字，初指一種符號，後遂用以稱注釋，詳

見予所撰《章句論》。商務印書館本），共有十餘家。於是斷罪所當由用者，合二萬二千二百七十二條，七百七十三萬二千二百餘言。任何人不能遍覽，奸吏因得上下其手，「所欲活者傳生議，所欲陷者予死比」。所以條理系統地編纂一部法典，實在是當時最緊要的事。漢宣帝時，鄭昌即創其議。然終漢世，未能有成。魏篡漢後，才命陳群等從事於此。製成新律十八篇，未及頒行而亡。晉代魏後，又命賈充等復加訂定，共為二十篇。於泰始四年，大赦天下頒行之，是為《晉律》。泰始四年，為民國紀元前一六四四年（西元紀年二六八年）。

《晉律》大概是將漢朝的律、令、比等刪除複重，加以去取，依條理系統編纂而成的。這不過是一個整理之業，但還有一件事可注意的，則儒家的宗旨，在此時必有許多摻入法律之中，而成為條文。漢人每有援經義以折獄的，現代的人都以為奇談。其實這不過是廣泛的應用習慣。廣義的習慣法，原可包括學說的。當時儒學盛行，儒家的學說，自然要被應用到法律上去了。《漢書》、《注》引應劭說：董仲舒老病致仕，朝廷每有政議，數遣廷尉張湯至陋巷，問其得失。於是作《春秋折獄》二百三十二事。漢文帝除肉刑詔，所引用的就是《書》說（見下）。漢武帝亦使呂步舒（董仲舒弟子）治淮南獄。可見漢時的律、令、比中，摻入儒家學說處決不少。此等儒家學說，一定較法家為寬仁的。因為法家偏重伸張國家的權力，儒家則注重保存社會良好的習慣。

章炳麟《太炎文錄》裡有〈五朝法律索隱〉一篇，說《晉律》是極為文明的。但北魏以後，參用鮮卑法，反而改得野蠻了。如《晉律》，父母殺子同凡論，而北魏以後，都得減輕。又如走馬城市殺人者，不得以過失論（依此，則現在馬車、摩托在市上殺人的，都當以故殺論。因為城市中行人眾多，是行車者所預知的，而不特別小心，豈得謂之過失？難者將說：「如此，在城市中將不能行車了。文明愈進步，事機愈緊急，時間愈

寶貴，處處顧及步行的人，將何以趨事赴功呢？」殊不知事機緊急，只是一個藉口。果有間不容髮的事，如軍事上的運輸，外交上的使命，以及弭亂、救火、急救疾病等事，自可別立為法。然而在今日，撞傷路人之事，由於此等原因者，共有幾分之幾呢？曾記在民國十至十二年之間，上海某外人，曾因嫌人力車夫走得慢，下車後不給車資，直向前行。車夫向其追討，又被打傷。經領事判以監禁之罪。後其人延律師辯護，乃改為罰鍰了事。問其起釁之由，則不過急欲赴某處宴會而已。從來鮮車怒馬疾馳的人，真有緊急事情的，不知有百分之一否？真正緊要的事情，怕還是徒行或負重的人做的）部民殺長吏者同凡論；常人有罪不得贖等；都遠勝於別一朝的法律。父殺其子當誅，明見於《白虎通義》，我們可以推想父母殺子同凡論，淵源或出於儒家。又如法家，是最主張摧抑豪強的。城市走馬殺人同凡論，或者是法家所制定。然則法律的改良，所得於各家的學說者當不少。學者雖然亦不免有階級意識，究竟是為民請命之意居多。從前學者所做的事情，所發的言論，我們看了，或不滿意，此乃時代為之。近代的人，有時嚴責從前的學者，而反忽忘了當時的流俗，這就未免太不知社會的情形了。

　　《晉律》訂定以後，歷代都大體相沿。宋齊是未曾定律的，梁陳雖各定律，大體仍沿《晉律》。即魏、周、齊亦然，不過略參以鮮卑法而已。《唐律》是現尚存在的，體例亦沿襲舊觀。遼太祖時，定治契丹及諸夷之法，漢人則斷以律令。太宗時，治渤海人亦依漢法。道宗時，以國法不可異施，將不合於律令者別存之。此所謂律令，還是唐朝之舊。金當熙宗時，始合女真舊制及隋、唐、遼、宋之法，定《皇統制》，然仍並用古律。章宗泰和時定律，《金史》謂其實在就是《唐律》。元初即用金律。世祖平宋以後，才有所謂《至元新格》、《大元通制》等，亦不過將新生的法令事例加以編輯而已。明太祖定《大明律》，又是一準《唐律》的。

《清律》又以《明律》為本。所以從《晉律》頒行以後，直至清末採用西法以前，中國的法律實際無大改變。

法律的性質，既如此陳舊，何以仍能適用呢？這是因為向來的法律，只規定較經久之事。如晉初定律，就說關於軍事、田農、酤酒等；有權設其法，未合人心的，太平均當剔除，所以不入於律，別以為令。又如北齊定律，亦有《新令》四十卷和《權令》二卷，與之並行。此等區別，歷代都有。總之非極永久的部分，不以入律，律自然可少變動了。則律只揭舉大綱，較具體及變通的辦法，都在令及比之中。《唐書·刑法志》說：「唐之刑書有四：日律、令、格、式。令者，尊卑貴賤之等數，國家之制度也。格者，百官有司所常行之事也。式者，其所常守之法也（宋神宗說：「設於此以待彼之謂格，使彼效之謂式。」見《宋史·刑法志》）。凡邦國之政，必從事於此三者。其有所違，及人之為惡而入於罪戾者，一斷以律。」令、格、式三者，實不可謂之刑書。不過現代新生的事情，以及辦事所當依據的手續，都在其中，所以不得不與律並舉。律所載的事情，大約是很陳舊而不適宜於具體應用的，但為最高原理所自出，又不便加以廢棄。所以宋神宗改律、令、格、式之名為敕、令、格、式，而「律恆存乎敕之外」。這即是實際的應用，全然以敕代律了。

到近代，則又以例輔律。明孝宗弘治十三年，刑官上言：「中外巧法吏或借例便私，律浸格不用。」於是下尚書，會九卿議，增歷年間刑條例，經久可行者二百九十七條。自是以後，律例並行。清朝亦屢刪定刑例。至乾隆以後，遂載入律內，名為《大清律例》。案例乃據成案編纂而成，成案即前世所謂比。律文僅舉大綱，實際應用時，非有業經辦理的事情以資比附不可，此比之所以不能不用。然成案太多，隨意援引，善意者亦嫌出入太大，惡意者則更不堪設想，所以又非加以限制不可。由官加以審定，把重複者刪除；可用者留；無用者廢；舊例之不適於用者，亦於

同時加以廢止。此為官修則例之所由來，不徒杜絕弊端，使辦事者得所依據，而社會上新生的事態，日出不窮；舊有之事，定律時不能無所遺漏；又或法律觀念改易，社會情勢變遷，舊辦法不適於今；皆不可不加補正。有新修刑例以濟之，此等問題，就都不足為患了。清制：刑例五年一小修（事屬刑部，臨時設館），使新成分時時注入於法律之中；陳舊而不適用者，隨時刪除，不致壅積。借實際的經驗，以改良法律，實在是很可取法的。

　　刑法自漢至隋，發生了一個大變化。刑字既引申為廣義，其初義，即專指傷害人之身體，使其蒙不可恢復的創傷的，乃改稱為「肉刑」。晚周以來，有一種象刑之論，說古代對於該受五刑的人，不須真加之以刑，只要異其冠服以為戮。此乃根據於〈堯典〉之「象以典刑」的，為儒家的書說。按象以典刑，恐非如此講法（見前）。但儒家所說的象刑，在古代是確有其事的。《周禮》有明刑（見司救）、明梏（見掌囚）。乃是將其人的姓名罪狀，明著之以示人。《論衡‧四諱篇》說：當時「完城旦以下，冠帶與俗人殊」，可見歷代相沿，自有此事，不過在古代，風氣誠樸，或以此示戒而已足，在後世則不能專恃此罷了。儒家乃根據此種習俗，附會《書經》「象以典刑」之文，反對肉刑的殘酷。漢孝文帝十三年，齊太倉令淳于公有罪當刑，詔獄逮繫長安。淳于公無男，有五女。會逮，罵其女曰：「生子不生男，緩急非有益也。」其少女緹縈，自傷悲泣，乃隨其父至長安，上書願沒入為官婢，以贖父刑罪。書奏，天子憐悲其意，遂下令曰：「蓋聞有虞氏之時，畫衣冠異章服以為戮，而民弗犯，何治之至也！今法有肉刑三，而奸不止，其咎安在？夫刑至斷肢體，刻肌膚，終身不息，何其刑之痛而不德也？豈稱為民父母之意哉？其除肉刑，有以易之。」於是有司議：當黥者髡鉗為城旦舂；當劓者笞三百；當斬左趾者笞五百，當斬右趾者棄市。按詔書言今法有肉刑三，《注》引孟康曰：「黥、

劓二，斬左右趾合一，凡三也。」而景帝元年詔，說孝文皇帝除宮刑。詔書下文刻肌膚指黥，斷肢體指劓及斬趾，終身不息當指宮，則是時實並宮刑廢之。惟系徑廢而未嘗有以為代，故有司之議不之及。而史亦未嘗明言。此自古人文字疏略，不足為怪。

至景帝中元年，《紀》載「死罪欲腐者許之」，則是以之代死罪，其意仍主於寬恤。然而宮刑自此復行，直至隋初方除。象刑之論，《荀子》極駁之。《漢書·刑法志》備載其說，自有相當的理由。然而刑獄之繁，實有別種原因，並非專用酷刑可止。《莊子·則陽篇》說：「柏矩至齊，見辜人焉。推而強之，解朝服而幕之，號天而哭之。曰：『子乎子乎？天下有大菑，子獨先離之。』曰：『莫為盜，莫為殺人。』榮辱立，然後睹所病；貨財聚，然後睹所爭。今立人之所病，聚人之所爭，窮困人之身，使無休時，欲無至此，得乎？匿為物而愚不識，大為難而罪不敢，重為任而罰不勝，遠其塗而誅不至。民知力竭，則以偽繼之。日出多偽，士民安取不偽？夫力不足則偽，知不足則欺，財不足則盜。盜竊之行，於誰責而可乎？」這一段文字，見得所謂犯罪者，全是個人受社會的壓迫，而無以自全；受社會的教育，以至不知善惡（日出多偽，士民安取不偽）。其所能負的責任極微。更以嚴刑峻法壓迫之，實屬不合於理。即不論此，而「民不畏死，奈何以死懼之」（《老子》）。於事亦屬無益。所以「孟氏使陽膚為士師，問於曾子。曾子曰：『上失其道，民散久矣。如得其情，則哀矜而勿喜』」（《論語·子張》）。這固然不是徹底的辦法，然而就事論事，操司法之權的，存心究當如此。

司法上的判決，總不能無錯誤的。別種損失，總還可設法回復，唯有肉刑，是絕對無法的，所以古人視之甚重。這究不失為仁人君子的用心。後來反對廢除肉刑的人，雖然亦有其理由，然而肉刑究竟是殘酷的事，無人敢堅持主持，始終沒有能夠恢復。這其中，不知保全了多少人。孝文帝

和緹縈，真是歷史上可紀念的人物了。反對廢除肉刑的理由安在呢？《文獻通考》說：「漢文除肉刑，善矣，而以髡笞代之。髡法過輕，而略無懲創；笞法過重，而至於死亡。其後乃去笞而獨用髡。減死罪一等，即止於髡鉗；進髡鉗一等，即入於死罪。而深文酷吏，務從重比，故死刑不勝其眾。魏晉以來病之。然不知減笞數而使之不死，徒欲復肉刑以全其生，肉刑卒不可復，遂獨以髡鉗為生刑。所欲活者傅生議，於是傷人者或折肢體，而才剺其毛髮。所欲陷者與死比，於是犯罪者既已刑殺，而復誅其宗親。輕重失宜，莫此為甚。隋唐以來，始制五刑，曰笞、杖、徒、流、死。此五者，即有虞所謂鞭、樸、流、宅，雖聖人復起，不可偏廢也。」按自肉刑廢除之後，至於隋代制定五刑之前，刑法上的問題，在於刑罰的等級太少，用之不得其平。所以司法界中有經驗的人士，間有主張恢復肉刑的。而讀書偏重理論的人，則常加反對。恢復肉刑，到底是件殘酷的事，無人敢堅決主張，所以肉刑終未能復。到隋朝制定五刑以後，刑罰的等級多了，自無恢復肉刑的必要，從此以後，也就無人提及了。自漢文帝廢除肉刑至此，共歷經七百五十餘年。一種制度的進化，可謂不易了。

　　隋唐的五刑，是各有等級的。其中死刑分斬、絞兩種，而除前代的梟首、裂等。元以異族入主中原，立法粗疏，且偏於暴虐。死刑有斬無絞；又有凌遲處死，以處惡逆。明清兩代均沿之。明代將刑法軍政並為一談，五刑之外，又有所謂充軍。分附近、沿海、邊遠、煙瘴、極邊五等（清分附近、近邊、邊遠、極邊、煙瘴五等）。有終身、永遠兩種。永遠者身死之後，又勾攝其子孫；子孫絕者及其親屬（已見上章）。明制：「二死三流，同為一減。」太祖為求人民通曉法律起見，采輯官民過犯條文，頒行天下，謂之《大誥》。因有《大誥》的，罪得減等。後來不問有無，一概作為有而減等。於是死刑減至流刑的，無不以《大誥》再減，流刑遂等於不用；而充軍的卻很多。清朝並不藉謫發維持軍籍，然而仍沿其制，為近

代立法史上的一個汙點。

　　刑法的改良，起於清末的改訂舊律。其時改笞杖為罰金，以工作代徒流。後來定《新刑律》，才分主刑為死刑（用絞，於獄中行之）、無期徒刑、有期徒刑、拘役、罰金五種。從刑為沒收，褫奪公權兩種。

　　審判機關，自古即與行政不分，此即《周禮》地官所謂「地治者」。但屬於秋官的官，如鄉士（掌國中）、遂士（掌四郊）、縣士（掌野）、方士（掌都家）等，亦皆以掌獄訟為職。地官、秋官，本當有行政官與軍法審判之別，讀前文可明，但到後來，這兩者的區別，就漸漸地泯滅了。歐洲以司法獨立為恤刑之法，中國則以縮小下級官吏定罪的許可權，如增加審級，為恤刑之法。漢代太守便得專殺，然則至近代，則府、廳、州、縣，只能決徒以下的罪，流刑必須由按察司親審，死刑要待御筆勾決了。

　　行政、司法機關既不分，則行政官吏等級的增加，即為司法上審級的增加。而歷代於固有的地方官吏以外，又多臨時派官清理刑獄。越訴雖有制限，上訴是習慣上得直達皇帝為止的，即所謂叩閽。宋代初命轉運使派官提點刑獄，後獨立為一司；明朝繼之，設按察司，與布政使並立，而監司之官，始有專司刑獄的。然而到了清代，其上級的督撫，亦都可受理上訴。自此以上，方為京控（刑部、都察院、提督，均可受理）。臨時派官複審，明代尤多。其後朝審、秋審遂沿為定制。清代秋審是由督撫會同兩司舉行的，決定後由刑部匯奏，再命三法司（見下）複審，然後御筆勾決，死刑乃得執行。在內的則由六部、大理寺、通政司、都察院會審，謂之初審。此等辦法，固得慎重刑獄之意；然而審級太多，則事不易決；又路途遙遠，加以曠日持久，人證物證不易調齊，或且至於湮沒，審判仍未必公平，而人民反因獄事拖延受累。所以此等恤刑之法，亦是有利有弊的。

　　司法雖不獨立，然而除特設的司法官吏而外，干涉審判之官，亦應以治民之官為限。如此，系統方不紊亂；亦且各種官吏對於審判未必內行，

令其干涉，不免無益有損。然而歷代既非司法之官，又非治民之官，而參與審判之事者，亦在所不免。如御史，本是監察之官，不當干涉審判。所以彈劾之事，雖有涉及刑獄的，仍略去告訴人的姓名，謂之風聞。唐代此制始變，且命其參與推訊，至明，遂竟稱為三法司之一了。而如通政司、翰林院、詹事府、五軍都督等，無不可臨時受命，與於會審之列，更屬莫名其妙。又司法事務，最忌令軍政機關參與。而歷代每將維持治安及偵緝罪犯之責，付之軍政機關。使其獲得人犯之後，仍須交給治民之官，尚不易非理肆虐，而又往往令其自行治理，如漢代的司隸校尉，明代的錦衣衛、東廠等，尤為流毒無窮。

審判之制，貴於速斷速決，又必熟悉本地方的民情。所以以州縣官專司審判，於事實嫌其不給。而後世的地方官，多非本地人，亦嫌其不悉民情。廉遠堂高，官民隔膜，吏役等遂得乘機舞弊。司法事務的黑暗，至於書不勝書。人民遂以入公門為戒。官吏無如吏役何，亦只得勸民息訟。國家對於人民的義務，第一件事，便在保障其安全及權利，設官本意，惟此為急，而官吏竟至勸人民不必訴訟，豈非奇談？古代所謂「地治者」，本皆後世鄉吏之類，漢代嗇夫，還是有聽訟之職的（《漢書·百官公卿表》）。爰延為外黃鄉嗇夫，民至不知有郡縣（《後漢書》本傳）。其權力之大可知。然而統治者和被統治者既形成兩個階級，統治者專以朘削被統治者為生，則訴訟正是朘削的好機會，畀鄉吏以聽訟之權，流弊必至不可究詰。所以至隋世，遂禁止鄉官聽訟。《日知錄·鄉亭之職》一條說：「今代縣門之前，多有榜曰：誣告加三等，越訴笞五十。此先朝之舊制。今人謂不經縣官而上訴司府，謂之越訴，是不然。《太祖實錄》：洪武二十七年，命有司擇民間高年老人，公正可任事者，理其鄉之辭訟。若戶婚、田宅、鬥毆者，則會里胥決之。事涉重者，始白於官。若不由里老處分，而徑訴縣官，此之謂越訴也。」則明太祖嘗有意恢復鄉官聽訟之制。

然《注》又引宣德七年陝西按察僉事林時之言，謂「洪武中，天下邑里，皆置申明、旌善二亭，民有善惡則書之，以示勸懲。凡戶婚、田土、鬥毆常事，里老於此剖決。今亭宇多廢，善惡不書。小事不由里老，輒赴上司。獄訟之繁，皆由於此。」則其事不久即廢。

今鄉官聽訟之制，固不可行。然法院亦難遍設。民國十五年，各國所派的司法調查委員（見下），以通計四百萬人乃有一第一審法院為中國司法狀況缺點之一。中國人每笑西洋人的健訟，說中國人無須員警、司法，亦能相安，足見道德優於西人。其實中國人的不願訴訟，怕也是司法狀況的黑暗逼迫而成的，並非美事。但全靠法院平定曲直，確實亦非良好現象。不須多設法院，而社會上亦能發揚正義，抑強扶弱，不至如今日之豪暴橫行；鄉里平亭，權又操於土豪劣紳之手；是為最善。那就不得不有望於風俗的改良了。

古代的法律，本來是屬人主義的。中國疆域廣大，所包含的民族極多，強要推行同一的法律，勢必引起糾紛。所以自古即以「不求變俗」為治（《禮記·曲禮》）。統一以後，和外國交通，亦是如此。《唐律》：化外人犯罪，就依其國法治之。必兩化外人相犯，不能偏據一國的法律，才依據中國法律治理。這種辦法，固然是事實相沿，然而決定何者為罪的，根本上實在是習慣。兩族的習慣相異，其所認為犯罪之事，即各不相同。照異族的習慣看起來，雖確實有犯罪的行為，然而在其本人，則實無犯罪的意思，在此情形之下，亦自以按其本族法律治理為公平。但此項辦法，只能適用於往來稀少之時。到近代世界大通，交涉之事，日益繁密，其勢就不能行了。

中國初和外國訂約時，是不甚了然於另一新局面的來臨的。一切交涉，都根據於舊見解以為應付，遂貿然允許了領事裁判權。而司法界情形的黑暗（主要的是司法不獨立，監獄的黑暗，濫施刑訊及拘押等），有以

生西人的戒心，而為其所藉口，亦是無可諱言的（從前有領事裁判權的國家，如土耳其，有虐待異教徒的事實，中國則無之。若說因習慣的不同，則應彼此皆有）。中外條約中，首先獲得領事裁判權的是英國，後來各國相繼獲得，其條文彼此互異。然而因各國條約均有最惠國條款，可以互相援引，所以實際上並無甚異同。有領判權之國，英、美、意、挪威、日本，均在中國設立法院。上海的會審公廨，且進而涉及原被告均為華人的事件。其損害中國的主權，自然無待於言了。然而各國亦同蒙其不利（最重要的，如領事不曉法律，各國相互之間，亦須各歸其國的領事審判。一件事情，關涉幾國人的，即須分別向各國起訴。又上訴相距太遠，即在中國設有法院之國亦然，其他更不必論了）。且領事裁判權存在，中國絕不能許外國人在內地雜居。外人因此自限制其權利於通商口岸，亦殊不值得。

　　取消領事裁判權之議，亦起於《辛丑合約》。英，美、日三國商約，均有俟我法律及司法制度改良後，撤銷領事裁判權的條文。太平洋會議，中國提出撤銷領事裁判權案，與會各國允共同派員，到中國來調查：（一）各國在中國的領事裁判權的現狀；（二）中國的法律；（三）司法制度；（四）司法行政情形，再行決定。民國十五年，各國派員來華調查，草有報告書，仍主從緩。國民政府和意、丹、葡、西四國訂立民國十九年一月一日放棄領事裁判權的條約。比約則訂明另定詳細辦法。儻詳細辦法尚未訂定，而現有領事裁判權之國，過半數放棄，則比國亦放棄。中國在諸約中，訂定：（一）民國十九年一月一日以前，頒布民商法；（二）撤銷領事裁判權之後，許外人內地雜居；（三）彼此僑民課稅，不得高於他國人，或異於他國人；以為交換條件。然而此約訂定之後，迄今未能實行。惟墨西哥於民國十八年十一月自動宣言放棄（德、奧、俄等國，歐戰後即失其領事裁判權）。

撤銷領事裁判權，其實是不成問題的，只要中國司法，真能改良，自不怕不能實行。中國的司法改良，在於徹底改良司法界的狀況，且推行之及於全國，此即所謂「司法革命」、「司法普及」。既需要經費，又需要人才，又需要行政上的努力，自非易事。目前清末年訂定四級三審制（初級、地方、高等三廳及大理院。初審起於初級廳的，上訴終於高等廳，起於地方廳的，終於大理院）。至民國二十二年，改為三級三審（地方法院、高等法院、最高法院）。前此司法多由縣知事兼理，雖然訂有種種章程，究竟行政司法，分劃不清。民國二十四年起，司法部已令全國各地遍設法院，這都是比較合理的。真能推行盡利，中國的司法自可煥然改觀了。

第十章　刑法

第十一章　實業

第十一章　實業

　　農工商三者，並稱實業，而三者之中，農為尤要。必有農，然後工商之技，乃可得而施。中國從前稱農為本業，工商為末業，若除去其輕視工商、幾乎視為分利之意，而單就「本末」兩字的本義立論，其見解是不錯的。所以農業的發達，實在是人類劃時代的進步。有農業，然後人類的食物乃能為無限制的擴充，人口的增加才無限制，人類才必須定居，一切物質文明乃有基礎，精神文化亦就漸次發達了。人類至此，剩餘的財產才多，成為掠奪的目的。勞力更形寶貴，相互間的戰爭，自此頻繁，社會內部的組織，亦更形複雜了。世界上的文明，起源於幾個特別肥沃的地點，比較正確的歷史，亦是自此開始的。這和農業有極深切的關係，而中國亦是其中之一。

　　在農業開始以前，遊獵的階段，很為普遍。在第一章中業經提及。漁獵之民，視其所居之地，或進為畜牧，或進為農耕。中國古代，似乎是自漁獵徑進於農耕的。傳說中的三皇：燧人氏鑽木取火，教民熟食，以避腥臊傷害腸胃，顯然是漁獵時代的酋長。伏羲，亦作庖犧。皇甫謐《帝王世紀》說為「取犧牲以供庖廚」（《禮記・月令疏》引）。實為望文生義。《白虎通義・號篇》云：「下伏而化之，故謂之伏羲」，則羲字與化字同義，所稱頌的乃其德業。至於其時的生業，則《易經・繫辭傳》明言其「為網罟以田以漁」，其為漁獵時代的酋長，亦無疑義。伏羲之後為神農，「斫木為耜，揉木為耒」，就正式進入農業時代，中國文明的歷史，從此開始了。

　　三皇之後為五帝。顓頊、帝嚳，可考的事蹟很少。黃帝「教熊羆貔貅虎」，以與神農戰，似乎是遊牧部落的酋長。然而，這不過是一種荒怪的傳說。〈五帝本紀〉同時亦言其「藝五種」，而除此之外，亦絕無黃帝為遊牧民族的證據。〈堯典〉則有命羲和「曆象日月星辰，敬授民時」之文。〈堯典〉固然是後人所作，並非當時史官的記錄。然後人所作，亦

不能謂其全無根據。殷周之祖，是略與堯舜同時的。《詩經》中的〈生民〉、〈公劉〉，乃周人自述其祖宗之事，當不致全屬子虛。《書經》中的〈無逸〉，乃周公誥誡成王之語，述殷周的歷史，亦必比較可信。〈無逸〉中述殷之祖甲云：「其在祖甲，不義惟王，舊為小人。作其即位，爰知小人之依。（祖甲實即太甲，「不義惟王，舊為小人」，正指其為伊尹所放之事）」述高宗云：「舊勞於外，爰暨小人。」皆顯見其為農業時代的賢君。周之先世，如太王、王季、文王等，更不必論了。古書的記載，誠多未可偏信，然而合全體而觀之，自五帝以來，社會的組織和政治上的鬥爭，必與較高度的文明相伴，而非遊牧或漁獵部族所能有。然則自神農氏以後，中國久已成為農業發達的民族了。古史年代，雖難確考，然而孟子說：「由堯舜至於湯，五百有餘歲；由湯至於文王，五百有餘歲；由文王至於孔子，五百有餘歲。」（〈盡心下篇〉）。和韓非子所謂殷周七百餘歲，虞夏二千餘歲（〈顯學篇〉）；樂毅〈報燕惠王書〉所謂「收八百歲之畜積」（謂齊自周初建國，至為昭王所破時）；大致都相合的，絕不會是臆造。然則自堯舜至週末，當略近二千年。自秦始皇統一天下至民國紀元，相距兩千一百三十二年。自堯舜追溯農業發達之時，亦必在千年左右。中國農業發達，總在距今五千年之前了。

　中國的農業，是如何進化的呢？一言以蔽之，日：自粗耕進於精耕。古代有爰田之法。爰田即是換田。據《公羊·宣公十五年》何《注》，是因為地有美惡，「肥饒不得獨樂，磽埆不得獨苦」，所以「三年一換主易居」。據《周禮·大司徒》：則田有不易，一易，再易之分。不易之地，是年年可種的。一易之地，種一年要休耕一年。再易之地，種一年要休耕兩年。授田時：不易之地，一家給一百畝；一易之地，給二百畝；再易之地，給三百畝。古代的田畝，固然較今日為小。然一夫百畝，實遠較今日農夫所耕為大。而其成績，則據《孟子》（〈萬章下篇〉）和《禮記·王

制》所說：是上農夫食九人，其次食八人，其次食七人，其次食六人，下農夫食五人。較諸現在，並不見得佳良，可見其耕作之法，不及今人了。

漢朝有個大農業家趙過，能為代田之法，把一畝分做三個甽，播種於其中。甽以外的高處謂之壟，苗生葉以後，要勤除壟上之草，因而把壟上的土，傾頹下來，使其附著苗根。如此逐漸為之，到盛暑，則「壟盡而根深」，能夠「耐風與旱」。甽和壟，是年年更換的，所以謂之代田（見《漢書·食貨志》）。後來又有區田之法，把田分為一塊一塊的，謂之區。隔一區，種一區。其鋤草和頹土，亦與代田相同。《齊民要術》（見下）極稱之。後世言農業的人，亦多稱道其法。但據近代研究農業的人說：則「代田區田之法，不外乎所耕者少，而耕作則精。近世江南的農耕，較諸古人所謂代田區田，其精勤實無多讓。其田並不番休，而地力亦不見其竭。則其施肥及更換所種穀物之法，亦必有精意存乎其間」。這都是農業自然的進步。總而言之：農業有大農制和小農制。大農制的長處，在於資本的節約，能夠使用機械及人工的分配得宜；小農制的長處，則在以人盡其勞，使地盡其力。所以就一個人的勞力，論其所得的多少，是大農制為長；就土地同一的面積，論其所得的多少，則小農制為勝。中國農夫的技能，在小農制中，總可算首屈一指了。這都是長時間自然的進化。

中國農業進化的阻力，約有三端：（一）講究農學的人太少。即使有之，亦和農民隔絕，學問不能見諸實用。古代有許多教稼的官。如《周禮·大司徒》，「辨十有二壤之物而知其種」。〈司稼〉，「巡邦野之稼，而辨穜稑之種。周知其名與其所宜地，以為法而懸於邑閭」。這些事，都是後世所沒有的。李兆洛《鳳臺縣誌》說，鳳臺縣人所種的地，平均是一人十六畝，窮苦異常，往往不夠本。一到荒年，就要無衣無食。縣人有一個喚做鄭念祖的，雇傭了一個兗州人。問他：「你能種多少圃地？」他說兩畝，還要雇一個人幫忙。問他要用多少肥料？他說一畝田的肥料，要值

到兩千個銅錢。隔壁的農人聽了大笑，說，我種十畝地，只花一千個銅錢的肥料，收穫的結果，還往往不夠本呢！鄭念祖對於這個兗州人，也是將信將疑，且依著他的話試試看呢。因其用力之勤，施肥之厚，人家的作物都沒有成熟，他先就成熟了，而且長得很好，爭先入市，獲利甚多。到人家蔬果等上市時，他和人家一塊賣的，所得的都是贏利了。李兆洛據此一例，很想募江南的農民為農師，以開水田。這不過是一個個例。其餘類乎此的情形，不知凡幾。使農民互相師，已可使農業獲有很大的進步，何況益之以士大夫？何況使士大夫與農民互相師，以學理經驗交相補足呢？

（二）古代土地公有，所以溝洫阡陌等都井井有條。後世則不然，土地變為私有，寸寸割裂。凡水旱蓄泄等事，總是要浪費掉一部分土地的，誰肯犧牲？凡一切公共事業的規劃，其根源，實即公共財產的規劃。所以土地公有之世，不必講地方自治，而自治自無不舉。土地既已私有，公共的事務，先已無存。間有少數非聯合不能舉辦的，則公益和私益，多少有些衝突。於是公益的舉措，固有的蕩然無存，當興的闕而莫舉；而違反公益之事，且日出不窮，如濫伐林木，破壞堤防，壅塞溝渠等都是。而農田遂大受其害。其最為顯著的，就是水利。（三）土地既然私有了，人民誰不愛護其私產？但必使其俯仰有餘，且勤勞所得，可以為其所有，農民才肯盡力。如其一飽且不可得；又偶有贏餘，即為強有力者剝削以去；人民安得不苟偷呢？然而封建勢力和高利貸的巧取豪奪，則正是和這原則相反的。這也是農田的一個致命傷。職是故，農業有其進化的方面，而亦有其退化的方面。進退相消，遂成為現在的狀況。

中國現在農業上的出路，是要推行大農制。而要推行大農制，則必須先有大農制所使用的器具。民國十七年春，俄國國營農場經理馬克維次（Markevich）有多餘不用的機犁百架，召集附近村落的農民，許租給他們使用，而以他們所有的土地共同耕種為條件。當時加入的農民，其耕

地共計九千餘畝，到秋天，增至二萬四千餘畝。事為共產黨所聞，於是增制機犁，並建造使用機犁的動力場。至明年，遂推行其法於全國。是為蘇俄集合農場的起源（據張君勱《史泰林治下之蘇俄》。再生雜誌社本）。天下事口說不如實做。瘠口曉音，說了半天的話，人家還是不信。實在的行動當前，利害較然可見，就無待煩言了。普通的議論，都說農民是最頑固的、守舊的，其實這是農民的生活使其如此。現在為機器時代，使用舊式的器具，絕不足以與之相敵。而全國最多數的農民，因其生活而滯留於私有制度下自私自利的思想，亦實為文化進步的障礙。感化之法，單靠空言啟牖是無用的。生活變則思想變；生產的方法變，則生活變。「牖民孔易」，製造出耕作用的機械來，便是化除農民私見的方法，並不是要待農民私見化除了，機械才可使用。

　　中國的農學，最古的，自然是《漢書・藝文志》諸子略中的農家。其所著錄先秦的農書，今已不存。先秦農家之說，存於今的，只有《管子》中的〈地員〉，《呂氏春秋》中的〈任地〉、〈辨土〉、〈審時〉數篇。漢代農家所著之書，亦俱亡佚。諸家徵引，以《氾勝之書》為最多。據《周禮・草人疏》說，這是漢代農書中最佳的，未知信否。古人著述，流傳到現在的，以後魏賈思勰的《齊民要術》為最早。後世官修的巨著，有如元代的《農桑輯要》，清代的《授時通考》；私家的巨著，有如元王楨的《農書》，明徐光啟的《農政全書》等；均在子部農家中。此項農書，所包頗廣，種植而外，蠶桑、菜果、樹木、藥草、孳畜等，都包括其中；田制、勸課、救荒之法，亦均論及；尚有茶經、酒史、食譜、花譜、相牛經、相馬經等，前代亦隸屬農家，清四庫書目改入譜錄類。獸醫之書，則屬子部醫家。這些，都是和農業有關係的。舊時種植之法，未必都能適用於今，然而要研究農業歷史的人，則不可以不讀。

　　蠶桑之業，起於黃帝元妃嫘祖，語出《淮南・蠶經》（《農政全書》

引），自不足信。《易經・繫辭傳》說：「黃帝、堯、舜，垂衣裳而天下治。」《疏》云：「以前衣皮，其制短小，今衣絲麻布帛，所作衣裳，其制長大，故云垂衣裳也。」亦近附會。但中國的蠶業，發達是極早的。孟子說：「五畝之宅，樹之以桑，七十者可以衣帛矣（〈梁惠王上〉）。」久已成為農家婦女普遍的職業了。古代蠶利，盛於北方。《詩經》中說及蠶桑的地方就很多。〈禹貢〉兗州說桑土既蠶，青州說厥篚檿絲。檿是山桑，這就是現在的野蠶絲了。齊紈、魯縞，漢世最為著名。南北朝、隋、唐貨幣都通用布帛。唐朝的調法，亦兼收絲麻織品。元朝還有五戶絲及二戶絲。可見北方蠶桑之業，在元代，尚非不振，然自明以後，其利就漸限於東南了。唐甄《潛書》說：「蠶桑之利，北不逾淞，南不逾浙，西不通湖，東不至海，不過方千里。外此，則所居為鄰，相隔一畔而無桑矣（此以盛衰言之，並非謂絕對無有，不可拘泥）。甚矣民之惰也。」大概中國文化，各地不齊，農民愚陋，只會蹈常習故。便是士和工商亦然。所以全國各地，風氣有大相懸殊的。《日知錄》說：「華陰王宏撰著議，以為延安一府，布帛之價，貴於西安數倍。」又引《鹽鐵論》說：「邊民無桑麻之利，仰中國絲絮而後衣。夏不釋褐，冬不離窟。」崔寔《政論》說：「僕前為五原太守，土俗不知緝績，冬積草伏臥其中。若見吏，以草纏身，令人酸鼻。」顧氏說：「今大同人多是如此。婦人出草，則穿紙袴。」可見有許多地方荒陋的情形，竟是古今一轍。此等情形，昔人多欲以補救之法，責之官吏，間亦有能行之的。如清乾隆時，陳宏謀做陝西巡撫，曾在西安、三原、鳳翔設蠶館、織局，招南方機匠為師。又教民種桑。桑葉、繭絲，官家都許收買，使民節節得利，可以踴躍從事，即其一例。但究竟不能普遍。今後交通便利，資本的流通，遍及窮鄉僻壤，這樣的情形，必將漸漸改變了。

　　林政愈到後世而愈壞。古代的山林，本是公有的，使用有一定的規

則，如《禮記‧王制》說「草木黃落，然後入山林」是。亦或設官管理，如《周禮》的林衡即是。又古代列國並立，務於設險，平地也有人造的森林，如《周禮》司險，設國之五溝、五塗，而樹之林以為阻固是。後世這種事都沒有了。造林之事極少，只是靠天然的使用。所以愈開闢則林木愈少。如《漢書‧地理志》說，天水、隴西，山多林木，人民都住在板屋裡。

又如近代，內地的木材，出於四川、江西、貴州，而吉、黑兩省，為全國最大的森林區域，都是比較上少開闢的地方。林木的缺乏，積極方面，由於國家不知保護森林，更不知造林之法。如清朝梅曾亮有〈書棚民事〉一篇。他說當他替安徽巡撫董文恪做行狀時，遍覽其奏議，見其請准棚民開山的奏摺，說棚民能攻苦食淡於崇山峻嶺，人跡不通之處，開種旱穀，有裨民食。和他告訐的人，都是溺於風水之說，至有以數百畝之田保一棺之土的，其說必不可聽。梅氏說：「予覽其說而是之。」又說：「及予來宣城，問諸鄉人，則說：未開之山，土堅石固，草樹茂密，腐葉積數年，可二三寸。每天雨，從樹至葉，從葉至土石，歷石罅滴瀝成泉，其下水也緩。又水緩而土不隨其下。水緩，故低田受之不為災；而半月不雨，高田猶受其灌溉。今以斤斧童其山，而以鋤犁疏其土，一雨未畢，沙石隨下，其情形就大不然了。」梅氏說：「予亦聞其說而是之。」又說：「利害之不能兩全也久矣。由前之說，可以息事。由後之說，可以保利。若無失其利，而又不至於董公之所憂，則吾蓋未得其術也。」此事之是非，在今日一言可決，而當時或不之知，或作依違之論。可見昔人對於森林的利益，知之不甚透澈，自然不知保護，更說不到造林。歷代雖有課民種桑棗等法令，亦多成為具文了。消極方面，則最大的為兵燹的摧殘，而如前述開墾時的濫伐，甚至有放火焚毀的，亦是其一部分的原因。

漁獵畜牧，從農業興起以後，就不被視為主要的事業。其中惟田獵因和武事有關，還按時舉行，藉為閱習之用。漁業則被視為鄙事，為人君所

弗親。觀《左傳‧隱公五年》所載臧僖伯諫觀漁之辭可見。牧業，如《周禮》之牧人、牛人、充人等，所豢養的，亦僅以供祭祀之用。只有馬是和軍事、交通都有關係的，歷代視之最重，常設「苑」、「監」等機關，擇適宜之地，設官管理。其中如唐朝的張萬歲等，亦頗有成績。然而能如此的殊不多。

以上是就官營立論。至於民間，規模較大的，亦恆在緣邊之地。如《史記‧貨殖列傳》說，天水、隴西、北地、上郡，畜牧為天下饒。又如《後漢書‧馬援傳》說，援亡命北地，因留畜牧，役屬數百家。轉遊隴漢間，因處田牧，至有牛馬羊數千頭，穀數萬斛是。內地民家，勢不能有大規模的畜牧。然而苟能家家畜養，其數亦必不少。如《史記‧平準書》說，武帝初年，「眾庶街巷有馬，阡陌之間成群」。元朔六年，衛青、霍去病出塞，私負從馬至十四萬匹（《漢書‧匈奴列傳》。顏師古《注》：「私負衣裝者，及私將馬從者，皆非公家發與之限」），實在是後世所少見的。

民業雖由人民自營，然而和國家的政令亦有相當的關係。唐玄宗開元九年，詔「天下之有馬者，州縣皆先以郵遞軍旅之役，定戶復緣以升之，百姓畏苦，乃多不畜馬，故騎射之士減曩時」。元世祖至元二十三年，六月，括諸路馬。凡色目人有馬者，三取其二；漢民悉入官。敢匿與互市者罪之。《明實錄》言：永樂元年，七月，上諭兵部臣曰：「比聞民間馬價騰貴，蓋禁民不得私畜故也。其榜諭天下，聽軍民畜馬勿禁。」（據《日知錄‧馬政》條）。然則像漢朝，不但無畜馬之禁，且有馬復令者（有車騎馬一匹者，復卒三人，見〈食貨志〉）。民間的畜牧，自然要興盛了。但這只能藏富於民，大規模的畜牧，還是要在邊地加以提倡的。《遼史‧食貨志》敘述太祖時畜牧之盛，「括富人馬不加多，賜大小鶻軍萬餘匹不加少」。又說：「自太宗及興宗，垂二百年，群牧之盛如一日。天祚初年，

馬猶有數萬群，群不下千匹。」這樣的盛況，各個北族盛時，恐怕都是這樣的，不過不能都有翔實的記載罷了。此其緣由：（一）由於天時地利的適宜；（二）亦由其地尚未開闢，可充牧場之地較多。分業應根據地理。蒙、新、青、藏之地，在前代或是域外，今則都在邦域之中，如何設法振興，不可不極端努力了。

　　漁稅，歷代視之不甚重要，所以正史中關於漁業的記載亦較少。然古代庶人，實以魚鱉為常食（見第十三章）。《史記・貨殖列傳》說：太公封於齊，地潟鹵，人民寡，太公實以通魚鹽為致富的一策。這或是後來人的託辭，然而春秋戰國時齊國漁業的興盛，則可想見了。《左傳・昭公三年》，晏子說陳氏厚施於國，「魚鹽蜃蛤，弗加於海」（謂不封禁或收其稅）。漢耿壽昌為大司農，增加海租三倍（見《漢書・食貨志》）。可見緣海河川，漁業皆自古即盛。這種盛況，蓋歷代皆然。不過「業漁者類為窮海、荒島、河上、澤畔居民，任其自然為生。內地池畜魚類，一池一沼，只供文人學士之徜徉，為詩酒閒談之助。所以自秦漢至明，無興革可言，亦無記述可見」罷了（採李士豪、屈若騫《中國漁業史》說，商務印書館本）。然而合沿海及河湖計之，賴此為生的，何止千萬？組織漁業公司，以新法捕魚，並團結漁民，加以指導保護等，均起於清季。國民政府對此尤為注意，並曾豁免漁稅，然成效尚未大著。領海之內，時時受人侵漁。民國二十六年，中日戰事起後，沿海多遭封鎖，漁場受侵奪，漁業遭破壞的尤多。

　　狹義的農業，但指種植而言。廣義的，則凡一切取得物質的方法，都包括在內，礦業無疑的也是廣義農業的一部分了。《管子・地數篇》說：「葛盧之山，發而出水，金從之，蚩尤受而制之，以為劍鎧矛戟。」「雍狐之山，發而出水，金從之，蚩尤受而制之，以為雍狐之戟、芮戈。」我們據此，還可想見礦業初興，所採取的，只是流露地表的自然金屬。然《管

子》又說:「上有丹砂者,下有黃金;上有慈石者,下有銅金;上有陵石者,下有鉛、錫、赤銅;上有赭者,下有鐵;此山之見榮者也。」榮即今所謂礦苗,則作《管子》書時,已知道察勘礦苗之法了。

近代機器發明以來,煤和鐵同為生產的重要因素。在前世,則鐵較重於煤。至古代,因為技術所限,銅尤要於鐵。然而在古代,銅的使用,除造兵器以外,多以造寶鼎等作為玩好奢侈之品,所以《淮南子·本經篇》說:「衰世鑴山石,鍥金玉,擿蚌蜃,銷銅鐵,而萬物不滋。」將銅鐵和金玉、蚌蜃(謂采珠)同視。然而,社會進化,鐵器遂日形重要。《左傳·僖公十八年》,「鄭伯始朝於楚,楚子賜之金,既而悔之,與之盟,曰:『無以鑄兵。』」可見是時的兵器,還以南方為利。兵器在後漢以前,多數是用銅造的(參看《日知錄·銅》條)。然而鹽鐵,《管子》書已並視為國家重要的財源(見第八章)。而《漢書·地理志》說,江南之俗,還是「火耕水耨」。可見南方的農業,遠不如北方的發達。古代礦業的發明,一定是南先於北。所以蚩尤尸作兵之名。但是到後來,南方的文明程度轉落北方之後,則實以農業進步遲速之故。南方善造銅兵,北方重視鐵鑄的農器,正可為其代表。管子雖有鹽鐵國營之議,然而鐵礦和冶鑄仍入私人之手。只看漢世所謂「鹽鐵」者(此所謂鹽鐵,指經營鹽鐵事業的人而言),聲勢極盛,而自先秦時代殘留下來的鹽官、鐵官,則奄奄無生氣可知。後世也還是如此。國家自己開的礦是很少的。民間所開,大抵以金屬之礦為多。採珠南海有之,玉多來自西域。

工業在古代,簡單的是人人能做的,其較繁難的,則有專司其事的人。這種人大抵由於性之所近,有特別的技巧。後來承襲的人,則或由社會地位關係,或由其性之所近。《考工記》所謂「知者創物,巧者述之,守之世,謂之工」。此等專門技術,各部族的門類各有不同。在這一部族,是普通的事,人人會做的,在別一部族,可以成為專門之技。所

以《考工記》說：「粵無鎛，燕無函，秦無廬，胡無弓車（謂無專制此物之人）。」又說：「粵之無鎛也，非無鎛也（言非無鎛其物）。夫人而能為鎛也。」燕之函，秦之廬，胡之弓車說亦同。此等規模，該是古代公產部族，相傳下來的。後世的國家沿襲之，則為工官。《考工記》的工官有兩種：一種稱某人，一種稱某氏。稱某人的，當是技術傳習不以氏族為限的，稱某氏的則不然。工用高曾之規矩，古人傳為美談。此由古人生活恬淡，不甚喜矜奇鬥巧。又古代社會，範圍窄狹，一切知識技能，得之於並時觀摩者少，得之於先世遺留者多，所以崇古之情，特別深厚。

到公產社會，專司一事的人變成國家的工官，則工業成為政治的一部分。政治不能廢督責，督責只能以舊式為標準。司製造的人，遂事事依照程序，以求免過（《禮記·月令》說：「物勒工名，以考其成。」《中庸》說：「日省月試，餼廩稱事，所以來百工也。」可見古代對於工業督責之嚴）。封建時代，人的生活是有等級的，也是有規範的。競造新奇之物，此兩者均將被破壞。所以《禮記·月令》說：「毋或作為淫巧，以蕩上心。」《荀子·王制》說：「雕琢文采，不敢造於家。」而《禮記·王制》竟說：「作奇技奇器以疑眾者殺。」此等制度，後人必將議其阻礙工業的進步，然而在保障生活的規範，使有權力和財力的人不能任意享用，而使其餘的人，看了起不平之念；或者不顧財力，互相追逐，致以社會之生活程度衡之，不免流於奢侈，是有相當價值的，亦不可以不知道。即謂專就技巧方面立論，此等制度阻礙進步也是冤枉的。為什麼呢？

社會的組織，暗中日日變遷，而人所設立的機關，不能與之相應，有用的逐漸變為無用，而逐漸破壞。這在各方面皆然，工官自亦非例外。社會的情形變化了，而工官未曾擴充，則所造之物，或不足以給民用。又或民間已發明新器，而工官則仍守舊規，則私家之業漸盛。又封建制度破壞，被滅之國，被亡之家，所設立之機關，或隨其國家之滅亡而被廢，技

術人員也流落了。如此,古代的工官制度,就破壞無餘了。《史記・貨殖列傳》說:「用貧求富,農不如工,工不如商。」《漢書・地理志》所載,至漢代尚存的工官,寥寥無幾;都代表這一事實。《漢書・宣帝紀贊》,稱讚他「信賞必罰,綜核名實」,「技巧工匠,自元成間鮮能及之」。陳壽〈上諸葛氏集表〉,亦稱其「工械技巧,物究其極」(《三國蜀志・諸葛亮傳》)。實在只是一部分官制官用之物罷了,和廣大的社會工業的進退,是沒有關係的。

世人每舉歷史上幾個特別智巧的人,幾件特別奇異之器,指為工業的進化,其實是不相干的。公輸子能削竹木以為,飛之三日不下(見《墨子・魯問篇》、《淮南子・齊俗訓》)。這自然是瞎說,《論衡・儒增篇》業經駁斥他了。然而如後漢的張衡、曹魏的馬鈞、南齊的祖沖之、元朝的郭守敬(馬鈞事見《三國魏志・杜夔傳》、《注》,餘皆見各史本傳),則其事蹟絕不是瞎說的。他們所發明的東西安在呢?崇古的人說失傳了,這只是後人的不克負荷,並非中國人的智巧不及他國人。喜新的人不服,用滑稽的語調說道:「我將來學問夠了,要做一部中國學術失傳史(見從前北京大學所出的《新潮雜誌》)。」其實都不是這一回事。一種工藝的發達,是有其社會條件的。指南針,世界公認是中國人發明的,古代曾用以駕車,現在為什麼沒有?還有那且走且測量路線長短的記里鼓車,又到什麼地方去了?諸葛亮改良連弩,馬鈞說我還可以再改良,後來卻不曾實行,連諸葛亮發明的木牛流馬不久也失傳了。假使不在征戰之世,諸葛亮的心思,也未必用之於連弩。假使當時魏蜀的爭戰再劇烈些,別方面的勢力,再均平些,竟要靠連弩以決勝負,魏國也未必有馬鈞而不用。假使魏晉以後,在商業上有運巴蜀之粟以給關中的必要,木牛流馬,自然會大量製造,成為社會上的交通用具的。不然,誰會來保存它?同理,一個時代著名的器物,如明朝宣德、成化,清朝康熙、雍正、乾隆年間的瓷器,為

什麼現在沒有了？這都是工業發達的社會條件。還有技術方面，也不是能單獨發達的。一器之成，必有互相連帶的事物。如公輸子以竹木為，飛之三日，固然是瞎說。王莽時用兵，募有奇技的人。有人自言能飛，試之，取大鳥翮為兩翼，飛數百步而墜（見《漢書・王莽傳》），卻絕不是瞎說的，其人亦不可謂之不巧。假使生在現在，斷不能謂其不能發明飛機。然而在當日，現今飛機上所用種種機械，一些沒有，自然不能憑空造成飛行器具。所以社會條件不具備；技術的發展，而不依照一定的順序；發明是不會憑空出現的。即使出現了，也只等於曇花一現。以為只要消費自由，重賞之下，必有勇夫，工藝自然會不斷地進步，只是一個淺見。

工官制度破壞後，中國工業的情形，大概是這樣的：根於運輸的情形，尋常日用的器具，往往合若干地方，自成一個供求的區域。各區域之間，製造的方法，和其所用的原料等，不必相同。所以各地方的物品，各有其特色。這樣的工人，其智識，本來是蹈常習故的。加以交換制度之下，商品的生產，實則受銷場的支配，而專司銷售的商人，其見解往往是陳舊的。因為舊的東西，銷路若干，略有一定，新的就沒有把握了。因此，商人不歡迎新的東西，工人亦愈無改良的機會。社會上的風氣，也是蹈常習故的人居其多數。所以其進步是比較遲滯的。至於特別著名的工業品，行銷全國的，亦非沒有。則或因天產的特殊，而製造不能不限於其地。或因運輸的方便，別地方的出品，不能與之競爭。亦或因歷史上技術的流傳，限於一地。如湖筆、徽墨、湘繡等，即其一例。

近代的新式工業，是以機器製品為主的，自非舊式的手工業所能與之競爭。經營新式工業，既須人才，又須資本，中外初通時的工商家，自不足以語此，自非賴官力提倡不可。然而官家的提倡，亦殊不得法。同治初年，製造局、造船廠等的設立，全是為軍事起見，不足以語於實業。光緒以後所辦的開平煤礦、甘肅羊毛廠、湖北鐵廠、紗廠等，亦因辦理不得其

法，成效甚少。外貨既滔滔輸入，外人又欲在通商口岸設廠製造，利用我國低廉的勞力，且省去運輸之費。自咸豐戊午、庚申兩約定後，各國次第與我訂約，多提出此項要求。中國始終堅持未許。到光緒甲午和日本戰敗，訂立《馬關條約》，才不得已而許之。中國工業所受的壓迫，遂更深一層，想掙扎更難了。然而，中國的民智，卻於甲午之後漸開，經營的能力，自亦隨之而俱進。近數十年來，新興的工業，亦非少數，惜乎興起之初，未有通盤計畫，而任企業之家人自為戰，大多數都偏於沿江沿海。民國二十六年戰事起後，被破壞的，竟達百分之七十。這亦是一個很大的創傷。然則因此：（一）內地的寶藏，獲得開發，交通逐漸便利；（二）全盤的企業，可獲得一整個的計畫，非復枝枝節節而為之；（三）而政治上對於實業的保障，如關稅壁壘等，亦將於戰後獲得一條出路。因禍而為福，轉敗而為功，就要看我們怎樣盡力奮鬥了。

　　商業當興起時，和後來的情形大不相同。《老子》說：「郅治之極，鄰國相望，雞犬之聲相聞，民各甘其食，美其服，安其俗，樂其業，至老死不相往來。」這是古代各部族最初孤立的情形。到後來，文化逐漸進步，這種孤立狀況，也就逐漸打破了。然而此時的商人，並非各自將本求利，乃是為其部族做交易。部族是主人，商人只是夥友，盈虧都由部族擔負，商人只是替大眾服務而已。此時的生意，是很難做的。我們所要的東西，哪一方面有？哪一方面價格低廉？與人交換的東西，哪一方面要？哪一方面價格高昂？都非如後世的易於知道。而重載往來，道途上且須負擔危險。商人竭其智力，為大眾服務，實在是很可敬佩的。而商人的才智，也特別高。如鄭國的弦高，能卻秦師，即其一證（《左傳·僖公三十三年》）。此等情形，直到東西周之世，還有遺留。《左傳·昭公十六年》，鄭國的子產，對晉國的韓宣子說：「昔我先君桓公，與商人皆出自周。庸次比耦，以艾殺此地，斬之蓬蒿藜藋而共處之。」開國之初，

所以要帶著一個商人走，乃是因為草創之際，必要的物品難免缺乏，庚財（見第五章）、乞糴，都是不可必得的。在這時候，就非有商人以濟其窮不可了。衛為狄滅，文公立國之後，要注意於通商（《左傳・閔公二年》），亦同此理。

這種商人，真正是消費者和生產者的朋友。然而因為社會組織的變遷，無形之中，卻逐漸變做他們的敵人而不自知了。因為交換的日漸繁盛，各部族舊有的經濟組織遂不復合理，而逐漸地遭遇破壞。舊組織既破壞，而無新組織起而代之，人遂不復能更受社會的保障，其作業，亦非為社會而作，於是私產制度興起了。在私產制度之下，每個個人的生活，是要自己設法的。然而，必不能物物皆自為而後用之。要用他人所生產的東西，只有掠奪和交換兩種方法。掠奪之法，是不可以長久的，於是交易大盛。然而此時的交易，非復如從前行之於團體與團體之間，而是行之於團體之內的，人人直接交易，未免不便，乃漸次產生居間的人。一方面買進，一方面賣出，遂成為現在的所謂商業。非交易不能生活，非藉居間的人不能交易，而商業遂穩操社會經濟的關鍵。在私產制度之下，人人的損益都是要自己打算的。各人盡量尋求自己的利益。而生產者要找消費者，消費者要找生產者極難，商人卻處於可進可退的地位，得以最低價（只要生產者肯忍痛賣）買進，最高價（只要消費者能夠忍痛買）賣出，生產者和消費者，都無如之何。所以在近代工業資本興起以前，商人在社會上，始終是一個優勝的階級。

商業初興之時，只有現在所謂定期貿易。《易經・繫辭傳》說：神農氏「日中為市，致天下之民，聚天下之貨，交易而退，各得其所」，就指示這一事實的。此等定期貿易，大約行之於農隙之時，收成之後。所以《書經・酒誥》說：農功既畢，「肇牽車牛遠服賈」。《禮記・郊特牲》說：「四方年不順成，八蠟不通」；「順成之方，其蠟乃通」（蠟祭是行於

十二月的。因此，舉行定期貿易）。然而不久，經濟愈形進步，交易益見頻繁，就有常年設肆的必要了。這種商肆，大者設於國中，即《考工記》所說「匠人營國，面朝後市」。小者則在野田墟落之間，隨意陳列貨物求售，此即《公羊》何《注》所謂「因井田而為市」（〈宣公十五年〉）。《孟子》所謂「有賤丈夫焉，必求龍斷而登之」，亦即此類，其說已見第八章了。《管子‧乘馬篇》說：「聚者有市，無市則民乏。」可見商業和人民的關係，已密接而不可分離了。

　　古代的大商人，國家管理之頗嚴，《管子‧揆度篇》說：「百乘之國，中而立市，東西南北，度五十里。」千乘之國，萬乘之國，也是如此。這是規定設市的地點的。《禮記‧王制》列舉許多不鬻於市的東西，如圭璧金璋、命服命車、宗廟之器、犧牲、錦文珠玉成器，是所以維持等級制度的。奸色亂正色，衣服飲食，是所以矯正人民的生活軌範的。布帛精粗不中度，幅廣狹不中量，五穀不時，果實未熟，木不中伐，禽獸魚鱉不中殺，是所以維持社會的經濟制度，並保障消費人的利益的。總之，商人的交易，受著干涉的地方很多。《周禮》司市以下各官，則是所以維持市面上的秩序的。我們可以想見，在封建制度之下，商人並不十分自由。封建政體破壞了，此等規則，雖然不能維持，但市總還有一定的區域。像現在通衢僻巷，到處可以自由設肆的事，是沒有的。北魏胡靈後時，稅入市者人一錢，即其明證。《唐書‧百官志》說：「市皆建標築土為候。凡市日，擊鼓三百以會眾，日入前七刻，擊鉦三百而散。」則市之聚集，仍有定期，更無論非市區了。現在設肆並無定地，交易亦無定時，這種情形，大約是唐中葉以後逐漸興起的。看宋朝人所著的《東京夢華錄》（孟元老著）、《武林舊事》（周密著）等書可見。到這地步，零售商逐漸增多，商業和人民生活的關係，亦就更形密切了。

　　商業初興時，所運銷的還多數是奢侈品，所以專與王公貴人為緣。子

貢結駟連騎，束帛之幣，以聘享諸侯（《史記·貨殖列傳》），晁錯說漢朝的商人，「交通王侯，力過吏勢」（《漢書·食貨志》）。即由於此。此等商人，看似勢力雄厚，其實和社會的關係是比較淺的。其廁身民眾之間，做屯積和販賣的工作的，則看似低微，而其和社會的關係反較密切。因為這才真正是社會經濟的關鍵。至於古代的賤視商人，則一因封建時代的人重視掠奪，而賤視平和的生產事業。二因當時的商業，多使賤人為之。如刁間收取桀黠奴，使之逐漁鹽商賈之利是（《史記·貨殖列傳》）。這種風氣，以兩漢時代為最甚。後世社會階級，漸漸平夷，輕視商人，亦就不如此之甚了。抑商則另是一事。輕商是賤視其人，抑商則敵視其業。因為古人視商業為末業，以為不能生利，又因其在社會上是剝削階級。然抑商的政令，在事實上並不能減削商人的勢力。

國際間的貿易，自古即極興盛。因為兩國或兩民族，地理不同，生產技術不同，其需要交易，實較同國同族人為尤甚。試觀《史記·貨殖列傳》所載，凡和異國異族接境之處，商務無不興盛（如天水、隴西、北地、上郡、巴、蜀、上穀至遼東等），便可知道。漢朝尚絕未知西域為何地，而邛竹杖、蜀布即已遠至其地，商人的輾轉販運，其能力亦可驚異了。〈貨殖傳〉又說：番禺為珠璣、瑇瑁、果、布之湊。這許多，都是後來和外洋互市的商品（布當即棉布）。可知海路的商業，發達亦極早。中國和西域的交通，當分海陸兩路。以陸路論：《漢書·西域傳》載杜欽諫止遣使報送罽賓使者的話，說得西域的路，阻礙危險，不可勝言，而其商人，竟能冒險而來。以海路論，《漢書·地理志》載中國人當時的海外航線，是自廣東的徐聞出發。所經歷的地方，雖難悉考，其終點黃支國，據近人所考證，即是印度的建志補羅（馮承鈞《中國南洋交通史》上編第一章）。其後大秦王安敦，自日南徼外遣使通中國，為中歐正式交通之始。

兩晉南北朝之世，中國雖然喪亂，然而河西、交、廣，都使用金銀。

當時的中國，是並不以金銀為貨幣的，獨此兩地金銀獲有貨幣的資格，即由於與外國通商之故。可見當中國喪亂時，中外的貿易，依然維持著。承平之世，特別如唐朝、元朝等，疆域擴張，聲威遠播之時，更不必說了。但此時所販運的總帶有奢侈品性質（如香藥、寶貨便是，參看第八章）。對於普通人民的生活，關係並不深切。到近代產業革命以後，情形就全不相同了。

第十一章　實業

第十二章　貨幣

第十二章　貨幣

　　交換是現代社會重要的經濟機構，貨幣則是交換所藉之以行的。所以貨幣制度的完善與否，和經濟的發達、安定，都有很大的關係。中國的貨幣制度，是不甚完善的，這是因為中國的經濟學說，注重於生產消費，而不甚注重於交換，於此部分，缺乏研究。又疆域廣大，各地方習慣不同，而行政的力量甚薄，不能控制之故。

　　中國古代，最普遍的貨幣，大約是貝。所以凡貨財之類，字都從貝，這是捕魚的民族所用。亦有用皮的，所以國家以皮幣行聘禮、婚禮的納征，亦用鹿皮，這當是遊獵民族所用。至農耕社會，才普遍使用粟帛。所以《詩經》說「握粟出卜」，又說「抱布貿絲」。珠玉金銀銅等，都是貴族所需要。其中珠玉之價最貴，金銀次之，銅又次之，所以《管子》說：「以珠玉為上幣，黃金為中幣，刀布為下幣。」（〈國蓄〉）。

　　古代的銅價，是比較貴的。《史記·貨殖列傳》、《漢書·食貨志》說當時的糶價，都是每石自二十文至八十文。當時的衡量，都約等於現代五分之一，即當時的五石，等於現在的一石（當時量法用斛，衡法稱石，石與斛的量，大略相等）。其價為一百文至四百文。漢宣帝時，穀石五錢，則現在的一石穀只值二十五文。如此，零星貿易，如何能用錢？所以孟子問陳相：許行的衣冠械器，從何而來？陳相說：都是以粟易之（〈滕文公上篇〉）。而漢朝的賢良文學，說當時買肉吃的人，也還是「負粟而往，易肉而歸」（《鹽鐵論·散不足篇》）。可見自周至漢，銅錢的使用並不十分普遍。觀此，才知道古人所以有許多主張廢除貨幣的。若古代的貨幣使用，其狀況一如今日，則古人即使有這主張，亦必審慎考慮，定有詳密的辦法，然後提出，不能說得太容易了。自周至漢，尚且如此，何況夏殷以前？

　　所以《說文》說：「古者貨貝而寶龜，周而有泉，至秦廢貝行錢。」《漢書·食貨志》說貨幣的狀況：「自夏殷以前，其詳靡記」，實在最為確

實。《史記・平準書》說：「虞夏之幣，金為三品：或黃，或白，或赤，或錢，或布，或刀，或龜貝。」〈平準書〉本非《史記》原文，這數語又附著篇末，其為後人所纂入，不待言而可明瞭。《漢書・食貨志》又說：「太公為周立九府圜法。黃金方寸而重一斤。錢圜函方（函即俗話錢眼的眼字），輕重以銖。布帛廣二尺二寸為幅，長四丈為匹。大公退，又行之於齊。」按《史記・貨殖列傳》說：「管子設輕重九府。」《管晏列傳》說：「吾讀管氏〈牧民〉、〈山高〉、〈乘馬〉、〈輕重〉、〈九府〉」，則所謂九府圜法，確是齊國的制度，但其事起於何時不可知。說是太公所立，已嫌附會，再說是太公為周所立，退而行之於齊，就更為無據了。古代的開化，東方本早於西方。齊國在東方，經濟最稱發達，較整齊的貨幣制度，似乎就是起於齊國的。《管子・輕重》諸篇，多講貨幣、貨物相權之理，可見其時貨幣的運用，已頗靈活。《管子》雖非管仲所著，卻不能不說是齊國的書。《說文》說周而有泉，可見銅錢的鑄造，是起於周朝，而逐漸普遍於各地方的。並非一有銅錢，即各處普遍使用。

　　古代的銅錢，尚且價格很貴，而非普通所能使用，何況珠玉金銀等呢？這許多東西，何以會與銅錢並稱為貨幣？這是因為貨幣之始，乃是用之於遠方，而與貴族交易的。《管子》說：「玉起於禺氏，金起於汝漢，珠起於赤野。東西南北，距周七千八百里（《通典》引作七八千里）。水絕壤斷，舟車不能通。先王為其途之遠，其至之難，故托用於其重。」（〈國蓄〉）又說：「湯七年旱，禹五年水，湯以莊山之金，禹以曆山之金鑄幣，而贖人之無賣子者。」（〈山權數〉）此等大批的買賣，必須求之於貴族之家，因為當時只有貴族才會有大量的穀物儲存（如〈山權數篇〉又言丁氏之家粟，可食三軍之師）。於此，可悟古代商人，多與貴族交接之理，而珠玉金銀等的使用，亦可無疑義了。珠玉金銀等，價均太貴，不適宜於普通之用。只有銅，價格稍賤，而用途極廣，是普通人所寶愛，而亦

是其所能使用的，銅遂發達而成普通的貨幣，具有鑄造的形式。其價值極貴的，則漸以黃金為主，而珠玉等都被淘汰。

　　錢圜函方，一定是取象於貝的。所以錢的鑄造，最初即具有貨幣的作用。其為國家因民間慣用貝，又寶愛銅，而鑄作此物，抑為民間自行製造，不可知。觀《漢書》「輕重以銖」四字，可見齊國的銅錢，輕重亦非一等。限制其輕重必合於銖的整數，正和限制布帛的長闊一樣。則當時的錢，種類似頗複雜。觀此，銅錢的鑄造，其初似出於民間，若原出國家，則必自始就較整齊了。此亦可見國家自能發動的事情，實在很少，都不過因社會固有的事物從而使之整齊罷了。到貨幣廣行以後，大量的鑄造，自然是出於國家，因為非國家不能有這麼大量的銅。但這只是事實如此。貨幣不可私鑄之理，在古代，似乎不甚明白的，所以漢文帝還放民私鑄。

　　《漢書・食貨志》說：「秦並天下，幣為二等。黃金以鎰為名，上幣。銅錢質如周錢，文曰半兩，重如其文。而珠玉龜貝銀錫之屬，為器飾寶藏，不為幣，然各隨時而輕重無常。」可見當時的社會，對於珠玉、龜貝、銀錫等都雜用為交易的媒介，而國家則於銅錢之外只認黃金。這不可謂非幣制的一個進化。

　　〈食貨志〉又說，漢興，以為秦錢重，難用，更令民鑄莢錢。〈高后本紀〉：二年，行八銖錢。應劭曰：「本秦錢，質如周錢，文曰半兩，重如其文，即八銖也。漢以其太重，更鑄莢錢，今民間名榆莢錢是也。民患其太輕，至此復行八銖錢。」六年，行五分錢。應劭曰：「所謂莢錢者，文帝以五分錢太輕小，更作四銖錢，文亦曰半兩。今民間半兩錢最輕小者是也。」按既經鑄造的銅錢，自與生銅不同，但幾種貨幣雜行於市，民必信其重者，而疑其輕者；信其鑄造精良者，而疑其鑄造粗惡者；這是無可如何之事。古代貨幣，雖有多種並行，然而其價格，隨其大小而不齊，則彼此不會互相驅逐。今觀《漢書・食貨志》說：漢行莢錢之後，米至石萬

錢，馬至匹百金。漢初雖有戰爭，並未至於白骨蔽野，千里無人煙，物價的昂貴，何得如此？況且物價不應同時並漲；同時並漲，即非物價之漲，而為幣價之跌，其理甚明。古一兩重二十四銖。八銖之重，只得半兩錢三分之二；四銖只得三分之一；而其文皆曰半兩，似乎漢初貨幣，不管其實重若干，而強令其名價相等。據此推測，漢初以為秦錢重難用，似乎是一個藉口，其實是藉發行輕貨以為籌款之策的。所以物價因之增長。其時又不知貨幣不可私鑄之理。文帝放民私鑄，看《漢書》所載賈誼的奏疏，其詒害可謂甚烈。漢武帝即位後，初鑄三銖錢。又鑄赤仄；又將鹿皮造成皮幣；又用銀錫造作白金三等。紛擾者久之。

後來乃將各種銅錢取消，專鑄五銖錢。既禁民私鑄，並不許郡國鑄造，而專令上林三官鑄（謂水衡都尉屬官均官、鐘官、辨銅三令丞），無形中暗合貨幣學理。幣制至此，始獲安定。直至唐初，才另鑄開元通寶錢。自此以前，歷朝所鑄的錢，都以五銖為文，五銖始終是最得人民信用的錢。

漢自武帝以後，幣制是大略穩定的。其間唯王莽一度改變幣制，為五物、六名、二十八品（金、銀、龜、貝、錢、布為六名。錢布均用銅，故為五物。其值凡二十八等），然而旋即過去。至後漢光武，仍恢復五銖錢。直至漢末，董卓壞五銖錢，更鑄小錢，然後錢法漸壞。自此經魏、晉、南北朝，政治紊亂，幣制迄未整飭。其中最壞的，如南朝的鵝眼、環錢，至於「入水不沉，隨手破碎」。其時的交易，則多用實物做媒介。和外國通商之處，則或兼用金銀。如《隋書·食貨志》說：梁初，只有京師及三吳、荊、郢、江、襄、梁、益用錢。其餘州郡，則雜以穀帛。交廣全用金銀。又說：陳亡之後，嶺南諸州，多以錢米布交易。河西諸郡，或用西域金銀之錢，都是。直到唐初，鑄開元通寶錢，幣制才算復一整理，然而不久私鑄即起。

第十二章　貨幣

　　用金屬做貨幣，較之珠玉布帛等，固然有種種優點，但亦有兩種缺點。其一是私銷私鑄的無法禁絕。私鑄，舊說以「不愛銅不惜工」敵之。即是使鑄造的成本高昂，私鑄無利可圖。但無嚴切的政令以輔之，則惡貨幣驅逐良貨幣，既為經濟上不易的原則，不愛銅，不惜工，亦徒使國家增加一筆銷耗而已。至於私銷，則簡直無法可禁。其二為錢之不足於用。社會經濟，日有進步，交易必隨之而盛。交易既盛，所需的籌碼必多。然而銅屬於天產物，開礦又極勞費，其數不能驟增。這是自然的原因。從人為方面論，歷代亦從未注意於民間貨幣的足不足，而為之設法調劑，所以貨幣常感不足於用。南北朝時，雜用實物及外國貨幣，幣制的紊亂，固然是其一因，貨幣數量的缺乏，怕亦未嘗非其一因。此等現象，至唐代依然如故。玄宗開元二十二年，詔莊宅口馬交易，並先用絹布綾羅絲綿等。其餘市買，至一千以上，亦令錢物並用。違者科罪。便是一個證據。在這個時代，紙幣遂應運而生。

　　紙幣的前身是飛錢。《唐書・食貨志》說：「貞元時，商賈至京師，委錢諸道進奏院及諸軍諸使富家，以輕裝趨四方，合券乃取之，號飛錢。」這固然是匯兌，不是紙幣。然則紙幣就因之而產生了。《文獻通考・錢幣考》說：「初蜀人以鐵錢重，私為券，謂之交子，以便貿易。富人十六戶主之。其後富人稍衰，不能償所負，爭訟數起。寇瑊嘗守蜀，乞禁交子。薛田為轉運使，議廢交子則貿易不便，請官為置務，禁民私造。詔從其請。置交子務於益州。」《宋史・薛田傳》說：「未報，寇瑊守益州，卒奏用其議。蜀人便之。」〈食貨志〉說真宗時，張詠鎮蜀，患蜀人鐵錢重，不便貿易，設質劑之法。一交一緡，以三年為一界而換之，六十五年為二十二界。謂之交子。富民十六戶主之。三說互歧，未知孰是。總之一交一緡，以三年為一界，總是事實。一交為一緡，則為數較小，人人可以使用。以三年為一界，則為時較長，在此期間，即具有貨幣的效用，真可

謂之紙幣，而非復匯兌券了。然而云廢交子則貿易不便，則其初，亦是以搬運困難，而圖藉此以省費的。其用意，實與飛錢相類。所以說紙幣是從匯兌蛻化而出的。

交子務既由官置，交子遂變為官發的紙幣。神宗熙寧間，因河東苦鐵錢，置務於潞州。後又行之於陝西。徽宗崇甯時，蔡京又推行之於各處。後改名為錢引。其時，唯閩、浙、湖、廣不行。推行的區域，已可謂之頗廣了。此種紙幣，系屬兌換性質。必須可兌現錢，然後能有信用。然當時已有濫發之弊。徽宗時，遂跌至一緡僅值錢數十。幸其推行的範圍雖廣，數量尚不甚多，所以對於社會經濟，沒有發生很大的影響。南宋高宗紹興元年，令榷貨務造關子。二十九年，戶部始造會子。仍以三年為一界，行至十八界為止。第十九界，賈似道仍改造關子。南宋的交子，有展限和兩界並行之弊，因之各界價格不等。甯宗嘉定四年，遂令十七、十八兩界，更不立限，永遠行使。這很容易導致跌價。然而據《宋史‧食貨志》：度宗咸淳四年，以近頒關子，貫作七百七十文足；十八界會子，貫作二百五十七文足；三准關子一，同現錢行使。此時宋朝已近滅亡，關子僅打七七折，較諸金朝，成績好得多了。

金朝的行紙幣，始於海陵庶人貞元二年。以一貫、二貫、三貫、五貫、十貫為大鈔，一百、二百、三百、五百、七百為小鈔。當時說是銅少的權制。但開礦既非易事，括民間銅器以鑄，禁民間私藏銅器及運銅器出境，都是苛擾的事。鑄錢因此不易積極進行。當時亦設有鑄錢的監，乃多毀舊錢以鑄。新錢雖然鑄出，舊錢又沒有了。既然錢鈔並行，循惡貨幣驅逐良貨幣的法則，人民勢必將現錢收藏，新鑄的錢，轉瞬即行匿跡。因此，銅錢永無足時，紙幣勢必永遠行使。然使發行得法，則紙幣與銅錢並行，本來無害，而且是有益的。所以《金史‧食貨志》說：章宗即位之後，有人要罷鈔法。有司說：「商旅利其致遠，往往以錢買鈔。公私俱

便之事，豈可罷去？」這話自是事實。有司又說：「止因有厘革之限，不能無疑。乞削七年厘革之限，令民得常用。」（歲久字文磨滅，許於所在官庫納舊換新，或聽便支錢）做〈食貨志〉的人說：「自此收斂無術，出多入少，民浸輕之。」其實收斂和厘革，當屬於兩件事。苟能審察經濟情形，不至濫發，雖無厘革之限何害？若要濫發，即有厘革之限，又何難擴充其每界印造之數，或數界並行呢？所以章宗時的有司，實在並沒有錯。而後來的有司，「以出鈔為利，收鈔為諱」，卻是該負極大責任的。平時已苦鈔多，宣宗南遷以後，更其印發無限。貞祐二年，據河東宣撫使胥鼎說，遂致每貫僅值一文。

鈔法崩潰至此，業已無法挽救。銅錢則本苦其少，況經紙幣驅逐，一時不能復出。銀乃乘機而興。按金銀用為交易的媒介，由來已久，讀前文所述可見。自經濟進步以後，銅錢既苦於其少，又苦於運輸的困難，當這時候，以金銀與銅相輔而行，似極便利。然而自金末以前，訖未有人想到這個辦法，這是什麼原因呢？原來貨幣是量物價的尺。尺是可有一，不可有二的。既以銅錢為貨幣，即不容銅錢之外更有他種貨幣。廢銅錢而代以金銀，固然無此情理。將金銀亦鑄為貨幣，與銅錢嚴定比價，這是昔人想不到的。如此，金銀自無可做貨幣的資格了。

質疑者或許要說：從前的人，便沒有專用銅錢。穀物布帛等，不都曾看作貨幣的代用品嗎？這話固然不錯，然而在當時，金銀亦何嘗不是貨幣的代用品。不過其為用，不如穀物布帛的普遍罷了。金銀之用，為什麼不如穀帛的普遍？須知價格的根源生於價值，金銀在現今所以為大眾所歡迎，是因其為交換之媒介既廣且久，大家對它都有一種信心，拿出去就什麼東西可以換到。尤其是現今世界各國，雖然都已用紙，而仍多用金銀為準備。金銀換到貨幣最為容易，且有定價，自然為人所歡迎。這是貨幣制度替金銀造出的價值，並不是金銀本身自有價值。假使現在的貨幣都不

用金銀做準備，人家看了金銀，也不當它直接或間接的貨幣，而只當它是貨物。真要使用它的人，才覺得它有價值。如此，金銀的價值必會縮小；要它的人亦必定減少；金銀的用途，就將大為限縮了。如此，便可知道自金末以前，為什麼中國人想不到用金銀做貨幣。因為價格生於價值，其物必先有人要，然後可做交易的媒介，而金銀之為物，在從前是很少有人要的。因為其為物，對於多數人是無價值（金銀本身之用，不過製器具，供玩好，兩者都非通常人所急）。

到金朝末年，經濟的情形，又和前此不同了。前此貨幣紊亂之時，是以惡的硬幣驅逐良的硬幣。此時則是以紙幣驅逐硬幣。漢時錢價甚昂，零星交易，並不用錢，已如前述。其後經濟進步，交易漸繁，貨幣之數，勢必隨公鑄私造而加多。貨幣之數既多，其價格必日跌。於是零星貿易，漸用貨幣，大宗支付，轉用布帛。銅錢為紙幣驅逐以盡，而紙幣起碼是一百文，則零星貿易，無物可用了。勢不能再回到古代的以粟易之，而布帛又不可尺寸分裂，乃不得已而用銀。所以銀之起，乃是所以代銅錢供零星貿易之用的，並非嫌銅錢質重值輕，而是用之以圖儲藏和運輸之便。所以到清朝，因鑄錢的勞費，上諭屢次勸人民兼用銀兩，人民總不肯聽。這個無怪其然。因為他們心目之中，只認銅錢為貨幣。儲藏了銀兩，銀兩對銅錢漲價，固然好了，對銅錢跌價，他們是要認為損失的。他們不願做這投機事業。

到清末，要以銀為主幣，銅為輔幣，這個觀念，和普通一般人說明，還是很難的。因為他們從不了解有兩種東西可以同時並認為貨幣。你對他說：以銀為主幣，銅為輔幣，這個銅幣，就不該把它看作銅，也不該把它看作銅幣，而該看作銀圓的幾分之幾，他們亦很難了解。這似乎是他們的愚笨，其實他們的意見是對的。因為既不看作銅，又不看作銅幣，那麼，為什麼不找一種本無價值的東西來做銀圓的代表，而要找銅幣呢？銅的

本身是有價值的，因而是有價格的，維持主輔幣的比價，雖屬可能，究竟費力。何不用一張紙，寫明銅錢若干文，派它去充個代表，來得直捷痛快呢？他們的意見是對的，他們並且已經實行了，那便是飛錢交子等物。這一種事情，如能順利發達，可使中國貨幣的進化早了一千年。因為少數的交易用銅錢，多數的授受，嫌錢笨重的，則以紙做錢的代表。如此，怎樣的巨數，亦可以變為輕齎，而伸縮又極自由，較之用金銀，實在合理得許多。而惜乎國家攫取其發行之權，以濟財政之急，把這個自然而合理的進化拗轉了。

　　於此，又可知道紙幣之弊，黃金為什麼不起而代之，而必代之以銀。從前的人，都說古代的黃金是多的，後世卻少了，而歸咎於佛事的消耗（顧炎武《日知錄》，趙翼《廿二史劄記》，《陔餘叢考》，都如此說），其實不然。王莽敗亡時，省中黃金萬斤為一匱者，尚有六十匱，其數為六十萬斤。古權量當今五之一，則得今十二萬斤，即一百九十二萬兩。中國人數，號稱四萬萬，女子當得半數。通常有金飾的，以女子為多，假使女子百人之中，有一人有金飾，其數尚不及一兩。現在民間存金之數，何止如此？《齊書·東昏侯紀》，謂其「後宮服御，極選珍奇。府庫舊物，不復周用。貴市民間，金銀寶物，價皆數倍，京邑酒租，皆折使輸金，以為金塗」。這幾句話，很能說明歷史記載古代金多，後世金少的原因。古代人民生活程度低，又封建之世，服食器用，皆有等差，平民不能僭越。珠玉金銀等，民間收藏必極少。這個不但金銀如此，怕銅亦是如此。秦始皇的銷兵，人人笑其愚笨，然而漢世盜起，必劫庫兵。後漢時羌人反叛，因歸服久了，無復兵器，多執銅鏡以象兵。可見當時民間兵器實不多。不但兵器不多，即銅亦不甚多。所以賈誼整理幣制之策，是「收銅勿令布」。若銅器普遍於民間，亦和後世一樣，用什麼辦法收之勿令布呢？銅尚且如此，何況金銀？所以古代所謂金多，並非金真多於後世，乃是以聚

而見其多。後世人民生活程度漸高，服食器用，等差漸破；以朝廷所聚之數，散之廣大的民間，就自然不覺其多了。

　　讀史的人，恆不免為有明文的記載所蔽，而忽略於無字句處。我的這種說法，一定有人不信。因為古書明明記載漢時黃金的賞賜，動輒數十斤數百斤，甚且有至數千斤的，如何能不說古代的黃金多於後世呢？但是我有一個證據，可以折服他。王莽時，黃金一斤直錢萬，朱提銀八兩為一流，直錢一千五百八十，他銀一流直錢千，則金價五倍於銀。《日知錄》述明洪武初，金一兩等於銀五兩，則金銀的比價，漢末與明初相同。我們既不見古書上有大量用銀的記載，亦不聞佛法輸入以後銀有大量的消耗，然則古書所載黃金大量使用之事，後世不見，並非黃金真少，只是以散而見其少，其事了然可見了。大概金銀的比價，在前代，很少超過十倍的。然則在金朝末年，社會上白銀固多，黃金亦不甚少。假使用銀之故，是嫌銅幣的笨重，而要代之以質小值巨之物，未嘗不可舍銀而取金，至少可以金銀並用。然而當時絕不如此。這明明由於銀之起，乃所以代銅錢，而非以與銅錢相權，所以於金銀兩者之中，寧取其價之較低者。於此，可見以金銀銅三品，或金銀二品，或銀銅二品為貨幣，並非事勢之自然。自然之勢，是銅錢嫌重，即走向紙幣一條路的。

　　金銀兩物，舊時亦皆鑄有定形。《清文獻通考》說：「古者金銀皆有定式，必鑄成幣而後用之。顏師古注《漢書》，謂舊金雖以斤為名，而官有常形制，亦猶今時吉字金錠之類。武帝欲表祥瑞，故改鑄為麟趾蹄之形，以易舊制。然則麟趾蹄，即當時金幣式也。漢之白選與銀貨，亦即銀幣之式。《舊唐書》載內庫出方圓銀二千一百七十二兩，是唐時銀亦皆系鑄成。」按金屬貨幣之必須鑄造，一以保證其成色，一亦所以省秤量之煩。古代金銀雖有定形，然用之必仍以斤兩計，似乎其分量的重輕，並無一定。而其分量大抵較重，尤不適於零星貿易之用。《金史‧食貨

志》說：「舊例銀每錠五十兩，其直百貫。民間或有截鑿之者，其價亦隨低昂。」每錠百貫，其不能代銅錢可知。章宗承安二年，因鈔法既敝，乃思乞靈於銀。改鑄銀，名承安寶貨。自一兩至十兩，分為五等。每兩折鈔二貫。公私同見錢行使，亦用以代鈔本。後因私鑄者多，雜以銅錫，浸不能行。五年，遂罷之。宣宗時，造貞祐寶券及興定寶泉，亦皆與銀相權。然而民間但以銀論價。於是限銀一兩，不得超過寶泉三百貫（按寶泉法價，每二貫等於銀一兩）。物價在三兩以下者，不許用銀。以上者三分為率，一分用銀，二分用寶泉。此令既下，「商旅不行，市肆晝閉」，乃復取消。至哀宗正大間，民間遂全以銀市易。《日知錄》說：「此今日上下用銀之始。」其時正值無錢可用的時候，其非用以與錢相權，而是以之代錢，顯然可見了。

　　元明兩朝，當開國之初，都曾躊躇於用錢、用鈔之間。因銅的缺乏，卒仍捨錢而用鈔。元初有行用鈔，其制無可考。世祖中統元年，始造交鈔，以絲為本。是年十月，又造中統寶鈔。分十、二十、三十、五十、一百、二百、五百、一貫、二貫（此據〈食貨志〉。《王文統傳》云：中統鈔自十文至二貫凡十等。疑〈食貨志〉奪三百一等）。每一貫同交鈔一兩，兩貫同白銀一兩。又以文綾織為中統銀貨，分一兩、二兩、三兩、五兩、十兩五等。每兩同白銀一兩，未曾發行。至元十二年，添造釐鈔，分一文、二文、三文三等。十五年，以不便於民罷。二十四年，造至元鈔，自二貫至五文，凡十一等。每一貫當中統鈔五貫，二貫等於銀一兩，二十貫等於金一兩。武宗至大二年，以物重鈔輕，改造至大銀鈔。自二兩至二厘，共十三等。每一兩准至元鈔五貫，白銀一兩，赤金一錢。仁宗即位，以倍數太多，輕重失宜，罷至大銀鈔，其中統、至元二鈔，則終元世常行。

　　案元朝每改鈔一次，輒准舊鈔五倍，可見當其改鈔之時，即是鈔價跌至五分之一之時。貨幣跌價，自不免影響於民生。所以「實鈔法」實在是

當時的一個大問題。元初以絲為鈔本，絲價漲落太大，用作鈔本，是不適宜的。求其價格變動較少的，自然還是金屬。金屬中的金銀，都不適於零星貿易之用。厘鈔及十文、五文之鈔，行用亦實不適宜。所以與其以金銀為鈔本，實不如以銅錢為鈔本。元朝到順帝至正年間，丞相脫脫才有此議。下詔：以中統鈔一貫，權銅錢一千，准至元鈔二貫。鑄至正通寶錢，與歷代銅錢並用，這實在是一個賢明的辦法。然而因海內大亂，軍儲賞犒，每日印造，不可數計。遂至「交料散滿人間」，「人視之若敝楮」了。明初，曾設局鑄錢。至洪武七年，卒因銅之不給，罷鑄錢局而行鈔。大明寶鈔，以千文準銀一兩，四貫準黃金一兩。後因鈔價下落，屢次鬻官物，或稅收限定必納寶鈔以收鈔，然則終於不能維持。至宣宗宣德三年，遂停止造鈔。其時增設新稅，或加重舊稅的稅額，專收鈔而焚之。鈔法既平之後，有些新稅取消，稅額復舊，有的就相沿下去了。鈔關即是其中之一。自此租稅漸次普遍收銀，銀兩真成為通用的貨幣了。

　　主幣可以用紙，輔幣則必須用金屬。因其授受繁，紙易敝壞，殊不經濟。所以以銅錢與紙幣並行，實最合於理想。元明兩朝，當行鈔之時，並不鑄錢。明朝到後來，鑄錢頗多，卻又並不行鈔了，清朝亦然。順康雍乾四朝，頗能實行昔人不愛銅、不惜工之論。按分厘在古代，本是度名而非衡名。衡法以十黍為累，十累為銖，二十四銖為兩。因其非十進，不便計算，唐朝鑄開元通寶錢，乃以一兩的十分之一，即二銖四累，為其一個的重量。宋太宗淳化二年，乃改衡法。名一兩的十分之一為一錢，一錢的十分之一為一分，一分的十分之一為一厘。錢即是以一個銅錢之重為名。分厘之名，則是借諸度法的。依照歷朝的成法，一個銅錢，本來只要重一錢。順康雍乾四朝所鑄，其重量卻都超過一錢以上，鑄造亦頗精工，可謂有意於整頓幣制了。惜乎於貨幣的原理未明，所以仍無成效可見。

　　怎樣說清朝的貨幣政策不合貨幣原理呢？一是貨幣最宜舉國一律。

這不是像郵票一般，過了若干時間，就不復存在的。所以郵票可以花樣翻新，貨幣則不宜然。此理在唐朝以前，本來明白。所以漢朝的五銖錢，最得人民信用，自隋以前，所鑄的銅錢，即多稱五銖。唐初改鑄開元通寶，大約是因當時錢法大壞，想與民更始的，揣度當時的意思，或者想以開元為全國唯一通行的錢。所以後世所鑄的錢，仍是開元通寶（高宗的乾封泉寶、肅宗的乾元重寶、重輪乾元等，雖然都冠之以年號，然而皆非小平錢，當時不認為正式的貨幣）。不過，其統一的目的未能達到罷了。宋以後才昧於此理，把歷朝皇帝的年號鑄在銅錢之上。於是換一個皇帝，就可以有一種錢文（年號時有改變，則還可以不止一種）。貨幣形式的不統一，不是事實使然，竟是立法如此了。甚至像明朝世宗，不但鑄嘉靖年號的銅錢，還補鑄前此歷朝未鑄的年號。這不是把銅錢不看作全國的通貨，而看作皇帝一個人的紀念品嗎？若使每朝所鑄的只附鑄一個年號，以表明其鑄造的年代，而其餘一切，都是一律，這還可以說得過去。而歷代又不能然，清朝亦是如此。且歷朝所鑄的銅錢，重量時有出入，這不是自己先造成不統一嗎？

　　二是雖然如此，但得所鑄的錢，不至十分惡劣，則在專制時代，即但以本朝所鑄之錢為限，而禁絕其餘的惡薄者，亦未始不可以小康。此即明代分別製錢和古錢的辦法（明天啟、崇禎間，括古錢以充廢銅，以統一幣制論，實在是對的），但要行此法，有一先決問題，即必須先使貨幣之數足用。若貨幣之數，實在不足於用，交易之間，發生困難，就無論何等惡劣的貨幣，人民也要冒險使用，禁之不可勝禁，添出整理的阻力來了。自明廢除紙幣以後，直至清朝，要把銅錢鑄到人民夠用，是極不容易辦到的。當此之時，最好將紙幣和銅錢相權。而明清皆不知出此，聽任銀銅並行，又不知規定其主輔的關係。在明朝，租稅主於收銀，銅錢時有禁令，人民懷疑於銅錢之將廢，不敢收受，大為銅錢流通之害。清朝則人民認銅

錢為正貨，不願收受銀兩。而政府想要強迫使用，屢煩文告，而卒不能勝。而兩種貨幣，同時並行，還生出種種弊端（如租稅徵收等）。不明經濟原理之害，真可謂生於其心，害於其政了。

外國銀錢的輸入，並不始於近代。《隋書·食貨志》說南北朝時河西、交、廣的情形，已見前。《日知錄》引唐韓愈〈奏狀〉，說五嶺買賣一以銀。元稹奏狀，說自嶺以南，以金銀為貨幣。張籍詩說：「海國戰騎象，蠻州市用銀。」《宋史·仁宗紀》：「景祐二年，詔諸路歲輸緡錢，福建二廣以銀。」《集釋》說：「順治六七年間，海禁未設，市井貿易，多以外國銀錢。各省流行，所在多有。禁海之後，絕跡不見。」這可見外國貨幣之侵入，必限於與外國通商之時及與外國通商之地。前此中外交通，時有絕續；又多限於一隅；所以不能大量侵入。到五口通商以後，情形就大不相同了。外國鑄造的貨幣，使用的便利，自勝於中國秤量的金銀（其秤量之法且不劃一）。外國銀圓，遂滔滔輸入，而以西班牙、墨西哥兩國為多。中國的自鑄，始於光緒十三年（廣東總督張之洞所為）。重量形式，都模仿外國銀圓，以便流通。此時銅錢之數，頗感不足。光緒二十七年，廣東開鑄銅元，因其名價遠超於實價，獲利頗多。於是各省競鑄銅元，以謀餘利，物價為之暴騰，小平錢且為其驅逐以盡，民生大感困苦。光緒三十年，度支部奏釐定幣制，以銀圓為本位貨幣，民國初年仍之。其時孫文創用紙幣之議，舉國的人多不解其理論，非難蜂起。直到最近，國民政府樹立法幣制度，才替中國的貨幣，劃下一個新紀元。

第十二章　貨幣

第十三章　衣食

第十三章　衣食

　　《禮記·禮運》說：「昔者先王未有宮室，冬則居營窟，夏則居橧巢。未有火化，食草木之實、鳥獸之肉，飲其血，茹其毛。未有麻絲，衣其羽皮。後聖有作，然後修火之利。范金合土，以為臺榭、宮室，牖戶。以炮，以燔，以亨，以炙，以為醴酪。治其麻絲，以為布帛。」這是古人總述衣食住的進化的。古代雖無正確的歷史，然而其犖犖大端，應為記憶所能及。又古人最重古，有許多典禮，雖在進化之後已有新的、適用的事物，仍必保存其舊的、不適用的，以資紀念。如已有酒之後，還要保存未有酒時的明水（見下），即其一例。此等典禮的流傳，亦使人容易記憶前代之事。所以《禮運》這一段文字，用以說明古代衣食住進化的情形，是有用的。

　　根據這一段文字，古人的食料共有兩種：即草木之實，與鳥獸之肉，但還漏列了一種重要的魚。古人以魚鱉為常食。《禮記·王制》說：「國君無故不殺牛，大夫無故不殺羊，士無故不殺犬豕。」又說：「六十非肉不飽。」《孟子》說：「雞豚狗彘之畜，無失其時，七十者可以食肉矣。」（〈梁惠王上篇〉）則獸肉為貴者，老者之食。又說：「數罟不入洿池，魚鱉不可勝食也」與「不違農時，穀不可勝食也」並舉。《詩經·無羊篇》：「牧人乃夢，眾維魚矣。大人占之，眾唯魚矣，實維豐年。」鄭《箋》說：「魚者，庶人之所以養也。今人眾相與捕魚，則是歲熟相供養之祥。」《公羊·宣公六年》，晉靈公使勇士殺趙盾。窺其戶，方食魚飧。勇士曰：「嘻！子誠仁人也。為晉國重卿，而食魚飧，是子之儉也。」均魚為大眾之食之徵。這種習慣，亦必自隆古時代遺留下來的。我們可以說：古人主要的食料有三種：（一）在較寒冷或多山林的地方，從事於獵，食鳥獸之肉，飲其血，茹其毛，衣其羽皮；（二）在氣候炎熱、植物茂盛的地方，則食草木之實。衣的原料麻絲，該也是這種地方發明的；（三）在河湖的近旁則食魚。

古代的食物雖然有這三種，其中最主要的，恐怕還是第二種。因為植物的種類多，生長容易。《墨子・辭過篇》說：「古之民，素食而分處。」孫詒讓《閒詁》說：「素食，謂食草木。素，疏之假字。疏，俗作蔬。」按古疏食兩字有兩義：一是穀物粗疏的。二指穀以外的植物。《禮記・雜記》：「孔子曰：吾食於少施氏而飽，少施氏食我以禮。吾祭，作而辭曰：疏食不足祭也。吾飧，作而辭曰：「疏食也，不足以傷吾子。」《疏》曰：「疏粗之食，不可強飽，以致傷害。」是前一義。此所謂疏食，是後一義，因其一為穀物，一非穀物，後來乃加一草字頭，以資區別。《禮記・月令》：仲冬之月，「山林藪澤，有能取蔬食，田獵禽獸者，野虞教道之。其有相侵奪者，罪之不赦」。《周禮》太宰九職，八曰臣妾，聚斂疏材。《管子・七臣七主篇》云：「果蓏素食當十石」，〈八觀篇〉云：「萬家以下，則就山澤。」可見蔬食為古代重要的食料，到春秋戰國時，還能養活很多的人口。

　　至於動物，則其數量是比較少的。飲血茹毛，現在只當作形容野蠻人的話，其實在古代的確是事實。《義疏》引「蘇武以雪雜羊毛而食之」，即其確證。隆古時代，蘇武在北海邊上的狀況，絕不是常人所難於遭遇的。《詩經・豳風》：「九月築場圃。」鄭《箋》云：「耕治之以種菜茹。」《疏》云：「茹者，咀嚼之名，以為菜之別稱，故書傳謂菜為茹。」菜即今所謂蔬，乃前所釋疏食中的第二義。後世的菜，亦是加以選擇，然後種植的，吃起來並不費力。古代的疏食，則是向山林藪澤中隨意取得的野菜，其粗疏而有勞咀嚼，恐怕和鳥獸的毛，相去無幾。這樣的事實，均逼著人向以人工生產食物的一條路上走。以人工生產食料，只有畜牧和耕種兩法。畜牧須有適宜的環境，而中國無廣大的草原（古代黃河流域平坦之地，亦沮洳多沼澤），就只有走向種植一路了。

　　古人在疏食時代的狀況，雖然艱苦，卻替後人造下了很大的福利。因

為所吃的東西多了，所以知道各種植物的性質。中國最古的藥書，名為《神農本草經》。《淮南子·修務訓》說：「神農嘗百草之滋味、水泉之甘苦，一日而遇七十毒。」此乃附會之辭。古所謂神農，乃「農業」兩字之義，並非指姜姓的炎帝其人。《禮記·月令》說「毋發令而待，以妨神農之事」，義即如此。《孟子·滕文公上篇》「有為神農之言者許行」，義亦如此。《神農本草經》乃農家推原草木性味之書，斷非一個人的功績。此書為中國幾千年來藥物學的根本，其發明，全是由於古代的人們所吃的植物種類甚多之故。若照後世人的吃法，專於幾種穀類和菜蔬、果品，即便一萬年，也不會發明什麼《本草》的。

　　一方面因所食之雜，而發現各種植物的性質；一方面即從各種植物中淘汰其不適宜於為食料的，而栽培其宜於作食物的。其第一步，是從各種植物中取出穀類，作為主食品。其第二步，則從穀類之中，再淘汰其粗的，而存留其精的。所以古人說百穀，後來便說九穀，再後來又說五穀。到現在，我們認為最適宜的主食品，只有稻和麥兩種了。《墨子·辭過篇》說：「聖人作，誨男耕稼樹藝，以為民食。其為食也，足以增氣充虛，強體適腹而已矣。」《呂氏春秋·審時篇》說：「得時之稼，其臭香，其味甘，其氣章。百日食之，耳目聰明，心意睿智，四衛變強（《注》：『四衛，四肢也。』）氣不入，身無苛殃。黃帝曰：『四時之不正也，正五穀而已矣。』」觀此，便知農業的發明進步，和人民的營養健康有如何重要的關係了。

　　古人所豢養的動物，以馬、牛、羊、雞、犬、豕為最普通，是為六畜（《周禮》職方氏，謂之六擾。名見鄭《注》）。馬牛都供交通耕種之用，故不甚用為食料。羊的畜牧，需要廣大的草地，也是比較貴重的。雞、犬、豕則較易畜養，所以視為常食。古人去漁獵時代近，男子畜犬的多。《管子·山權數》說：「若歲凶旱、水泆，民失本，則修宮室臺榭，以前

無狗，後無龂者為庸。」可見狗的畜養，和豬一樣普遍。大概在古代，狗是男子所常畜，豬則是女子所畜的。家字從宀從豕，後世人不知古人的生活，則覺得其難於解釋。若知道古代的生活情形，則解釋何難之有？豬是沒有自衛能力的，放浪在外，必將為野獸所吞噬，所以不得不造屋子給牠住。這種屋子，是女子所專有的。所以引申起來，就成為女子的住所的名稱了。《儀禮‧鄉飲酒禮》記：「其牲狗」，《禮記‧昏義》：「舅姑入室，婦以特豚饋。」可見狗是男子供給的肉食，豬是女子供給的肉食。後來肉食可以買賣，男子就有以屠狗為業的了。牛馬要供給交通耕種之用，羊沒有廣大的草地可資放牧，這種情形，後世還是和古代一樣的；狗卻因距離遊獵時代遠，畜養的人少了，豬就成為通常食用的獸。

烹調方法的進步，也是食物進化中一種重要的現象。其根本，由於發明用火。而陶器製造的成功，也是很有關係的。《禮運》云：「夫禮之初，始諸飲食。其燔黍而捭豚，汙尊而抔飲，蕢桴而土鼓，猶若可以致其敬於鬼神。」《注》云：「中古未有釜甑，釋米，捭肉，加於燒石之上而食之耳。今北狄猶然。」此即今人所謂「石烹」。下文的《注》云：「炮，裹燒之也。燔，加於火上。亨，煮之鑊也。炙，貫之火上。」其中只有烹，是陶器發明以後的方法。據社會學家說：陶器的發明，實因燒熟食物時，怕其枯焦，塗之以土，此正鄭《注》所謂裹燒。到陶器發明以後，食物煮熟時，又可加之以水。有種質地，就更易融化。調味料亦可於取熟時同煮。烹調之法，就更易進行了。烹調之法，不但使一其味加美，亦能二殺死病菌，三使食物易於消化，於衛生是很有關係的。

飲食的奢侈，亦是以漸而致的。《鹽鐵論‧散不足篇》：賢良說：「古者燔黍食稗，而燀豚以相饗（燀當即捭字）。其後鄉人飲酒，老者重豆，少者立食，一醬一肉，旅飲而已。及其後，賓昏相召，則豆羹白飯，綦膾熟肉。今民間酒食，殽旅重疊，燔炙滿案。古者庶人糲食藜藿，非鄉飲酒

膢臘，祭祀無酒肉。今閭巷縣伯，阡陌屠沽，無故烹殺，相聚野外，負粟
而往，挈肉而歸。古者不粥飪（當作餁，熟食也）。不市食。及其後，則
有屠沽、沽酒、市脯、魚鹽而已。今熟食遍列，殽旋成市。」可見漢代人
的飲食，較古代為侈。然而《論衡・譏日篇》說：「海內屠肆，六畜死者，
日數千頭。」怕只抵得現在的一個上海市。《隋書・地理志》說：梁州、
漢中的人，「性嗜口腹，多事田漁，雖蓬室柴門，食必兼肉」。其生活程
度，就又非漢人所及了。凡此，都可見得社會的生活程度在無形中逐漸增
高。然而其不平均的程度，亦隨之而加甚。《禮記・王制》說：「三年耕，
必有一年之食；九年耕，必有三年之食。以三十年之通，雖有凶旱水溢，
民無菜色，然後天子食，日舉以樂。」〈玉藻〉說：「至於八月不雨，君不
舉。」〈曲禮〉說：「歲凶，年不順成，君膳不祭肺，馬不食穀，大夫不食
粱，士飲酒不樂。」這都是公產時代同甘共苦的遺規。然而到戰國時，孟
子就以「庖有肥肉，廄有肥馬，民有飢色，野有餓莩」責備梁惠王了。我
們試看《周禮》的〈膳夫〉，《禮記》的〈內則〉，便知道當時的人君和
士大夫的飲食是如何奢侈。「朱門酒肉臭，路有凍死骨；榮枯咫尺異，惆
悵難再述」，正不待盛唐的詩人然後有這感慨了。

　　《戰國・魏策》說：「昔者帝女令儀狄作酒而美，進之禹。禹飲而甘
之，遂疏儀狄，絕旨酒，曰：『後世必有以酒亡其國者。』」昔人據此，
遂以儀狄為造酒的人。然而儀狄只是作酒而美，並非發明造酒。古人所謂
某事始於某人，大概如此。看《世本作篇》，便可知道。酒是要用穀類釀
造的（《儀禮・聘禮》注：「凡酒，稻為上，黍次之，粟次之。」），其發
明，必在農業興起之後。《禮運》說：「汙尊而抔飲。」鄭《注》說：「汙
尊，鑿地為尊也。抔飲，手掬之也。」這明明是喝的水。《儀禮・士昏禮
疏》引此，謂其時未有酒醴，其說良是。《禮運》、《疏》說鑿地而盛酒，
怕就未必然了。〈明堂位〉說：「夏后氏尚明水，殷人尚醴，周人尚酒。」

凡祭祀所尚，都是現行的東西，前一時期的東西。據此，則釀酒的發明，還在夏后氏之先。醴之味較酒為醇，而殷人尚醴，周人尚酒；《周禮》酒正，有五齊、三酒、四飲，四飲最薄，五齊次之，三酒最厚，而古人以五齊祭，三酒飲；可見酒味之日趨於厚。讀《書經》的〈酒誥〉，《詩經》的〈賓之初筵〉等篇，可見古人酒德頗劣。現在的中國人，卻沒有酗酒之習，較之歐美人，要好得多了。

就古書看起來，古人的酒量頗大。《史記·滑稽列傳》載淳于髡說，臣飲一斗亦醉，一石亦醉，固然是諷諭之辭，然《考工記》說：「食一豆肉，飲一豆酒，中人之食。」《五經異義》載《韓詩》說：古人的酒器：「一升曰爵，二升曰觚，三升曰觶，四升曰角，五升曰散。」古《周禮》說：「爵一升，觚三升，獻以爵而酬以觚，一獻而三酬，則一豆矣。」一豆就是一斗，即依《韓詩》說，亦得七升。古量法當今五之一，普通人亦無此酒量。按《周禮》漿人，六飲有涼。鄭司農云：「以水和酒也。」此必古有此事，不然，斷不能臆說的。竊疑古代獻酬之禮，酒都是和著水喝的，所以酒量各人不同，而獻酬所用的酒器，彼此若一。

刺激品次於酒而興起的為茶。茶之本字為荼。《爾雅·釋木》：「檟，苦荼。」《注》云：「樹小如梔子，冬生葉，可煮作羹飲。今呼早采者為荼，晚取者為茗，一名荈。蜀人名之苦荼。」案荼是苦菜之稱。茶之味微苦。我們創造一句新的言語，是不容易的。遇有新事物須命名時，往往取舊事物和他相類的，小變其音，以為新名。在單音語盛行時，往往如此。而造字之法，亦即取舊字而增減改變其筆劃，以為新字。如角甪、刀刁，及現在所造的乒乓等字皆其例。所以從荼字會孕育出茶的語言文字來（語言從魚韻轉入麻韻，文字減去一畫）。

茶是出產在四川，而流行於江南的。《三國吳志·韋曜傳》說：孫皓強迫群臣飲酒時，常密賜茶荈以當酒。《世說新語》謂王濛好飲茶。客

至，嘗以是餉之。士大夫欲詣濛，輒曰：今日有水厄。即其證。《唐書·陸羽傳》說：「羽嗜茶，著經三篇，言茶之原、之法、之具尤備。天下益知飲茶矣。其後尚茶成風，回紇入朝，始驅馬市茶。」則茶之風行全國，寖至推及外國，是從唐朝起的。所以唐中葉後，始有茶稅。然而據《金史》說：金人因所需的茶全要向宋朝購買，認為費國用而資敵。章宗承安四年，乃設坊自造，至泰和五年罷。明年，又定七品以上官方許食茶。據此，即知當時的茶，並不如今日的普遍。如其像現在一樣，全國上下幾於無人不飲，這種禁令，如何能立呢？平話中《水滸傳》的藍本，是比較舊的。現行本雖經金聖歎改竄，究竟略存宋元時的舊面目。書中即不甚見飲茶，渴了只是找酒喝。此亦茶在宋元時還未如今日盛行的證據。

《日知錄》則引唐綦毋熒〈茶飲序〉云：「釋滯消壅，一日之利暫佳，瘠氣侵精，終身之害斯大。」宋黃庭堅〈茶賦〉云：「寒中瘠氣，莫甚於茶。」則在唐宋時，茶還帶有藥用的性質，其刺激性，似遠較今日之茶為烈。古人之茶是煎飲，亦較今日的用水泡飲為煩。如此看來，茶的名目，雖今古相同，其實則大相殊異了。這應該是由於茶的製法今古不同，所以能減少其有害的性質，而成為普遍的飲料。這亦是飲食進化的一端。

次於茶而興起的為菸草。其物來自呂宋，名為菸，亦名淡巴菰（見《本草》）。最初莆田人種之。王肱枕《蚓庵瑣語》云：「菸葉出閩中，邊上人寒疾，非此不治，關外至以一馬易一觔。崇禎中，下令禁之，民間私種者問徒刑。利重法輕，民冒禁如故。尋下令：犯者皆斬。然不久，因軍中病寒不治，遂弛其禁。予兒時尚不識煙為何物，崇禎末，三尺童子，莫不吃菸矣。」（據《陔餘叢考》轉引）。據此，則菸草初行時，其禁令之嚴，幾與現在的鴉片相等。菸草可治寒疾，說系子虛，在今日事極明白。軍中病寒，不過弛禁的一藉口而已。予少時曾見某書，說明末北邊的農夫有因吸菸而醉倒田中的（這是予十餘齡時所見，距今幾四十年，不能憶其

書名。藏書毀損大半，僅存者尚在遊擊區中，無從查檢）。在今日，無論旱菸、水菸、捲菸，其性質之烈，均不能至此。則菸草的製法，亦和茶一般，大有改良了。然因此而引起抽吸大煙，則至今仍遺害甚烈。

罌粟之名，始見於宋初的《開寶本草》。宋末楊士瀛的《直指方》，始云其殼可以治痢。明王璽《醫林集要》，才知以竹刀刮出其津，置瓷器內陰乾，每服用小豆一粒，空心溫水化下。然而皆以作藥用。俞正燮《癸巳類稿》云：「明四譯館同文堂外國來文八冊，有譯出暹羅國來文，中有進皇帝鴉片二百斤，進皇后鴉片一百斤之語。又《大明會典》九十七、九十八，各國貢物，暹羅、爪哇、榜葛剌三國，俱有烏香，即鴉片。」則明時此物確是貢品。所以神宗皇帝久不視朝，有疑其為此物所困的。然而其說亦無確據。今人之用作嗜好品，則實由菸草引起。清黃玉圃《臺海使槎錄》云：「鴉片煙，用麻葛同雅土切絲，於銅鐺內煎成鴉片拌煙。用竹箭，實以棕絲，群聚吸之。索直數倍於常煙。」《雍正朱批諭旨》：七年，福建巡撫劉世明，奏漳州知府李國治：「拿得行戶陳達私販鴉片三十四斤，擬以軍罪。臣提案親訊，陳達供稱鴉片原系藥材，與害人之鴉片煙，並非同物。當傳藥商認驗，僉稱這是藥材，為治痢必須之品，並不能害人。惟加入煙草同熬，始成鴉片煙。李國治妄以鴉片為鴉片煙，甚屬乖謬，應照故入人罪例，具本題參。」則其時的鴉片，尚未能離菸草而獨立。後來不知如何，單獨抽吸，其害反十百倍於菸草了。

中國食物從外國輸入的甚多。其中最重要的，自然當推蔗糖。其法為唐太宗時，得之於摩揭它的，見《唐書·西域傳》。前此的飴，是用米麥製的。大徐《說文》新附字中，始有「糖」字。字仍從米，釋以飴而不及蔗，可見宋初蔗糖尚未盛行。北宋末，王灼撰《糖霜譜》，始備詳其產地及製法。到現在，蔗糖卻遠盛於飴糖了。此外菜類如苜蓿，果品如西瓜等，自外國輸入的還很多。現在不及備考。

第十三章　衣食

　　中國人烹調之法，在世界上是首屈一指的。康有為《歐洲十一國遊記》言之最詳。但調味之美和營養之佳良，系屬兩事，不可不知。又就各項費用在全體消費中所占的成分看，中國人對於飲食，是奢侈的。康有為《物質救國論》說：國民的風氣，侈居為上，侈衣次之，侈食為下。這亦是中國國民不可不深切反省的。

　　衣服的進化，應當分兩方面講：一是材料，一是裁製的方法。

　　《禮運》說：「未有麻絲，衣其羽皮。」這只是古人衣服材料的一種。還有一種，是用草的。《禮記・郊特牲》說：「黃衣黃冠而祭，息田夫也。野夫黃冠。黃冠，草服也。大羅氏，天子之掌鳥獸者也，諸侯貢屬焉。草笠而至，尊野服也。」《詩經》：「彼都人士，臺笠緇撮。」《毛傳》：「臺所以禦暑，笠所以禦雨也。」《鄭箋》：「臺，夫須也。都人之士，以臺為笠。」《左傳・襄公十四年》，晉人數戎子駒支道：「乃祖吾離，被苫蓋。」《注》：「蓋，苫之別名。」《疏》云：「言無布帛可衣，惟衣草也。」《墨子・辭過》云：「古之民未知為衣服時，衣皮帶茭。」孫詒讓《閒詁》說：「帶茭，疑即〈喪服〉之絞帶，亦即〈尚賢篇〉所謂帶索。」案《儀禮・喪服傳》云：「絞帶者，繩帶也。」又《孟子・盡心上篇》：「舜視棄天下，猶棄敝屣也。」《注》云：「屣，草履。」《左傳・僖公四年》，「共其資糧屝屨。」《注》云：「屝，草履。」可見古人衣服冠履，都有用草製的。大概古代漁獵之民，以皮為衣服的材料。所以《詩經・采菽》鄭《箋》說黻道：「古者田漁而食，因衣其皮，先知蔽前，後知蔽後。」（參看下文）而後世的甲，還是用革製的。戴在頭上的有皮弁，束在身上的有革帶，穿在腳上的有皮屨（夏葛屨，冬皮屨，見《儀禮・士冠禮》、〈士喪禮〉，履以絲為之，見《方言》）。農耕之民，則以草為衣服的材料，所以〈郊特牲〉說黃衣黃冠是野服。〈禹貢〉：揚州島夷卉服，冀州島夷皮服（島當作鳥，《疏》言偽孔讀鳥為島可見）。觀察野蠻人的生活，正可以知道我

254

族未進化時的情形。

麻絲的使用，自然是一個大發明。絲的使用，起於黃帝元妃嫘祖，說不足信，已見上章。麻的發明，起於何時，亦無可考。知用麻絲之後，織法的發明，亦為一大進步。《淮南子·氾論訓》說：「伯余之初作衣也，緂麻索縷，手經指掛，其成猶網羅。後世為之機杼勝復，以領其用，而民得以掩形禦寒。」手經指掛，是斷然不能普遍的。織法的發明，真是造福無窮的了。但其始於何時，亦不可考。絲麻發明以後，皮和草的用途，自然漸漸地少了。皮的主要用途只是甲。至於裘，則其意不僅在於取暖，而兼在於美觀。所以古人的著裘，都是把毛著在外面，和現在人的反著一樣（《新序·雜事》：「虞人反裘而負薪，彼知惜其毛，不知皮盡而毛無所傳。」）。外面罩著一件衣服，謂之裼衣。行禮時，有時解開裼衣，露出裡面的裘來，有時又不解開，把它遮掩掉，前者謂之裼，後者謂之襲。藉此變化，以示美觀（無裼衣謂之「表裘」，為不敬。之上，亦必加以禪衣謂之袗）。窮人則著毛織品，謂之褐。褐倒是專為取暖起見的。現在畜牧和打獵的事業都衰微了，絲棉較皮貨為賤。古代則不然，裘是比較普遍的，絲棉更貴。二十可以衣裘帛（《禮記·內則》）。五十非帛不暖（《禮記·王制》）。庶人亦得衣犬羊之裘，即其明證。絲棉新的好的謂之纊，陳舊的謂之絮（見《說文》）。

現在衣服材料，為用最廣的是木棉。其普遍於全國，是很晚的。此物，《南史·林邑傳》謂之吉貝，誤為木本。《新唐書》作古貝，才知為草本。《南史》姚察門生送南布一端；白居易〈布裘詩〉：「桂布白似雪」，都是指棉布而言。但只限於交廣之域。宋謝枋得〈謝劉純父惠木棉詩〉：「嘉樹種木棉，天何厚八閩？」才推廣到福建。《元史·世祖本紀》：至元二十六年，置浙江、江東西、湖廣、福建木棉提舉司，則推廣到長江流域了。其之所以能推廣，和紡織方法，似乎很有關係的。《宋史·崔與

之傳》：「瓊州以吉貝織為衣衾，工作由婦人。」陶宗儀《南村輟耕錄》說：「松江土田磽瘠，謀食不給，乃覓木棉種於閩廣。初無踏車椎弓之製，其功甚難。有黃道婆，自崖州來，教以紡織，人遂大獲其利。未幾，道婆卒，乃立祠祀之。」木棉嶺南久有，然而直至宋元間才推行於北方，則因無紡織之法，其物即無從利用，無利之可言了。所以農工兩業，是互相倚賴，互相促進的（*此節略據《陔餘叢考》*）。

　　衣服裁製的方法：最早有的，當即後來所謂韍。亦作。此物在後來，是著在裳之外，以為美觀的。但在遼初，則當為親體的。除此之外，全身更無所有。所以《詩經・鄭箋》說：「古者田漁而食，因衣其皮，先知蔽前，後知蔽後。」衣服的起源，從前多以為最重要的原因是禦寒，次之是蔽體。其實不然。古人冬則穴居，並不藉衣服為禦寒之具。至於裸露，則野蠻人絕不以為恥，社會學上證據甚多。衣服的緣起，多先於下體，次及上體；又多先知蔽前，後知蔽後；這是主張衣服緣起，由於以裸露為恥者最大的證據。根據現在社會學家的研究，則非由於以裸露為恥，而轉為藉裝飾以相挑誘。因為裸露是人人所同，裝飾則非人人所有，加以裝飾，較諸任其自然，刺激性要重些。但蔽其前為韍，兼蔽其後即為裳了。裳而加以袴管（*古人謂之*）。短的謂之褌，長的謂之袴，所以《說文》稱袴為脛衣。昔人所謂貧無袴，褌還是有的，並非裸露。又古人的袴、褌都是不縫合的，其縫合的謂之窮袴，轉為特別的（*見《漢書・外戚傳》*）。這可見褌和袴，都是從裳變化出來的，裳在先，和袴在後。裳幅前三後四，都正裁。吉服襞績（*打襉*）無數，喪服三襞績（*《儀禮・喪服》鄭《注》*）。著在上半身的謂之衣，其在內的：短的謂之襦；長的，有著（*裝綿*）謂之袍，無著謂之衫。古代袍、衫不能為禮服，其外必再加以短衣和裳。

　　戴在頭上的，最尊重的是冕。把木頭做骨子，外面把布糊起來，上面是玄色，下面是朱色。戴在頭上，前面是低一些的。前有旒，據說是把五

彩的繩，穿了一塊塊的玉，垂在前面。其數，天子是十二，此外九旒、七旒等，以次減殺。兩旁有纊，是用黃綿，大如丸，掛在冕上面的，垂下來，恰與兩耳相當。後來以玉代黃綿，謂之瑱。冕，當屬野蠻時代的裝飾遺留下來的。所以其形狀，在我們看起來，甚為奇怪，古人卻以為最尊之服。次於冕者為弁。以皮為之，其形狀亦似冕，但無旒及纊等，戴起來前後平。

冠是用來斂髮的。其形狀，同現在舊式喪禮中孝子帶的喪冠一樣。中間有一個梁，闊兩寸。又以布圍髮際，自前而後，謂之武。平居的冠，和武是連在一起的，否則分開，臨時才把它合起來。又用兩條組，連在武上，引至頤下，將它結合，是為纓。有餘，就把它垂下來，當作一種裝飾，謂之。冠不用簪，冕弁則用簪。簪即女子之笄，古人重露髮，必先把「緇纚」套起來，結之為，然後固之以冠。冠用纓，冕弁則把一條組結在右笄上，垂下來，經過頤下，再繞上去，結在左笄上。冠是成人的服飾，亦是貴人的服飾，所以有罪要免冠。

至於今之脫帽，則自免胄蛻化而來。胄是武人的帽子，因為怕受傷之故，下垂甚深，幾於把臉都遮蔽掉了，看不見。所以要使人認識自己，必須將胄免去。《左傳·哀公十六年》，楚國白公作亂，國人專望葉公來救援。葉公走到北門，「或遇之，曰：『君胡不胄？國人望君，如望慈父母焉。盜賊之矢若傷君，是絕民望也。若之何不胄？』乃胄而進。又遇一人，曰：『君胡胄？國人望君，如望歲焉，日日以幾，若見君面，是得艾也。民知不死，其亦夫有奮心。猶將旌君以徇於國，而又掩面以絕民望，不亦甚乎？』乃免胄而進。」可見胄的作用。現在的脫帽，是採用歐洲人的禮節。歐洲人在中古時代，戰爭是很劇烈的，免胄所以使人認識自己，握手所以表示沒有兵器。後遂相沿，為尋常相見之禮。中國人模仿他，其實是無謂的。有人把脫帽寫作免冠，那更和事實不合了。古代庶人是不冠

的，只用巾。用以覆髻，則謂之幘。《後漢書・郭泰傳》、《注》引周遷《輿服雜事》說：「巾以葛為之，形如，本居士野人所服。」《玉篇》：「，帽也。」《隋書・輿服志》：「帽，古野人之服。」則巾和帽是很相近的。

　　著在腳上的謂之襪。其初亦以革為之，所以其字從韋作韤。襪之外為屨。古人升堂必脫屨，脫屨則踐地者為襪，立久了，未免汗溼，所以就坐又必解襪（見《左傳・哀公二十五年》）。後世解襪與否無文，然而脫屨之禮，則相沿甚久。所以劍履上殿看作一種殊禮。《唐書》：「棣王琰有兩妾爭寵，求巫者密置符於琰履中。或告琰厭魅，帝伺其朝，使人取其履驗之，果然。」則唐時入朝，已不脫履。然劉知幾以釋奠皆衣冠乘馬，奏言冠履只可配車，今襪而鐙，跣而鞍，實不合於古。則祭祀還是要脫履的。大概跣禮之廢，一是由於靴之漸行，二是由於席地而坐漸變為高坐，參看後文及下章自明。古人亦有現在的綁腿，謂之偪，亦謂之邪幅，又謂之行縢。本是上路用的，然亦以之為飾。宋綿初《釋服》說「解襪則見偪。《詩經》云：『邪幅在下。』正是燕飲而跣以為歡之時」，則偪著在襪內。《日知錄》說：「今之村民，往往行縢而不襪，古人之遺制也。吳賀邵美容止，常著襪，希見其足，則漢魏之世，不襪而見足者尚多。」又說襪字的從衣，始見於此，則漸變而成今日的襪了。竊疑襪本亦田獵之民之服，農耕之民，在古代本是跣足的。中國文化，本來起自南方，所以行禮時還必跣。

　　衣服的初興，雖然非以蔽體為目的，然而到後來，穿著衣服成了習慣，就要把身體的各個部分都遮蔽起來，以為恭敬了。所以《禮記》的〈深衣篇〉說：「短毋見膚。」作事以短衣為便，今古皆然。古代少者賤者，是多服勞役的。《禮記・曲禮》說：「童子不衣裘裳。」〈內則〉說：「十年，衣不帛，襦袴。」襦就是短衣，袴就是不裳。《左傳・昭公二十五年》，師己述童謠，說「鴝鵒跦跦，公在乾侯，徵褰與襦」，褰即是

袴（《說文》）。此皆服勞役者不著裳之證。然而襦袴在古人，不能算做禮服，外必加之以裳。既然如此，自以照現在人的樣子，於襦袴之外，罩上一件長衫為便。然則古人習於衣裳袍衫之外，亦必加之以裳。於是從古代的衣裳，轉變到現在的袍衫，其間必以深衣為過渡。

深衣的意思，是和現在的女子所著的衣裙合一的衣服差不多的。形式上是上衣下裳，實則縫合在一起。裳分為十二幅，前後各六；中間四幅對開；邊上兩幅斜裁，成兩三角形。尖端在上。所以其裳之下端與上端（腰間）是三與二之比。如此，則不須襞績，自亦便於行動了。深衣是白布做的，卻用綢鑲邊，謂之純。無純的謂之襤褸，尤為節儉（今通作藍縷，其義為破，此又是一義）。士以上別有朝祭之衣，庶人則即以深衣為吉服。未成年者亦然。所以戴德《喪服·變除》說：「童子當室（為父後），其服深衣不裳。」然而自天子至於士，平居亦都是著一件深衣的。這正和現在的勞動者平時著短衣，行禮時著袍衫；士大夫階級，平時著袍衫，行禮時別有禮服一樣。然而古人苟非極隆重的典禮，亦都可以著深衣去參與的。所以說「可以為文，可以為武，可以擯相，可以治軍旅」（《禮記·深衣》）。民國以來，將平時所著的袍和馬褂定為常禮服，既省另製禮服之費，又省動輒更換之煩，實在是很合理的。

《儀禮·士喪禮》疏，謂上下通直，不別衣裳者曰「通裁」，此為深衣改為長袍之始。然古人用之殊不廣。後漢以後，始以袍為朝服。《續漢書·輿服志》說：若冠通天冠，則其服為深衣服。有袍，隨五時色。劉昭《注》云：「今下至賤吏、小史，皆通製袍、襌衣、皂緣領袖為朝服。」《新唐書·車服志》：中書令馬周上議：「禮無服衫之文。三代之製有深衣，請加襴袖褾襈，為士人上服。開胯者名曰缺胯，庶人服之。」據此，則深衣與袍衫之別，在於有緣無緣。其缺胯，就是現在的袍衫了。任大椿《深衣釋例》說：「古以殊衣裳者為禮服，不殊衣裳者為燕服。後世自冕服

外，以不殊衣裳者為禮服，以殊衣裳者為燕服。」此即所謂裙襦。婦人以深衣之製為禮服，不殊衣裳。然而古樂府〈陌上桑〉云：「湘綺為下裳，紫綺為上襦。」則襦與裳亦各別，但是仍沒有不著裳的。隋唐以來，乃有所謂袴褶（〈急就篇〉注云：「褶，其形若袍，短身廣袖。」）天子親征及中外戒嚴時，百官服之，實為戎服。

　　曾三異《同話錄》云：「近歲衣製，有一種長不過腰，兩袖僅掩肘，名曰貉袖。起於禦馬院圉人。短前後襟者，坐鞍上不妨脫著，以其便於控馭也。」此即今之馬褂。《陔餘叢考》說：就是古代的半臂。《三國魏志‧楊阜傳》說：明帝著帽，披綾半袖，則其由來已久。《玉篇》說：裲襠，其一當胸，其一當背。《宋書‧薛安都傳》載他著絳衲兩當衫，馳入賊陣。《隋書‧輿服志》：「諸將軍侍從之服，有紫衫金玳瑁裝裲襠甲，紫衫金裝裲襠甲，絳衫銀裝裲襠甲。」《宋史‧輿服志》，范質議《開元禮》：武官陪立大仗，加螣蛇裲襠甲。」《陔餘叢考》說就是今演劇時將帥所被金銀甲。按現在我們所著，長不過腰，而無兩袖的，北方謂之坎肩，南方有若干地方謂之馬甲。大概是因將帥服之之故。宋人謂之背子（見《石林燕語》）。

　　衣服不論在什麼時代，總是大同小異的。強人人之所好皆出於同，自然絕無此理。何況各地方的氣候，各種人的生活，還各有不同呢！但衣服既和社交有關，社會亦自有一種壓力，少數的人，總要改從多數的。昔人所謂「十履而一跣，則跣者恥；十跣而一履，則履者恥」。其間別無他種理由可言。《禮記‧王制》：「關執禁以譏，禁異服，察異言。」其意乃在盤詰形跡可疑的人，並不在於劃一服飾。《周禮》大司徒，以本俗六安萬民，六曰同衣服，意亦在於禁奢，非強欲使服飾齊一。服飾本有一種社會壓力，不會大相懸殊的。至於小小的異同，則無論何時皆不能免。《禮記‧儒行》：「魯哀公問於孔子曰：『夫子之服，其儒服與？』孔子對

曰：『丘少居魯，衣逢掖之衣；長居宋，冠章甫之冠。丘聞之也，君子之學也博，其服也鄉。丘不知儒服。』」觀此數語，衣服因地方、階級小有異同，顯然可見。降逮後世，叔孫通因高祖不喜儒者，改著短衣楚制（見《史記》本傳）。《鹽鐵論》載桑弘羊之言，亦深譏文學之儒服（見〈相刺篇〉、〈刺議篇〉）。可見其情形還是一樣的。因為社會壓力，不能施於異地方和異階級的人。

然而及至交通進步，各階級的交往漸多，其壓力，也就隨之而增大了。所以到現代，全世界的服飾，且幾有合同而化之觀。日本變法以後，幾於舉國改著西裝。中國當戊戌變法時，康有為亦有改服飾之議，因政變而未成。後來自刻《戊戌奏稿》，深悔其議之孟浪，而自幸其未果行。在所著《歐洲十一國遊記》中，尤極稱中國服飾之美。其意是：（一）中國的氣候，備寒、溫、熱三帶，所以其材料和製裁的方法，能適應多種氣候，合於衛生；（二）絲織品的美觀，為五洲所無；（三）脫穿容易；（四）貴族平民，服飾有異，為中西之所同。中國從前，平民是衣白色的，歐洲則衣黑色。革命時，歐人疾等級之不平，乃強迫全國上下都著黑色。中國則不然，等級漸即平夷，采章遂遍及於氓庶。從實際上來說：西洋是強貴族服平民之服，中國則許平民服貴族之服。所以其美觀與否，大相懸殊。這一點，西人亦有意見相同的。民國元年，議論服制時，曾有西人作論載諸報端，說西方的服飾，千篇一律，並無趣味，勸中國人不必摹仿。我以為合古今中外而觀之，衣服不過南北兩派。南派材料輕柔，裁製寬博；北派材料緊密，裁製狹窄。這兩派的衣服，本應聽其並行；且折衷於兩者之間，去其極端之性的。歐洲衣服，本亦有南北兩派，後來改革之時，偏重北派太甚了。中國則頗能折兩者之中，保存南派的色彩較多。以中西的服飾相較，大體上，自以中國的服飾為較適宜。現在的崇尚西裝，不過一時的風氣罷了。

中國的衣服，大體上可謂自行進化的，其仿自外國的，只有靴。《廣韻》八戈引《釋名》，說「靴本胡服，趙武靈王所服」。《北史》載慕容永被擒，居長安，夫妻賣靴以自活。北齊亡後，妃嬪入周的亦然。可見南北朝時，漢人能製靴者尚少，其不甚用靴可知。然而唐中葉以後，朝會亦漸漸地著靴，朱文公《家禮》，並有襴衫帶靴之制了。《說文》：「鞮，革履也。」《韻會》引下有「胡人履連脛，謂之絡緹」九字。此非《說文》之文，必後人據靴制增入。然可悟靴所以廣行之故。因為連脛，其束縛腿部較緊，可以省卻行縢。而且靴用革製，亦較能抵禦寒溼，且較綢布製者要堅固些（此以初興時論，後來靴亦不用革）。

古代喪服，以布之精粗為度，不是講究顏色的。素服則用白絹，見《詩經·棘人》疏。因為古代染色不甚發達，上下通服白色，所以顏色不足為吉凶之別。後世彩色之服，行用漸廣，則忌白之見漸生。宋程大昌《演繁露》說：「《隋志》：宋齊之間，天子宴私著白高帽。隋時以白通為慶吊之服。國子生亦服白紗巾。晉人著白接䍦，竇蘋《酒譜》曰：接䍦，巾也。南齊桓崇祖守壽春，著白紗帽，肩輿上城。今人必以為怪。古未有以白色為忌也。郭林宗遇雨墊巾，李賢《注》云：周遷《輿服雜事》曰：巾以葛為之，形如，本居士野人所服。魏武造，其巾乃廢。今國子學生服焉，以白紗為之。是其制皆不忌白也。《樂府白紵歌》曰：質如輕雲色如銀，制以為袍餘作巾。今世人麗妝，必不肯以白紵為衣。古今之變，不同如此。《唐六典》：天子服有白紗帽。其下服如裙、襦、襪皆以白。視朝聽訟，燕見賓客，皆以進禦。然其下注云：亦用烏紗。則知古制雖存，未必肯用，習見忌白久矣。」讀此，便知忌白的由來。

按染色之法，見於《周禮》天官染人，地官染草，及《考工記》鐘氏，其發明亦不可謂不早。但其能普遍於全社會，卻是另一問題。繪繡之法，見《書經·皋陶謨》（今本《益稷》）《疏》。昔人誤以繪為畫，其實

繪之本義，乃謂以各色之絲，織成織品。見於宋綿莊《釋服》，其說是不錯的。染色、印花等事，只要原料減賤，機器發明，製造容易，所費人工不多，便不得謂之奢侈。唯有手工，消費人工最多，總是奢侈的事。現在的刺繡，雖然是美術，其實是不值得提倡的。因為天下無衣無褐的人，正多著呢。

第十三章　衣食

第十四章　住行

　　住居，亦因氣候地勢的不同，而分為巢居、穴居兩種。《禮運》說：「冬則居營窟，夏則居橧巢。」（見上章）。《孟子》亦說：「下者為巢，上者為營窟。」（〈滕文公下篇〉）大抵溫熱之地為巢。乾寒之地，則為營窟。巢居，現在的野蠻人猶有其制。乃將大樹的枝葉接連起來，使其上可以容人，而將樹幹鑿成一級一級的，以便上下；亦有會造梯的，人走過後，便將梯收藏起來。《淮南子·本經訓》所謂「托嬰兒於巢上」，當即如此。後來會把樹木砍伐下來，隨意植立，再於其上橫架許多木材，就成為屋子的骨幹。穴居又分幾種：最初當是就天然的洞窟匿居其中的後來進步了，則能於地上鑿成一個窟窿，而居其中，此之謂穴。古代管建設的官，名為司空，即由於此更進，能在地面上把土堆積起來，堆得像土窯一般，而於其上開一個窟籠，是之謂，亦作復。再進化而能版築，就成為牆的起源了。以棟梁為骨格，以牆為肌肉，即成所謂宮室。所以直至現在，還稱建築為土木工程。

　　中國民族，最初大約是湖居的。水中可居之處稱洲，人所聚居之地稱州，州洲雖然異文，實為一語，顯而易見（古州島同音，洲字即島字）。古代有所謂明堂，其性質極為神祕。一切政令，都自此而出（讀惠棟《明堂大道錄》可見）。阮元說：這是由於古代簡陋，一切典禮，皆行於天子之後，後乃禮備而地分（《揅經室集明堂說》）。這是不錯的。《史記·封禪書》載公玉帶上《明堂圖》，水環宮垣，上有樓，從西南入，名為昆侖，正是島居的遺象。明堂即是大學，亦稱辟雍。辟壁同字，正謂水環宮垣。雍即今之壅字，壅塞、培壅，都指土之增高而言，正像湖中島嶼。《易經》泰卦上六爻辭，「城復於隍」。《爾雅·釋言》：「隍，壑也。」壑乃無水的低地，意思還和環水是一樣的。然則不但最初的建築如明堂者取法於湖居，即後來的造城，必環繞之以濠溝，還是從湖居的遺制蛻化而出的。

文化進步以後，不藉水為防衛，則能居於大陸之上，斯時藉山以為險阻。讀第四、第八、第九三章可見。章炳麟《太炎文集》有〈神權時代天子居山說〉可以參考。再進一步，則城須造在較平坦之地，而藉其四周的山水以為衛。四周的山水，是不會周匝無缺的，乃用人工造成土牆，於其平夷無險之處加以補足，是之謂郭。郭之專於一面的，即為長城。城是堅實可守的，郭則工程並不堅實，而且其占地太大，必不能守。所以古代只有守城，絕無守郭之事，即長城亦是如此。

中國歷代，修造長城，有幾個時期：（一）為戰國以前，齊國在其南邊造有長城，秦、趙、燕三國亦在北邊造有長城。後來秦始皇把它連接起來，就是俗話所稱為萬里長城的。此時南方的淮夷，北方的匈奴，都是小部落。到漢朝，匈奴強大了，入塞的動輒千騎萬騎，斷非長城所能禦；而前後兩呼韓邪以後，匈奴又賓服了；所以終兩漢四百年，不聞修造長城。魏晉時，北方喪亂，自然講不到什麼遠大的防禦規模。拓跋魏時，則於北邊設六鎮，藉兵力以為防衛，亦沒有修造長城的必要；（二）然至其末年，情形就大不相同了。隋代遂屢有修築，此為修造長城的第二時期。隋末，突厥強大了，又非長城所能禦。後來的回紇、契丹亦然。所以唐朝又無修築長城之事；（三）契丹亡後，北方的遊牧部族，不能統一，又成小小打搶的局面。所以金朝又要修造一道邊牆，從靜州起，迤邐東北行，達女真舊地。此為修造長城的第三時期。元朝自然無庸修造長城；（四）明時，既未能將蒙古征服，而蒙古一時亦不能統一。從元朝的漢統斷絕以後，至達延汗興起以前，蒙古對中國，並無侵犯，而只有盜塞的性質，所以明朝又修長城，以為防衛。現代的長城，大概是明朝遺留下來的。總而言之，小小的寇盜，屯兵防之，未免勞費，無以防之又不可，造長城，實在是最經濟的方法。從前讀史的人，有的稱秦始皇造長城能立萬世夷夏之防，固然是夢話。有的議論他勞民傷財，也是胡說的。晁錯說秦朝北攻胡

貉，置塞河上，只是指秦始皇時使蒙恬新辟之土。至於其餘的長城，因戰國時秦、趙、燕三國之舊繕修起來的，卻並沒有費什麼工力，所以能在短時間之內即行成功。不然，秦始皇再暴虐，也無法於短時間之內造成延袤萬餘里的長城的。漢代的人，攻擊秦朝暴虐的很多，未免言過其實，然而亦很少提及長城的，就是一個證據。

　　古代的房屋，有平民之居和士大夫之居兩種。士大夫之居，前為堂，後為室，室之左右為房。堂只是行禮之地，人是居於室中的（室之戶在東南，牖在西南，北面亦有牖，謂之北牖。室之西南隅，即牖下，地最深隱，尊者居之，謂之奧。西北隅為光線射入之地，謂之屋漏。東北隅稱宧，宧養也，為飲食所藏。東南隅稱�570，亦深隱之義。室之中央，謂之中霤，為雨水所溜入。此乃穴居時代，洞穴開口在上的遺象。古之牖即今之窗，是開在牆上的。其所謂窗，開在屋頂上，今人謂之天窗）。平民之居，據晁錯〈移民塞下疏〉說：「古之徙遠方以實廣虛也，先為築室，家有一堂二內。」《漢書》注引張晏曰：「二內，二房也。」此即今三開間的屋。據此，則平民之居較之士大夫之居，就是少了一個堂。這個到現在還是如此。士大夫之家，前有廳事，即古人所謂堂，平民之家無有。以中間的一間屋，行禮待客，左右兩間供住居，即是一堂二內之制。簡而言之，就是以室為堂，以房為室罷了。古總稱一所屋子謂之宮。《禮記·內則》說：「由命士以上，父子皆異宮」，則一對成年的夫妻，就有一所獨立的屋子。後世則不然，一所屋子，往往包含著許多進的堂和內，而前面只有一個廳事。這就是許多房和室合用一個堂，包含在一個宮內，較古代經濟多了。這大約因為古代地曠人稀，地皮不甚值錢，後世則不然之故。又古代建築技術的關係淺，人人可以自為，士大夫之家，又可役民為之。後世則建築日益專門，非雇人為之不可（《論衡·量知篇》：「能斫削柱梁，謂之木匠。能穿鑿穴坎，謂之土匠。」則在漢代，民間建築亦已有專門的

人）。這亦是造屋的人要謀節省的一個原因。

古人造樓的技術，似乎是很拙劣的，所以要求眺望之所，就只得於城闕之上。闕是門旁牆上的小屋。天子諸侯的宮門上，也是有的。因其可以登高眺遠，所以亦謂之觀。《禮記·禮運》：「昔者仲尼與於蠟賓，事畢，出遊於觀之上」，即指此。古所謂縣法象魏者，亦即其地。魏與巍同字，大概因其建築高，所以稱之為魏。象字當本指法象言，與建築無涉。因魏為縣法之地，單音字變為複音詞時，就稱其地為象魏了。《爾雅·釋宮》：「四方而高曰臺，有木者謂之榭，陝而修曲曰樓。」（陝同狹）。《注》云：「臺，積土為之。」榭是在土臺之上，再造四方的木屋。樓乃榭之別名，不過其形狀有正方修曲之異而已，這都是供遊觀眺望之所，並不是可以住人的。《孟子·盡心下篇》：「孟子之滕，館於上宮。」趙《注》說：「上宮，樓也。」這句話恐未必正確。因為造樓之技甚拙劣，所以中國的建築，是向平面發展，而不是向空中發展的。所謂大房屋，只是地盤大，屋子多，將許多屋連結而成，而兩層、三層的高樓很少。這個和建築所用的材料亦有關係。因為中國的建築用石材很少，所用的全是土木，木的支持力固不大，土尤易於傾圮。煉熟的土，即磚瓦，要好些，然而其發達似甚晚。《爾雅·釋宮》：「瓬甋謂之甓」，「廟中路謂之唐」。甓即磚。《詩經·陳風》說「中唐有甓」，則磚僅用以鋪路。其牆，大抵是用土造的。土牆不好看，所以富者要被以文錦。我們現在婚、喪，生日等事，以綢緞等物送人，謂之幛，還是這個遺俗；而紙糊牆壁，也是從此蛻化而來的。《晉書·赫連勃勃載記》說他蒸土以築統萬城，可見當時磚尚甚少。不然，何不用磚砌，而要臨時蒸土呢？無怪古代的富者造屋只能用土牆了。建築材料，多用土木，和古代建築的不能保存也有關係。因為其不如石材的能持久，而用木材太多，又易於引起火患。前代的杭州，近代的漢口，即其殷鑑。

第十四章　住行

　　建築在中國，是算不得發達的。固然，研究起世界建築史來，中國亦是其中的一系（東洋建築，有三大系統：其一中國，其二印度，其三回教。見伊東忠太《中國建築史》，商務印書館本）。歷代著名的建築，如秦之阿房宮，漢之建章宮，陳後主的臨春、結綺、望春三閣，隋煬帝的西苑，宋徽宗的艮嶽，清朝的圓明園、頤和園，以及私家的園林等，講究的亦屬不少。然而以中國之大言之，究屬滄海一粟。建築的技術，詳見宋朝的《營造法式》，明朝的《天工開物》等書。雖然亦有可觀，然而和別種文明比較起來，則亦無足稱道。此其所以然：（一）因古代的造屋，乃是役民為之，濫用民力，是件暴虐的事。又古代最講究禮，生活有一定的軌範，苟非無道之君，即物力有餘，亦不敢過於奢侈。所以政治上相傳，以卑宮室為美談，事土木為大戒；（二）崇閎壯麗的建築，必與迷信為緣。中國人對於宗教的迷信，是不深的。祭神只是臨時設壇或除地，根本便沒有建築。對於祖宗的祭祀，雖然看得隆重，然廟寢之制，大略相同。後世立家廟等，亦受古禮的限制，不能任意奢侈。佛教東來，是不受古禮限制的，而且其教義很能誘致人使其布施財物。道家因之，亦從事於模仿，寺觀遂成為有名的建築，印度的建築術，亦因此而輸入中國。南朝四百八十寺，多少樓臺煙雨中，一時亦呈相當的盛況。然此等迷信，宋學興起以後，又漸漸地淡了。現在佛寺道觀雖多，較之緬甸、日本等國，尚且不逮。十分崇閎壯麗的建築，亦復很少，不過因其多在名山勝地，所以為人所讚賞罷了；（三）遊樂之處，古代謂之苑囿。苑是只有草木的，囿是兼有禽獸的。均是將天然的地方劃出一區來，施以禁禦，而於其中射獵以為娛，收其果實等以為利，根本沒有什麼建築物。所以其大可至於方數十里（文王之囿，方七十里；齊宣王之囿，方四十里，見《孟子·梁惠王下篇》）。至於私家的園林，則其源起於園。園乃種果樹之地，因於其間疊石穿池，造幾間房屋，以資休憩，亦不是什麼奢侈的事。後來雖有踵事增

華、刻意經營的人，究竟為數亦不多，而且其規模亦不大。以上均是中國建築不甚發達的原因。揆厥由來，乃由於：（一）政治的比較清明；（二）迷信的比較不深；（三）經濟的比較平等。以物質文明言，固然較之別國不免有愧色，以文化論，倒是足以自豪的。

朱熹說：「教學者如扶醉人，扶得東來西又倒。」個人的為學如是，社會的文化亦然。奢侈之弊，中國雖比較好些，然又失之簡陋了。《日知錄·館舍》條說：「讀孫樵〈書褒城驛壁〉，乃知其有沼，有魚，有舟。讀杜子美〈秦州雜詩〉，又知其驛之有池，有林，有竹。今之驛舍，殆於隸人之垣矣。予見天下州之為唐舊治者，其城郭必皆寬廣，街道必皆正直。廨舍之為唐舊創者，其基址必皆宏敞。宋以下所置，時彌近者制彌陋。」亭林的足跡，所至甚多，而且是極留心觀察的人，其言當極可信。此等簡陋苟且，是不能藉口於節儉的。其原因安在呢？亭林說：是由於「國家取州縣之財，纖豪盡歸之於上，而吏與民交困，遂無以為修舉之資」。這固然是一個原因。我以為一者役法漸廢，公共的建築，不能徵工，而必須雇工。二者唐以前古市政的規制猶存，宋以後逐漸破壞（如第十一章所述，唐設市還有定地，開市還有定期，宋以後漸漸不然，亦其一證），亦是重要的原因。

從西歐文明輸入後，建築之術，較之昔日，可謂大有進步了；所用的材料亦不同；這確是文明進步之賜。唯住居與衣食，關係民生，同樣重要。處處須顧及大多數人的安適，而不容少數人恃其財力任意橫行，和別種事情，也是一樣的。古代的居民，本來有一定的規劃。〈王制〉所謂「司空執度以度地，居民山川沮澤（看地形）。時四時（看氣候）。」即其遺制。其大要，在於「地、邑、民居，必參相得」。地就是田，有多少田，要多少人種，就建築多少人守衛所要的城邑和居住所須的房屋。據此看來，現在大都市中的擁擠，就是一件無法度而不該放任的事情了。

宮室的等級和限制，歷代都是有的（可參看《明史‧輿服志》所載宮室制度）。依等級而設限制，現在雖不容仿效，然而限制還是該有的。對外的觀瞻，也並不繫於建築的侈儉。若因外使來遊而拆毀貧民住居的房子，這種行為，就要成為隋煬帝第二了。

講宮室既畢，請再略講室中的器用。室中的器用，最緊要的，就是桌椅床榻等。這亦是所以供人居處，與宮室同其功的。古人都席地而坐。其坐，略似今日的跪，不過腰不伸直。腰伸直便是跪，頓下便是坐。所以古禮跪而行之之時頗多，因為較直立反覺便利。其憑藉則用几，據阮諶《禮圖》，長五尺，廣一尺，高一尺二寸（《禮記‧曾子問》、《疏》引）。較現在的凳還低。寢則有床，所以《詩經》說：「乃生男子，載寢之床。」後來坐亦用床。所以《高士傳》說：「管甯居遼東，坐一木榻，五十餘年，未嘗箕股，其榻當膝處皆穿。」（《三國魏志》本傳《注》引）。觀此，知其坐亦是跪坐。

現在的垂足而坐，是胡人之習，從西域輸入的。所坐的床，亦謂之胡床。從胡床輸入後，桌椅等物，就漸漸興起了。古人室中，亦生火以取暖。《漢書‧食貨志》說：「冬民既入，婦人同巷相從夜績。」「必相從者，所以省費燎火。」顏師古說：「燎所以為明，火所以為溫也。」這種火，大約是熅火，是貧民之家的樣子。《左傳‧昭公十年》說，宋元公（為太子時）惡寺人柳，欲殺之。到元公的父親死了，元公繼位為君，柳伺候元公將到之處，先熾炭於位，將至則去之，到葬時，又有寵。又〈定公三年〉，說邾子自投於床，廢於爐炭（《注》「廢，墮也。」）遂卒。則貴族室中取暖皆用炭，從沒有用炕的。《日知錄》說：「《舊唐書‧東夷高麗傳》：『冬月皆作長坑，下然熅火以取暖。』此即今之土炕也，但作坑字。」則此俗源於東北夷。大約隨女真輸入中國北方的，實不合於衛生。

論居處及所用的器物既竟，還要略論歷代的葬埋。古代的葬有兩種：

孟子所謂「其親死，則舉而委之於壑」（〈滕文公上篇〉）。蓋田獵之民所行。《易經·繫辭傳》說：「古之葬者，厚衣之以薪，葬之中野」，則農耕之民之俗。一個貴族，有其公共的葬地。一個都邑，亦有其指定卜葬的區域。《周禮》塚人掌公墓之地，墓大夫掌凡邦墓之地域是其制。後世的人說古人重神不重形，其理由是古不墓祭。然而孟子說齊有東郭墦間之祭者（〈離婁下篇〉），即是墓祭。又說孔子死後，子貢「築室於場，獨居三年然後歸」（〈滕文公上篇〉），此即後世之廬墓。《禮記·曲禮》：「大夫士去其國，止之曰：『奈何去墳墓也？』」〈檀弓〉：「去國則哭於墓而後行，反其國不哭，展墓而入。」又說：「大公封於營丘，比及五世，皆反葬於周。」則古人視墳墓，實不為不重。大概知識程度愈低，則愈相信虛無之事；愈高，則愈必耳聞目見，而後肯信。所以隨著社會的開化，對於靈魂的迷信，日益動搖，對於體魄的重視，卻日益加甚。〈檀弓〉說：「延陵季子適齊。比其反也，其長子死，葬於嬴博之間。」「既封，左袒，右還其封，且號者三，曰：骨肉歸復於土，命也。若魂氣，則無不之也；無不之也，而遂行。」這很足以表示重視精神，輕視體魄的見解，怕反是吳國開化較晚才如此的。如此，富貴之家，有權力的，遂盡力於厚葬。厚葬之意，不徒愛護死者，又包含著一種誇耀生人的心思。而發掘墳墓之事，亦即隨之而起。讀《呂覽·節喪》、〈安死〉兩篇可知。

　　當時墨家主張薄葬，儒家反對他，然而儒家的葬禮，較之流俗，亦只可謂之薄葬了。學者的主張，到底不能挽回流俗的波靡？自漢以後，厚葬之事，還書不勝書。且將死者的葬埋，牽涉到生人的禍福，而有所謂風水的迷信。死者無終極（漢劉向〈諫成帝起昌陵疏〉語）。人人要保存其棺槨，至於無窮，其勢是絕不能行的。佛教東來，火葬之俗，曾一時盛行（見《日知錄·火葬》條），實在最為合理。惜乎宋以後，受理學的反對，又漸漸地式微了。現在有一部分地方，設立公墓；又有提倡深葬的。

然公墓究仍不免占地，深葬費人力過多，似仍不如火葬之為得。不過風俗是守舊的，斷非一時所能改變罷了。

交通、通信，向來不加區別。其實兩者是有區別的。交通是所以運輸人身，通信則所以運輸人的意思。自有通信的方法，而後，人的意思可以離其身體而獨行，於精力和物力方面，有很大的節省。又自電報發明後，意思的傳達可以速於人身的運輸，於時間方面，節省尤大。

交通的發達，是要看地勢的，水陸是其中最大的分別。水路之中，河川和海道不同。海道之中，沿海和遠洋的航行，又有區別。即陸地，亦因其為山地、平地、沙漠等而有不同。野蠻時代，各部族之間往往互相猜忌，不但不求交通的便利，反而有意阻塞交通，其時各部族所居之地，大概是頗險峻的。對外的通路，只有曲折崎嶇的小路，異部族的人，很難於發現使用。《莊子・馬蹄篇》說：古代「山無徯隧，澤無舟梁」，所指的，便是這個時代。到人智稍進，能夠降丘宅土，交通的情形，就漸漸和往昔不同了。

中國的文化，是導源於東南而發達於西北的。東南多水，所以水路的交通南方較北方為發達；西北多陸，所以陸路的交通很早就有可觀。陸路交通的發達，主要的是由牛馬的使用和車的發明。此兩者，都是大可節省人力的。《易經・繫辭傳》說「服牛乘馬，引重致遠」，雖然不能確定其在何時，然而其文承黃帝，堯舜垂衣裳而天下治之下，可想見黃帝、堯、舜時，車的使用，必然已很為普遍了。車有兩種：一種是大車，用牛牽曳的，用以運輸；一種是小車，即兵車，人行亦乘之，駕以馬。用人力推曳的謂之輦。《周禮》鄉師《注》引《司馬法》，說夏時稱為余車，共用二十人；殷時稱胡奴車，用十人；周時稱為輜輦，用十五人。這是供戰時運輸用的，所以其人甚多。《說文》：「輦，挽車也，從車。」訓並行，雖不必定是兩人，然其人數必不能甚多。這是民間運輸用的。貴族在宮中，

亦有時乘坐。《周禮》巾車，王后的五路，有一種喚做輂車，即其物。此制在後世仍通行。

　　道路在都邑之中，頗為修整。《考工記》：匠人，國中經塗九軌，野塗亦九軌，環塗（環城之道）七軌。《禮記・王制》：「道路，男子由右，婦人由左，車從中央。」俱可見其寬廣。古代的路，有一種是路面修得很平的，謂之馳道。非馳道則不能盡平，國中之道，應當都是馳道。野外則不然。古代田間之路，謂之阡陌，與溝洫相輔而行。所以《禮記・月令》、《注》說：「古者溝上有路。」溝洫阡陌之制，照《周禮》遂人等官所說，是占地頗多的。雖然亦要因自然的地勢，未必盡合乎準繩，然而亦必較為平直。不過書上所說的，是理想中的制度，事實上未必盡能如此。《左傳・成公五年》，梁山崩，晉侯以傳召伯宗。行辟重（使載重之車讓路）。重人曰：「待我，不如捷之速也。」可見驛路上還不能並行兩車。《儀禮・既夕禮》：「商祝執功布，以禦柩執披。」《注》云：「道有低仰傾虧，則以布為左右抑揚之節，使引者執披者知之。」《禮記・曲禮》：「送葬不避塗潦」，可見其路之不盡平坦。後人誇稱古代的道路如何寬平，恐怕未必盡合於事實了。大抵古人修造路面的技術甚為拙劣，其路面皆如今日的路基，只是土路，所以時時要修治。不修治，就「道茀不可行」。

　　水路初有船的時候，只是現在所謂獨木舟。《易經・繫辭傳》說「刳木為舟，剡木為楫」，《淮南子・說山訓》說「古人見窾木而知舟」，所指的都是此物。稍進，乃知集板以為舟。《詩經》說：「就其深矣，方之舟之。」《疏》引《易經》云：「利涉大川，乘木舟虛。」又引《注》云：「舟謂集板，如今船，空大木為之曰虛，總名皆曰舟。」按方、旁、比、並等字，古代同音通用。名舟為方，正因其比木為之之故。此即後世的舫字。能聚集許多木板，以成一舟，其進步就容易了。

　　渡水之法，大抵狹小的水，可以乘其淺落時架橋。橋亦以木為之。即

《孟子》所說的「歲十一月徒杠成，十二月輿梁成。」（〈離婁下篇〉）《爾雅·釋宮》：「石杠謂之倚。」又說：「堤謂之梁。」《注》云：「即橋也。或曰：『石絕水者為梁，見《詩傳》。』」則後來亦用石了。較闊的水，則接連了許多船渡過去。此即《爾雅》所說的「天子造舟」，後世謂之浮橋。亦有用船渡過去的，則《詩經》所說的「誰謂河廣，一葦杭之」。然徒涉的仍不少。觀《禮記·祭義》，謂孝子「道而不徑，舟而不遊」可見。航行的技術，南方是勝於北方的。觀《左傳》所載，北方只有僖公十三年，晉饑，乞糴於秦。秦輸之粟，自雍及絳相繼，命之曰泛舟之役，為自水路運輸。此外泛舟之事極少。南方則吳楚屢有水戰，而哀公十年，吳徐承且率舟師自海道伐齊。可見不但內河，就沿海交通，亦已經開始了。〈禹貢〉九州貢路，都有水道。〈禹貢〉當是戰國時書，可以窺見當時交通的狀況。

　　從平地發展到山地，這是陸地交通的一個進步，可以騎馬的發達為徵。古書不甚見騎馬之事，後人因謂古人不騎馬，只用以駕車。《左傳·昭公二十五年》，「左師展將以公乘馬而歸」。《疏》引劉炫說，以為是騎馬之漸。這是錯誤的。古書所以不甚見騎馬，一因其所載多貴族之事，貴族多是乘車的。二則因其時的交通，僅及於平地。《日知錄》說：「春秋之世，戎狄雜居中夏者，大抵在山谷之間，兵車之所不至。齊桓、晉文，僅攘而卻之，不能深入其地者，用車故也。中行穆子之敗狄於大鹵，得之毀車崇卒。而智伯欲伐仇猶，遺之大鐘以開其道，其不利於車可知矣。勢不得不變而為騎。騎射，所以便山谷也。胡服，所以便騎射也。」此雖論兵事，交通的情形，亦可以借鑑而明。總而言之，交通所至之地愈廣，而道路大抵失修，用車自不如乘馬之便。騎乘的事，就日盛一日了。

　　「水性使人通，山性使人塞」。水性是流動的，雖然能阻礙人，使其不得過去，你只要能利用它，它卻可以幫你活動，節省你的勞力。山卻不

然，會多費你的抵抗力的。所以到後世，水路的交通，遠較陸路交通為發達。長江流域的文明，本落黃河流域之後，後來卻反超過其上，即由於此。唐朝的劉晏說：「天下諸津，舟航所聚，旁通巴漢，前指閩越，七澤十藪，三江五湖，控引河洛，兼包淮海，弘舸巨艦，千軸萬艘，交貿往來，昧旦永日。」可以見其盛況了。《唐語林補遺》說：「凡東南都邑，無不通水。故天下貨利，舟楫居多。舟船之盛，盡於江西。編蒲為帆，大者八十餘幅。江湖語日：『水不載萬。』言大船不過八九千石。」明朝鄭和航海的船，長四十四丈，寬十八丈，共有六十二隻，可以見其規模的弘大了。

　　因為水路交通利益之大，所以歷代開鑿的運河極多。長在一千里以下的運河，幾乎數不著它。中國的大川，都是自西向東的，南北的水路交通，很覺得不便。大運河的開鑿，多以彌補這闕憾為目的。《左傳·哀公九年》，「吳城邗，溝通江淮」。此即今日的淮南運河。《史記·河渠書》說：「滎陽下引河東南為鴻溝，以通宋、鄭、陳、蔡、曹、衛，與濟、汝、淮、泗會。」鴻溝的遺跡，雖不可悉考，然而其性質，則極似現在的賈魯河，乃是所以溝通河淮兩流域的。至後漢明帝時，則有從滎陽通至千乘的汴渠。此因當時的富力多在山東，所以急圖東方運輸的便利。南北朝以後，富力集中於江淮，則運輸之路亦一變。隋開通濟渠，自東都引穀、洛兩水入河。又自河入汴，自汴入淮，以接淮南的邗溝。自江以南，則自京口達餘杭，開江南河八百里。此即今日的江南運河。唐朝江淮漕轉，二月發揚州。四月，自淮入汴。六七月到河口，八九月入洛。自此以往，因有三門之險，乃陸運以入於渭。宋朝建都汴京，有東西南北四河。東河通江淮（亦稱裡河）。西河通懷、孟，南河通潁、壽（亦稱外河。現在的惠民河，是其遺跡）。北河通曹、濮。四河之中，東河之利最大。淮南、浙東西、荊湖南北之貨，都自此入汴京。嶺表的金銀香藥，亦陸運至虔州入

江。陝西的貨，有從西河入汴的，亦有出劍門，和四川的貨，同至江陵入江的。宋史說東河所通，三分天下有其二，雖是靠江淮等自然的動脈，運河連接之功，亦不可沒的。元朝建都北平，交通之目的又異，乃引汶水分流南北，而現在的大運河告成。

　　海路的交通，已略見第十一章。唐咸通時，用兵交阯，湖南、江西，運輸甚苦，潤州人陳磻石創議海運。從揚子江經閩、廣到交阯，大船一艘，可運千石，軍需賴以無缺。是為國家由海道運糧之始。元、明、清三代，雖有運河，仍與海運並行。海運所費，且較河運為省。近代輪船未行以前，南北海道的運輸，亦是很盛的。就到現在，南如寧波，北如營口，帆船來往的仍甚多。

　　水道的交通，雖極發達，陸路的交通，卻是頗為腐敗的。《日知錄》說當時的情形：「塗潦遍於效關，汙穢鐘於輦轂。」（〈街道〉條）。又說：「古者列樹以表道。」「下至隋唐之代，而官槐官柳，亦多見之詩篇。」「近代政廢法弛，任人斫伐。周道如砥，若彼濯濯。」（〈官樹〉條）。「《唐六典》：凡天下造舟之梁四，石柱之梁四，木柱之梁三，巨梁十有一，皆國工修之。其餘皆所管州縣，隨時營葺。其大津無梁，皆給船人，量其大小難易，以定其差等。今畿甸荒蕪，橋梁廢壞，雄莫之間，秋水時至，年年陷絕。曳輪招舟，無賴之徒，藉以為利；潞河舟子，勒索客錢，至煩章劾。司空不修，長吏不問，亦已久矣（《原注》：「成化八年九月丙申，順天府府尹李裕言：『本府津渡之處，每歲水漲，及天氣寒沍，官司修造渡船，以便往來。近為無賴之徒冒貴戚名色私造渡船，勒取往來人財物，深為民害。』乞敕巡按御史嚴為禁止，從之。」）。況於邊陲之遠，能望如趙充國治湟狹以西道橋七十所，令可至鮮水，從枕席上過師哉。」（〈橋梁〉條）。觀此，知路政之不修，亦以宋以後為甚。其原因，實與建築之頹敗相同。前清末年，才把北京道路加以修理。前此是與顧氏所謂「塗潦

遍於郊關，汗穢鐘於輦轂」，如出一轍的。全國除新開的商埠外，街道比較整齊寬闊的，沒有幾處。南方多走水道，北方旱路較多，亦無不崎嶇傾仄。間有石路，亦多年久失修。路政之壞，無怪全國富庶之區都偏於沿江沿海了。

因路政之壞，交通乃不能利用動物之力，而多用人力。《史記・夏本紀》：「山行乘」，《河渠書》作「山行即橋」。按禹乘四載，又見《呂覽・慎勢》，《淮南・齊俗訓》、〈修務訓〉，《漢書・溝洫志》。又《史記集解》引《尸子》及徐廣說，所作字皆互異。山行與橋外，又作樏，作樏，作欙，作樏。樏、樏、欙，為一字，顯而易見。桐字見《玉篇》，云：「輿，食器也。又土轝也。」雷浚《說文外編》云：「土轝之字，《左傳》作桐（按見襄公九年）。《漢書・五行志》引作，《說文》「輂，大車駕馬也。」按《孟子》：「反虆梩而掩之。」《趙注》云：「虆梩，籠臿之屬，可以取土者也。」樏、樏、欙並即虆梩，與桐並為取土之器；駕馬則稱為輂，亦以音借而作橋。後又為之專造轎字，則即淮南王《諫伐閩越書》所謂「輿轎而逾嶺」。其物本亦車屬，後因用諸山行，乃以人舁之。所以韋昭說：「桐木器，如今輿狀，人舉以行。」此物在古代只用諸山行，後乃漸用之平地。王安石終身不乘肩輿，可見北宋時用者尚少。南渡以後，臨安街道日益狹窄，乘坐的人，就漸漸地多了（《明史・輿服志》：宋中興以後，以征伐道路險阻，詔百官乘轎，名曰竹轎子，亦曰竹輿）。

行旅之人不論在路途上，以及到達地頭之後，均須有歇宿之所。古代交通未盛，其事率由官營。《周禮》野廬氏，「比國郊及野之道路，宿息，井樹。」遺人，「凡國野之道：十里有廬，廬有飲食。三十里有宿，宿有路室，路室有委。五十里有市，市有候館，候館有積。」都是所以供給行旅的。到達之後，則「卿館於大夫，大夫館於士，士館於工商」（《儀禮・覲禮》）。此即《禮記・曾子問》所謂「卿大夫之家曰私館」。

另有「公宮與公所為」，謂之公館。當時的農民，大概無甚往來，所以只有卿士大夫和工商之家從事於招待。但到後來，農民出外的也多了。新旅客的增加，必非舊式的招待所能普遍應付，就有借此以圖利的，是為逆旅。《商君書·墾令篇》說：「廢逆旅，則姦偽躁心私交疑農之民不行。逆旅之民，無所於食，則必農。」這只是陳舊的見解。《晉書·潘岳傳》說當時的人以逆旅逐末廢農，姦淫亡命之人多所依湊，要把它廢掉。十里置一官，使老弱貧戶守之。差吏掌主，依客舍之例收錢。以逆旅為逐末廢農，就是商君的見解。《左傳·僖公二年》，晉人假道於虞以伐虢，說「虢為不道，保於逆旅，以侵敝邑之南鄙」。可見晉初的人，說逆旅使姦淫亡命多所依湊，也是有的。但以大體言之，則逆旅之設，實所以供商賈之用，乃是隨商業之盛而興起的。看潘岳的駁議，便可明白。無法廢絕商業，就無法廢除逆旅。若要改為官辦，畀差主之吏以管理之權，一定要弊餘於利的。潘岳之言，亦極有理。總而言之：（一）交通既已興盛，必然無法遏絕，且亦不宜遏絕（二）官吏經營事業，其秩序必尚不如私人。兩句話，就足以說明逆旅興起的原因了。漢代的亭，還是行人歇宿之所，甚至有因一時沒有住屋而借居其中的（見《漢書·息夫躬傳》）。魏晉以後，私人所營的逆旅日益興盛，此等官家的事業，就愈益廢墜，而浸至於滅絕了。

接力賽跑，一定較諸獨走長途，所至者要遠些，此為郵驛設置的原理。《說文》：「郵，境上行書舍也。」是專以通信為職的。驛則所以供人物之往來。二者設置均甚早。人物的往來，並不真要靠驛站。官家的通信，卻非有驛站不可。在郵政電報開辦以前，官家公文的傳遞，實利賴之。其設置遍於全國。元代疆域廣大，藩封之地，亦均設立，以與大汗直轄之地相連接，規模不可謂不大。惜乎歷代郵驛之用，都止於投遞公文，未能推廣之以成今日的郵政。民間寄書，除遣專使外，就須輾轉托人，極

為不便。到清代，人民乃有自營的信局。其事起於寧波，逐漸推廣，幾於遍及全國，而且推及南洋。其經營的能力，亦不可謂之不偉大了。

鐵路、輪船、摩托車、有線、無線電報的發明，誠足使交通、通信煥然改觀。這個，誠然是文明進步之賜，然而亦看用之如何。這樣的文明利器，能用以開發世界上尚未開發的地方，誠足為人類造福。若只在現代社會機構之下為私人所有，用以為其圖利的手段，則其為禍為福，誠未易斷言。現代的物質文明，有人歌誦它，有人詛咒它，其實物質文明的本身，是不會構禍的，就看我們用之是否得當。

中國現在的開發西南、西北，在歷史上，將會成為一大事。交通起於陸地，進及河川、沿海，再進及於大洋，回過來再到陸地，這是世界開發必然的程式。世界上最大最未開發的地方，就是亞洲的中央高原，其中又分為兩區：（一）為蒙古、新疆等沙漠地帶，（二）為西康、青海、西藏等高原。中國現在開發西南、西北，就是觸著這兩大塊未開闢之地。我們現在還不覺得，將來這兩件事的成功，會使世界煥然改觀，成為另一個局面。

第十四章　住行

第十五章　教育

　　現在所謂教育，其意義，頗近乎從前所謂習。習是人處在環境中，於不知不覺之間受其影響，不得不與之俱化的。所謂「入芝蘭之室，久而不聞其香；居鮑魚之肆，久而不知其臭」。所以古人教學者，必須慎其所習，孟母教子，要三次遷居，古訓多重親師取友，均是此意。因此，現代所謂教育，要替學者另行布置出一個環境來，此自非古人所及。古人所謂教，只是效法的意思。教人以當循之道謂之；受教於人而效法之，則謂之學；略與現在狹義的教育相當。人的應付環境，不是靠生來的本能，而是靠相傳的文化。所以必須將前人之所知所能傳給後人。其機關，一為人類所附屬的團體，即社團或家庭，一為社會中專司保存智識的部分，即教會。

　　讀史的人，多說歐洲的教育學術和宗教的關係深，中國的教育學術和宗教的關係淺。這話誠然不錯，但只是後世如此。在古代，中國的教育學術和宗教的關係，也未嘗不密切。這是因為司高等教育的，必為社會上保存智識的一部分，此一部分智識，即所謂學術。而古代的學術，總是和宗教有密切關係的緣故。

　　古代的太學，名為辟雍，與明堂即是同物（已見第七、第十四兩章）。所以所謂太學，即是王宮的一部分。蔡邕《明堂論》引《易傳》說：「太子旦入東學，晝入南學，暮入西學。在中央曰太學，天子之所自學也。」（脫北學一句）又引《禮記・保傅篇》說：「帝入東學，上親而貴仁；入西學，上賢而貴德；入南學，上齒而貴信；入北學，上貴而尊爵。入太學，承師而問道。」所指的，都是此種王宮中的太學。後來文化進步，一切機關，都從王宮中分析出來，於是明堂之外，別有所謂太學。此即《禮記・王制》所說的「太學在郊」。〈王制〉又說「小學在公宮南之左」。按小學亦是從王宮中分化出來的。古代門旁邊的屋子喚做塾。《禮記・學記》說：「古之教者家有塾。」可見貴族之家，子弟是居於門側的。

《周禮》教國子的有師氏、保氏，師氏居虎門之左，保氏守王闈。蔡邕說南門稱門，西門稱闈。漢武帝時，公玉帶上《明堂圖》，水環宮垣，上有樓，從西南入（見第十四章）。可見古代的明堂，只西南兩面有門，子弟即居於此（子弟居於門側，似由最初使壯者任守衛之故）。後來師氏、保氏之居門闈，小學之在公宮南之左，地位方向，還是從古相沿下來的。師氏所教的為三德（一曰至德，以為道本；二曰敏德，以為行本；三曰孝德，以知逆惡。按至德，大概是古代宗教哲學上的訓條，孝德是社會政治上的倫理訓條）、三行（一曰孝行，以親父母；二曰友行，以尊賢良；三曰順行，以事師長），保氏所教的為六藝（一曰五禮，二曰六樂，三曰五射，四曰五御，五曰六書，六曰九數）、六儀（一曰祭祀之容，二曰賓客之容，三曰朝廷之容，四曰喪紀之容，五曰軍旅之容，六曰車馬之容），這是古代貴族所受的小學教育。至於太學，則〈王制〉說「春秋教以禮樂，冬夏教以詩書」。此所謂禮樂，自與保氏所教六藝中的禮樂不同，當是宗教中高等的儀式所用。詩即樂的歌辭，書當是教中的古典。

古代本沒有明確的歷史，相沿的傳說，都是和宗教夾雜的，印度即是如此。然則此等學校中，除迷信之外，究竟還有什麼東西沒有呢？有的：（一）為與宗教相混合的哲學。先秦諸子的哲學、見解，大概都自此而出，看第十七章可明。（二）為涵養德性之地。梁啟超是不信宗教的，當他到美洲去時，每逢星期日，卻必須到教堂裡去坐坐。意思並不是信他的教，而是看他們禮拜的秩序，聽其音樂，以安定精神。這就是子夏說「學而優則仕，仕而優則學」之理（《論語‧子張篇》）。仕與事相通，仕就是辦事。辦事有餘力，就到學校中去涵養德性，一面涵養德性，一面仍應努力於當辦之事，正是德育、智育並行不悖之理。

管太學的官，據〈王制〉是大樂正，據《周禮》是大司樂。俞正燮《癸巳類稿》有〈君子小人學道是歌義〉，說古代樂之外無所謂學，尤可

見古代太學的性質。古代鄉論秀士，升諸司徒，司徒升之於學，學中的大樂正，再升諸司馬，然後授之以官。又諸侯貢士，天子試之於射宮。其容體比於禮，其節比於樂，而中多者，則得與於祭（均見第七章）。這兩件事的根源，是同一的。即人之用舍，皆決之於宗教之府。「出征執有罪，反釋奠於學」（《禮記・王制》）。這是最不可解的。為什麼明明是用武之事，會牽涉到學校裡來呢？可見學校的性質，絕不是單純的教育機關了。然則古代所以尊師重道，太學之禮，雖詔於天子，無北面（《禮記・學記》）。養老之禮，天子要袒而割牲，執醬而饋，執爵而酳（《禮記・樂記》）。亦非徒以其為道之所在，齒德俱尊，而因其人本為教中尊宿之故。凡此，均可見古代的太學和宗教關係的密切。

　　貴族的小學教育，出於家庭，平民的小學教育，則仍操諸社團之手。《孟子》說：「夏日校，殷日序，周日庠，學則三代共之。」學指大學言，校、序、庠都是民間的小學。第五章所述：平民住居之地，在其中間立一個校室，十月裡農功完了，公推有年紀的人，在這裡教育未成年的人，就是校的制度。所以《孟子》說「校者，教也」。又說「序者，射也；庠者，養也」，這是行鄉射和鄉飲酒禮之地。孔子說：「君子無所爭，必也射乎？揖讓而升，下而飲，其爭也君子。」（《論語・八佾篇》）。又說一看鄉飲酒禮，便知道明貴賤，辨隆殺，和樂而不流，弟長而無遺，安燕而不亂等道理。所以說：「吾觀於鄉，而知王道之易易也。」（《禮記・鄉飲酒義》）然則庠序都是行禮之地，使人民看了，受其感化的。正和現在開一個運動會，使人看了，知道武勇、剛毅、仁俠、秩序等的精神，是一樣的用意。行禮必作樂，古人稱禮樂可以化民，其道即由於此。並非是後世的王禮，天子和百官行之於廟堂之上，而百姓不聞不見的。漢朝人所謂庠序，還是如此，與現在所謂學校偏重智識傳授的，大不相同。古代平民的教育，是偏重於道德的，所以興學必在生計問題解決之後。孟子說庠序之

制，必與制民之產並言（見《梁惠王・滕文公上篇》）。〈王制〉亦說：「食節事時，民咸安其居，樂事勸功，尊君親上，然後興學。」生計問題解決之後，教化問題，卻實屬必要。所以又說：「飽食暖衣，逸居而無教，則近於禽獸。」（《孟子・滕文公上篇》）。又說：「君子如欲化民成俗，其必由學乎。」（〈學記〉）

以上是古代社會，把其傳統的所謂做人的道理，傳給後輩的途徑（貴族有貴族立身的方法，平民有平民立身的方法，其方法雖不同，其為立身之道則一）。至於實際的智識技能，則得之必由於實習。實習即在辦理其事的機關裡，古稱為宦。《禮記・曲禮》說「宦學事師」，《疏》引熊氏云：「宦謂學仕官之事。」官就是機關，仕官，就是在機關裡辦事。學仕官之事，就是學習在機關裡所辦的事。這種學習，是即在該機關中行之的，和現在各機關裡的實習生一般。《史記・秦始皇本紀》：「昌平君發卒攻嫪毒，戰咸陽，斬首數百，皆拜爵。及宦者皆在戰中，亦拜爵一級。」《呂不韋列傳》：「諸客求宦為嫪毒舍人千餘人。」《漢書・惠帝紀》：即位後，爵五大夫，吏六百石以上及宦皇帝而知名者，有罪當盜械者，皆頌繫。此所謂宦，即是學仕於其家。因為古代卿大夫及皇太子之家，都是一個機關。嫪毒之家，食客求宦者至千餘人，自然未必有正經的事情可辦，亦未必有正經的事情可以學習。正式的機關則不然。九流之學，必出於王官者以此（參看第十七章）。子路說：「有民人焉，有社稷焉，何必讀書，然後為學？」（《論語・先進篇》）。就是主張人只要在機關裡實習，不必再到教會所設的學校裡，或者私家教授，而其宗旨與教會教育相同的地方去學習（《史記・孔子世家》說，孔子以詩、書、禮、樂教，可見孔子的教育，與古代學校中傳統的教育相近）。並不是說不要學習，就可以辦事。

古代的平民教育，有其優點，亦有其缺點。優點是切於人的生活；缺點則但把傳統的見解，傳授給後生，而不授以較高的智識。如此，平民就

只好照著傳統的道理做人，而無從再研究其是非了。大學中的宗教哲學，雖然高深，卻又離實際太遠。所以必須到東周之世，各機關中的才智之士將其經驗所得的智識，及大學中相傳的宗教哲學，合而為一，而學術才能開啟一個新紀元。此時的學術，既非傳統的見解所能限，亦非復學校及機關所能容，乃一變而為私家之學。求學問的，亦只得拜私人為師。於是教育之權，亦由官家移於私家，乃有先秦諸子聚徒講學之事。

　　社會上新舊兩事物衝突，新的大概都是合理的。因為必定先是舊的搖動了，然後新的會發生，而舊的所以要搖動，即由於其不合理。但此理是不易為昔人所承認的，於是有秦始皇和李斯的辦法：「士則學習法令辟禁」，「欲學法令，以吏為師」，這是想恢復到政教合一之舊。所以要恢復政教合一，則因他們認為「人善其所私學，以非上之所建立」，是天下所以不治；而當時的人，所以要善私學以非上所建立，全是出於朋黨之私，所謂「飾虛言以亂實」（《史記・秦始皇本紀》三十四年）。這固然不無相當的理由。然而古代社會矛盾不深刻，政治所代表的，就是社會的公意，自然沒有人出來說什麼話。後世社會複雜了，各方面的矛盾，漸漸深刻，政治總只代表得一方面，其反對方面，以及雖非站在反對方面，而意在顧全公益的人，總不免有話說。這正是有心求治者所樂聞，即以手段而論，防民之口，甚於防川，亦是秉政者所應希望其宣洩的。而始皇、李斯不知「天下有道，則庶人不議」（《論語・季氏篇》）。誤以為庶人不議，則天下有道；至少庶人不議，天下才可以走上有道的路，這就和時勢相反了。人的智識，總不免於落後，這也無怪其然。但社會學的公例，是不因人之不知而加以寬恕的，該失敗的總是要失敗，而秦遂因之傾覆（秦朝的滅亡，固非儒生所為，然人心之不平，實為其最大原因之一，而儒生亦是其中的一部分）。

　　漢朝的設立學校，事在武帝建元五年。此時並未立學校之名，僅為五

經博士置弟子。在內由太常擇補，在外由縣、道、邑的長官，上所屬二千石、二千石察其可者，令與所遣上計之吏同詣京師。這就是公孫弘所說的「因舊官而興焉」（不另設新機關）。但因博士弟子都有出身，所以傳業者寖盛（以上見《史記》、《漢書·儒林傳》）。至後漢，則光武帝下車，即營建太學。明、章兩代，屢次駕幸。順帝又增修校舍。至其末年，遊學諸生，遂至三萬餘人，為至今未曾再有的盛況。

按趙翼《陔餘叢考》有一條，說兩漢受學者都詣京師，其實亦不盡然。後漢所立，不過十四博士，而《漢書·儒林傳》說：「大師眾至千餘人。」《漢書·儒林傳》不能證明其有後人增竄之跡，則此語至少當在東漢初年。可見民間傳業，亦並非不盛。然而漢代國家所設立的太學，較後世為盛，事實上比較的是學問的重心，則是不誣的。此因一則當時社會，學問不如後世的廣布，求學的自有走集學問中心地的必要。二則利祿使然，參看第七章自明。前漢時，博士弟子雖有出路，究系平流而進。後漢則黨人劫持選舉，而太學為私黨聚集、聲氣標榜之地。又此時學術在社會上漸占重要地位，功臣、外戚及官吏等，亦多遣子弟入學。於是紈綺子弟，摻雜其中，不能認真研究，而易與政治接近，就成《後漢書·儒林傳》所說的，「章句漸疏，多以浮華相尚」了。漢末喪亂，既不能研究學問，而以朋黨劫持選舉的作用亦漸失，魏文帝所立的太學，遂成學生專為避役而來，博士並無學問可以教授的現狀（詳見《三國·魏志·王肅傳》、《注》引《魏略》）。

魏晉以後，學校僅為粉飾升平之具。所謂粉飾升平，並不是學校能積極地替政治上裝飾出什麼東西來，而是消極的，因為假使連學校都沒有，未免說不過去。所以苟非喪亂之時，總必有所謂學校。至其制度，則歷代又略有不同。晉武帝咸寧二年，始立國子學。案今文經說，只有太學；大司樂合國之子弟，是出於《周禮》的，是古文經說。兩漢的政治制度，大

抵是根據今文學說的。東漢之世，古學漸興，魏晉以後，今文傳授的統緒
遂絕，所以此時的政治制度，亦漸採用古文學說了。自此以後，元魏國
子、太學並置。周只有太學，齊只有國子學。

　　隋時，始令國子學不隸太常，獨立為一監。唐有國子學、太學、四門
學、律學、書學、算學，都屬國子監。後律學改隸詳刑，書學改隸蘭臺，
算學改隸祕閣。律學、書學、算學專研一種學問藝術，為專門學校性質。
國子學、太學、四門學，則是普通性質。國子學、太學，都只收官吏子
弟，只有四門學收一部分庶人，成為階級性質了。這都是古文學說的流
毒（四門學在歷史上，有兩種性質：有時以為小學。此時則模仿《禮記‧
王制》之說：王太子、王子、群后的太子、卿大夫元士的嫡子，都可以直
接入學，庶人則須節級而升，因令其先入四門小學。然古代所謂學校，本
非研究學問之地。鄉論秀士，升諸司徒，司徒升之於學，大樂正再升諸司
馬，不過是選舉的一途。貴族世襲之世，得此已算開明。後世則用人本無
等級，學校為研究學問之地，庶人的學問，未必劣於貴族，而令其節級而
升，未免不合於理。將庶人及皇親、國戚、官吏子弟所入的學校分離，那
更是造出等級來了）。又有弘文館屬門下省，是專收皇親的；崇文館屬東
宮，是收皇太后、皇后親屬兼及官吏子孫的。總之，學校只是政治上的一
個機關，學生只是選舉上的一條出路，和學術無甚關係（學校中未必真研
究學術，要研究學術，亦不一定要入學）。

　　把學校看作提倡學術，或興起教化之具，其設立，是不能限於京師
的。漢武帝時，雖興起太學，尚未能注意地方。其時只有賢長官如文翁
等，在其所治之地，自行提倡（見《漢書‧循吏傳》）。到元帝令郡國皆
設五經百石卒史，才可算中央政府以命令設立地方學校的權輿。但漢朝人
眼光中，所謂庠序，還不是用以提倡學術，而是用以興起教化的。所以元
帝所為，在當時的人看起來只能算是提倡經學，並不能算是設立地方學

校。這個，只要看《漢書・禮樂志》的議論，便可知道。隋唐時，各州縣都有學（隋文帝曾盡裁太學、四門學及州、縣學，僅留國子生七十人。煬帝時恢復），然而只法令如此。在唐時，大概只有一筆釋奠之費以祭孔子（事見《唐書・劉禹錫傳》）。按明清之世，亦正是如此。

所謂府、州、縣學，尋常人是不知其為學校，只知其為孔子廟的。所以有人疑惑：「為什麼佛寺、道觀都大開了門，任人進去，獨有孔子廟卻門禁森嚴？」當變法維新之初，有人想把孔子抬出來，算做中國的教主，以和基督教相抗，還有主張把文廟開放，和教堂一樣的。殊不知中國本無所謂孔子廟，孔子乃是學校裡所祭的先聖或先師（《禮記・文王世子》：「凡入學，必釋奠於先聖、先師。」先聖是發明家，先師是把發明家的學問，流傳下來的人。此項風氣，在中國流行頗廣。凡百事業，都有其所崇奉的人，如藥業崇奉神農，木匠崇奉魯班，都是把他認作先聖，儒家是傳孔子之道的，所以把孔子認作先聖，傳經的人，認作先師。古文學說既行，認為孔子所傳的，只是古聖王之道，尤其直接以周公為模範。周朝集古代治法的大成，而其治法的制定，皆由於周公。所以周公可以看作發明家的代表。於是以周公為先聖，孔子為先師。然則孔子為中國所最尊的人，僅僅乎把他看作傳述者，不足以饜足宗教心理，於是仍改奉孔子為先聖。自宋學興起以後，所謂孔子之道者又一變。認為漢唐傳經儒生，都不足以代表孔子之學。宋代諸儒，崛起於千載之後，乃能遙接其道統。於是將宋以後的理學家認為先師。此即所謂從祀。漢至唐傳經諸儒，除品行惡劣者外，亦不廢黜。是為歷代所謂先聖先師者的變遷）。寺廟可以公開，學校是辦不到的。現在的學校，從前的書院、義塾，又何嘗能大開其門，任人出入呢？然而令流俗之人有此誤會，亦可見學校的有名無實了。

魏晉以後，看重學校的有兩個人：一個是王安石，一個是明太祖。王安石的意思，是人才要由國家養成的。科舉只是取人才，不是養人才，不

能以此為已足。照安石的意思，改革科舉，只是暫時的事，論根本，是要歸結到學校養士的。所以於太學立三舍之法，即外舍、內舍、上舍，學生依次而升。到升入上舍，則得免發解及禮部試，而特賜之以進士第。哲宗元符二年，令諸州行三舍法，歲貢其上舍生，附於外舍。徽宗遂特建外學，以受諸州貢士；並令大學內的外舍生，亦出居外學。遂令取士悉由學校升貢，其州郡發解及禮部試並停。後雖旋復，然而在這一時期中的立法，亦可謂很重視學校了。

　　按：凡事都由國家主持，只有國小而社會情形簡單的時代可以辦到。國大而社會複雜，根本是不可能的，因為國家不但不能勝此繁重的職務且並不能盡知社會的需要。因則其所辦之事，往往有名無實，甚或至於有弊。又或其所辦之事，多不能與社會趨勢相應，甚或頑固守舊，阻礙進步。所以許多的事情，根本是不宜於國家辦的。現在政治學上，雖亦有此項主張，然而其理論漏洞甚多，至多只可用以應急，施諸特殊的事務，斷非可以遍行常行的道理。這話太長了，現在不能詳論。但可用以批評宋時的學校，總是無疑的。所以當時的學校，根本不會辦得好。而況自亡清以前（學堂獎勵章程廢止以前）。國家把學校科舉都看作登庸官吏之法，入學者和應科舉者一樣，都是為利祿而來，又何以善其後呢？（其中固有少數才智之士。然而亦如昔人論科舉的話，「乃人才得科舉，非科舉得人才」。這種人在學校中，並不能視為學校所養成）安石變科舉法後，感慨道：「本欲變學究為秀才，不料變秀才為學究。」秀才是科舉中最高的一科，學究則是最低的。熙寧貢舉法所試，較諸舊法，不能不說是有用些。成績之所以不良，則由學問的好壞，甚而至於可以說是有無，都判之於其真假，真就是有，假就是無。真假不是判之於其所研究的門類材料，而是判之於其研究的態度、方法的。態度和方法，判之於其有無誠意。所以以利用為目的，以學習為手段，學到的，至多是技術，絕不是學問。此其原

理，在學校與科舉中，並無二致。以得獎勵為目的的學校，其結果，只能與科舉一樣。

凡國家辦的事，往往只能以社會上已通行的，即大眾所公認的理論為根據。而這種理論，往往是已經過時的，至少是比較陳舊的。因為不如此，不會為大眾所承認。其較新鮮的，方興的，則其事必在逐漸萌芽，理論必未甚完全，事實亦不會有什麼轟轟烈烈的，提供給大眾看，國家當然無從依據之以辦事。所以政治所辦理的事情，往往較社會上自然發生的事情為落後。教育事業，亦是如此。

學問是不宜於孤獨研究的，因為在物質方面，供給不易完全；在精神方面，亦不免孤陋寡聞之誚。所以研究學問的人，自然會結成一種團體。這個團體，就是學校。學校的起源，本是純潔的，專為研究學問的；惜乎後來變為國家養成人才之所。國家養成人才，原是很好的事；但因事實上，國家所代表的，總是業經通行、已占勢力的理論。所以公家所立的學校，其內容，總是比較陳舊些。社會上新興的，即在前途有真正需要，而並非在過去占有勢力的學科，往往不能盡力提倡。而且其本身，總不免因利祿關係而腐化。於是民間有一種研究學問的組織興起來，這便是所謂書院。

書院是起於唐五代之間的。宋初，有所謂四大書院者，朝廷咸賜之額（曰白鹿，在廬山白鹿洞，為南唐升元中所建；曰石鼓，唐元和中衡州守李寬所建；曰應天，宋真宗時，府民曹誠所建；曰岳麓，宋開寶中，潭州守朱洞所建。這是據《通考》。《玉海》有嵩陽而無石鼓。嵩陽，在登封縣大寶山下，五代時所建）。此外賜額、賜田、賜書的還很多。但書院並不靠朝廷的獎勵和補助。書院之設，大概由有道德學問者所提倡，或為好學者的集合，或則有力者所興辦。他是無所為而為之的，所以能夠真正研究學問，而且真能跟著風氣走。在理學盛行時代，則為講學的中心；在考據之學盛行的時代，亦有許多從事於此的書院；即其確證。新舊兩勢力，

最好是能互相調和。以官辦的學校，代表較舊的、傳統的學術；以私立的學校，代表較新的、方興的學術，實在是最好的辦法。

　　宋朝國勢雖弱，然而在文化上，不能說是沒有進步的。文化既進步，自然覺得有多設學校的必要。元朝的立法，就受這風氣的影響。元朝的國子監，本是蒙古、色目和漢人都可以進的（蒙古人試法從寬，授官六品；色目人試法稍密，授官七品；漢人試法最密，授官從七品；則是階級制度）。然而在京師，又有蒙古國子學，諸路有蒙古字學。仁宗延祐元年，又立回回國子學，以肄習其文字，諸路、府、州、縣皆有學。世祖至元二十八年，又令江南諸路學及各縣學內設小學，選老成之士教之。或自願招師，或自受家學於父兄者，亦從其便。其他先儒過化之地，名賢經行之所，與好事之家，出錢米贍學者，並立為書院。各省設提舉二員，以提舉學校之事。官家竭力提倡，而仍承認私家教育的重要，不可謂非較進步的立法。此項法令，能否真正實行，固未可知，然而在立法上，總是明朝的前驅。

　　明朝的學校，立法是很完密的。在昔時把學校看作培植人才（政治上的人才）。登庸官吏的機關，而不視為提高文化，普及教育的工具，其立法不過如此而止，其擴充亦只能到這地步了。然而其法並不能實行，這可見法律拗不過事實。明朝的太學，名為國子監。太祖極為重視國子監，所用的監官，都是名儒，規則極嚴，待諸生甚厚。又創曆事之法，使在各機關中實習，曾於一日之間，擢用國子生六十餘人為布、按兩司官。其時國子諸生，揚曆中外者甚眾，可謂極看重學校的了。然而一再傳後，科舉積重，學校積輕，舉貢的選用，遂遠不能與進士比。而自納粟入監之例開後，且被視為異途。

　　國子生本是從府縣學裡來的。府縣學學生升入國子監的，謂之貢生。有歲貢（按年依定額升入）、選貢（選拔特優的）、恩貢（國家有慶典

時，特許學生升入國學，即以當充歲貢者充之，而以其次一名充歲貢）、納貢（府、州、縣學生納粟出學）之別。舉人亦可入監。後又取副榜若干，令其入監讀書。府、州、縣學，府有教授，州有學正，縣有教諭，其副概稱訓導。學生各有定額。初設的都由學校供給飯食，後來增廣學額，則不能然。於是稱初設的為廩膳生員，增廣的為增廣生員。後又推廣其額，謂之附學生員。於是新取入學的，概稱附學生員。依考試的成績，遞升為增廣、廩膳。廩膳生資格深的，即充歲貢。入學和判定成績的考試，並非由教諭訓導舉行，而是另行派員主持的。

入學之試，初由巡按御史或布、按兩司及府州縣官，後特置提督學政，巡曆舉行（僻遠之地，為巡曆所不能至者，或仍由巡按御史及分巡道）。學政任期三年，三年之中，考試所屬府州縣學生兩次：一次稱歲考，是用以判定成績優劣的。一次稱科考，在舉行科場之年，擇其優者，許應鄉試。國子監生畢業後可以入官的，府州縣學生，則無所謂畢業。其出路只有：應科舉中式，或貢入國子監。如其不然，則始終只是一個學生。要到五十歲之後，方許其不應歲試；未滿五十而不應歲試（試時亦可請假，但下屆須補。清制，缺至三次者，即須斥革），其學籍，是要取消掉的。非府州縣學生不能應科舉，府州縣學生除貢入大學外，亦非應科舉不能得出路，這是實行宋以來學校科舉相輔而行的理想的。在當時，的確是較進步的立法。然而法律拗不過事實。事實上，國家所設的學校，一定要人來讀書，除非（一）學校中真有學問，為在校外所學不到的（二）法令嚴切，不真在校學習，即不能得到出路。但當時的學校，即使認真教授，其程度，亦不會超過民間的教育，而況並不教授！既然並不教授，自無從強迫學生在學。於是除國子監在京師首善之地，且沿明初認真辦理之餘，不能竟不到監，乃斤斤和監官計較「坐監」的日數外，府州縣學，皆闃無其人，人家仍只視它為文廟。學校的有名無實，一方面，固然表現

政治的無力，一方面，也表示社會的進步。因為社會進步了，到處都有指導研究的人，供給研究的器，人家自然無庸到官立的學校裡來了。我們現在，如其要讀中國的舊書，並不一定要進學校。如其要研究新學問，有時非進學校不可，甚至有非到外國去不可的。就因為此種學術，在社會上還未廣布。

　　清朝的學制，是和明朝大同的。所不同的，則明朝國子監中的蔭生分為官生、恩生。官生是限以官品的（學生父兄的官品）。恩生則出自特恩，不拘品級。清制分為難蔭及恩蔭。恩蔭即明代的官生；難蔭謂父兄殉難的，其條件較恩蔭為優。又清制，除恩副歲貢生外，又有優、拔兩貢。優貢三歲一行，每一督學使者歲科兩試俱訖後，就教官所舉優行生加以考試，再擇優送禮部考試，許其入國子監讀書。拔貢十二年舉行一次，合歲科兩試優等生，欽命大臣會同督撫複試。送吏部再應廷試，一、二等錄用，三等入監。但入監都是有名無實的。

　　以上所述的，大體都是官辦的學校，為政治制度的一部分，和選舉制度有關。其非官辦的，亦或具有學校的性質，如書院是。至於不具學校形式的，則有私人的從師讀書，或延師於家教授。其教授的內容，亦分為兩種：一是以應科舉為目的的，可謂士人所受的教育。二是又一種，但求粗知文義，為農工商家所受。前者既不足以語於學問，後者又不切於實用。這是因為從前對於教育無人研究，不過模模糊糊，蹈常習故而行之而已。至清末，變法以來，才有所謂新式的教育，就是現行的制度。對於文化的關係，人所共知，不煩深論。學校初興時，還有所謂獎勵。大學畢業視進士，大學豫科、高等學堂視舉人。中等學校以下，分別視貢生及附生等。這還帶有政治的性質。民國時代，把獎勵章程廢去，才全和科舉絕緣。

第十六章　語文

　　語言文字的發明，是人類的一個大進步。有語言，然後人類能有明晰的概念。有語言，然後這一個人的意思能夠傳達給那一個人。而不須人人自學，且可將個人的行為化作團體的行為。單有語言，還嫌其空間太狹，時間太短，於是又有文字，賦語言以形，以擴充其作用。總之，文字語言，是在空間上和時間上把人類連結為一的。人類是非團結不能進化的，團結的範圍愈廣，進化愈速，所以言語文字，實為文化進化中極重要的因素。

　　以語言表示意思，以文字表示語言，這是在語言文字發達到一定階段之後看起來是如此。在語言文字萌芽之始，則並不是如此的，代表意思多靠身勢，其中最重要的是手勢。中國文字中的「看」字，義為以手遮目，最能表示身勢語的遺跡。與語言同表一種意象的，則有圖畫。圖畫簡單化，即成象形文字。圖畫及初期的象形文字，都不是代表語言的。所以象形文字，最初未必有讀音，圖畫更無論了。到後來，事物繁複，身勢不夠表示，語言乃被迫而增加。語言是可以增加的，圖畫及象形文字，則不能為無限的增加，且其所能增加之數極為有限；而凡意思皆用語言表示，業已成為習慣；於是又改用文字代表語言。文字既改為代表語言，自可用表示聲音之法造成，而不必專於象形，文字就造的多了。

　　中國文字的構造，舊有六書之說，即：象形，指事，會意，形聲，轉注，假借。六者之中，第五種為文字增加的一例，第六種為文字減少的一例，只有前四種是造字之法。許慎《說文解字·序》說：「黃帝之史倉頡，見鳥獸蹄迒之跡，知分理之可相別異也，初造書契。」又說：「倉頡之初作書，蓋依類象形，故謂之文。其後形聲相益，即謂之字。」按許氏說倉頡造字，又說倉頡是黃帝之史，這話是錯的。其餘的話，則大概不錯。字是用文拼成的，所以文在中國文字中，實具有字母的作用（舊說謂之偏旁）。象形、指事、會意、形聲四種中，只有象形一種是文，其餘三種都是字。

象形就是畫成一種東西的形狀，如（⊙、ﾛ、Ш、邜此字須橫看。𠚎，《說文》：「象臂脛之形。」按此所畫系人的側面，而又略去其頭未畫。♀，上系頭，中系兩臂，小孩不能自立，故下肢並而為一。火，《說文》：「象人形。」按此為人的正面形，而亦略畫其頭。只有子字是連頭畫出的。按畫人無不畫其頭之理，畫人而不畫其頭，則已全失圖畫之意矣。於此，可悟象形文字和圖畫的區別）等字是天下的東西，不都有形可畫，有形可畫的，其形亦往往相類。畫得詳細了，到足以表示其異點，就圖畫也不能如此其繁。於是不得不略之又略，至於僅足以略示其意而止。儻使不加說明，看了它的形狀，是萬不能知其所指的。即或可以猜測，亦必極其模糊。此為象形文字與圖畫的異點。象形文字所以能脫離圖畫而獨立者以此。然則如此，所造的字，絕不能多。

　　指事：舊說是指無形可象的事，如人類的動作等。這話是錯的。指，就是指定其所在。事物兩字，古代通用。指事，就是指示其物之所在。《說文》所舉的例，是上下兩字。衛恆《四體書勢》說「在上為上，在下為下」，其語殊不可解。我們看《周禮》保氏《疏》說「人在一上為上，人在一下為下」，才知道《四體書勢》實有脫文。《說文》中所載古文⊥丁兩字，乃是省略之形。其原形當如篆文作𠄞𠄟。一畫的上下系人字，借人在一畫之上，或一畫之下，以表示上下的意思（這一畫，並非一二的一字，只是一個界畫。《說文》中此例甚多）。用此法，所造的字，亦不能多。

　　會意的「會」訓「合」。會意，就是合兩個字的意思，以表示一個字的意思。如《說文》所舉人言為信，止戈為武之類。此法所造的字，還是不能多的。只有形聲字，原則上是用兩個偏旁一個表示意義，一個表示聲音。凡是一句話，總自有其意義，亦自有其聲音的。如此，造字的人，就不必多費心思，只要就本語的意義，本語的聲音，各找一個偏旁來表示他

就夠了。造的人既容易，看的人也易於了解。而且其意義，反較象形、指事、會意為確實。所以有形聲之法，而「文字之用，遂可以至於無窮」。

轉注：《說文》所舉的例，是「考、老」兩字。聲音相近，意義亦相近。其根源本是一句話，後來分化為兩句的。語言的增加，循此例的很多。文字所以代表語言，自亦當跟著語言的分化而分化。這就是昔人的所謂轉注（夥多兩字，與考老同例）。假借則因語言之用，以聲音為主。文字所以代表語言，亦當以聲音為主。語文合一之世，文字不是靠眼睛看了明白的，還要讀出聲音來。耳朵聽了，等於聽語言，而明白其意義。如此，意義相異之語，只要聲音相同，就可用相同的字形來代表它。於是有些字，根本可以不造；有些字，雖造了，仍廢棄不用，而代以同音的字。此為文字之所以減少。若無此例，文字將繁至不可勝識了。

六書之說，見於許〈序〉及《漢書‧藝文志》（作象形、象事、象意、象聲、轉注、假借）、《周禮》保氏《注》引鄭司農之說（作象形、會意、轉注、處事、假借、諧聲）。昔人誤以為造字之法，固屬大謬。即以為保氏教國子之法，亦屬不然。教學童以文字，只有使之識其形，明其音義，可以應用，斷無涉及文字構造之理。以上所舉六書之說，當屬漢時研究文字學者之說。其說是至漢世才有的。《周禮》保氏，教國子以六書，當與《漢書‧藝文志》所說太史以六體試學童的六體是一，乃是字的六種寫法，正和現在字的有行、草、篆、隸一樣（《漢書‧藝文志》說：「古者八歲入小學，故《周禮》保氏，掌養國子，教之六書。謂象形、象事、象意、象聲、轉注、假借，造字之本也。漢興，蕭何草律，亦著其法，曰：太史試學童，能諷書九千字以上，乃得為史。又以六體試之。課最者以為尚書、御史、史書、令史。吏民上書，字或不正，輒舉劾。六體者，古文、奇字、篆書、隸書、繆篆、蟲書，皆所以通知古今文字，摹印章，書幡信也。」「謂象形、象事、象意、象聲、轉注、假借，造字之本

也」十八字，定系後人竄入。惟保氏六書和太史六體是一，所以說亦著其法，若六書與六體是二，這亦字便不可通了）。以六書說中國文字的構造，其實是粗略的（讀拙撰《字例略說》可明。商務印書館本），然大體亦尚可應用。

舊時學者的風氣，本來是崇古的；一般人又誤以六書為倉頡造字的六法。造字是昔時視為神聖事業的，更無人敢置議。其說遂流傳迄今。《荀子・解蔽篇》說：「故好書者眾矣，而倉頡獨傳者，壹也。」可見倉頡只是一個會寫字的人。然而將長於某事的人，誤認作創造其事的人，古人多有此誤（如暴辛公善塤，蘇成公善篪，《世本・作篇》即云：暴辛公作塤，蘇成公作篪，譙周《古史考》已駁其繆。見《詩・何人斯》、《疏》）。因此，生出倉頡造字之說。漢代緯書，皆認倉頡為古代的帝皇（見拙撰《中國文字變遷考》第二章，商務印書館本）。又有一派，因《易經・繫辭傳》說「上古結繩而治，後世聖人易之以書契」，蒙上「黃帝、堯、舜，垂衣裳而天下治」，認為上古聖人，即是黃帝；司記事者為史官，因以倉頡為黃帝之史。其實二者都是無稽的。還有《尚書》偽孔安國《傳序》，以三墳為三皇之書，五典為五帝之典，而以伏羲、神農、黃帝為三皇，就說文字起於伏羲時，那更是無據之談了。

文字有形、音、義三方面，都是有變遷的。形的變遷，又有改變其字的構造和筆劃形狀之異兩種，但除筆劃形狀之異一種外，其餘都非尋常人所知（字之有古音古義，每為尋常人所不知。至於字形構造之變，則新形既行，舊形旋廢，人並不知有此字）。所以世俗所謂文字變遷，大概是指筆劃形狀之異。其大別為篆書、隸書、真書、草書、行書五種。

（一）篆書是古代的文字流傳到秦漢之世的。其文字，大抵刻在簡牘之上，所以謂之篆書。篆就是刻的意思。又因其字體的不同，而分為（甲）古文，（乙）奇字，（丙）大篆，（丁）小篆四種。大篆，又稱為

籀文。《漢書‧藝文志》小學家有《史籀》十五篇。自注：「周宣王太史作。」《說文解字‧序》：「《史籀》者，周時史官教學童書也。」又說：「〈倉頡〉七章者，秦丞相李斯所作也。〈爰曆〉六章者，車府令趙高所作也。〈博學〉七章者，太史令胡毋敬所作也。文字多取《史籀篇》，而篆體復頗異，所謂秦篆者也。」然則大篆和小篆大同小異。現在《說文》所錄籀文二百二十餘，該就是其相異的。其餘則與小篆同。小篆是秦以後通行的字，大篆該是周以前通行的字。至於古文，則該是在大篆以前的，即自古流傳的文字，不見於《史籀》十五篇中的。奇字即古文的一部分。所不同者，古文能說得出他字形構造之由，奇字則否。所謂古文，不過如此。

　　《漢書‧藝文志》、〈景十三王傳〉、〈楚元王傳〉載劉歆〈移讓太常博士書〉，都說魯恭王壞孔子宅，在壁中得到許多古文經傳。其說本屬可疑。因為秦始皇焚書，事在三十四年。自此至秦亡，止有七年。即下距漢惠帝四年除挾書律，亦只有二十三年。孔壁藏書，規模頗大，度非一二人所為。不應其事遂無人知，而有待於魯恭王從無意中發現。假使果有此事，則在漢時實為一大事，何以僅見於《漢書》中這三處，而他書及《漢書》中這三處以外絕無人提及其事（凡歷史上較重大之事，總和別的事情有關係的，也總有人提及其事，所以其文很易散見於各處）。此三處：〈魯恭王傳〉將壞孔子宅之事接敘於其好治宮室之下，而別為數語，綴於傳末，其為作傳時所無有（傳成之後，再行加綴於末），顯而易見。〈移讓太常博士〉本是劉歆所說的話。〈藝文志〉也是以劉歆所做的《七略》為本的。然則這兩篇，根本上還是劉歆一個人的話。所以漢代得古文經一事，極為可疑。然而自班固以前，還不過說是得古文經；古文經的本子、字句，有些和今文經不同而已，並沒有說古文經的字為當時的人所不識。到王充作《論衡》，其〈正說篇〉，才說魯恭王得百篇《尚書》，武帝使使者取視，莫能讀者。《尚書‧偽孔安國傳序》則稱孔壁中字為蝌蚪書，

謂蝌蚪書廢已久，時人無能知者。孔安國據伏生所傳的《尚書》，考論文義（意謂先就伏生所傳各篇認識其字，然後再用此為根據，以讀其餘諸篇），才能多通得二十五篇。這純是以意揣度的野言，古人並無此說。凡文字，總是大眾合力，於無形中逐漸創造的，亦總是大眾於無形之間，將其逐漸改變的。由一人制定文字，頒諸大眾，令其照用，古無此事；亦不會於兩個時代中，有截然的異同，至於不能相識。

（二）篆書是圓筆，隸書是方筆。隸書的初起，因秦時「官獄多事」（《漢志》語。官指普通行政機關，獄指司法機關）。「令隸人佐書」（《四體書勢》語），故得此名。徒隸是不會寫字的人，畫在上面就算，所以筆劃形狀，因此變異了。然而這種字寫起來，比篆書簡便得多，所以一經通行，遂不能廢。初寫隸書的人是徒隸，自然畫在上面就算，不求美觀。既經通行，寫的人就不僅徒隸了；又漸求其美觀。於是變成一種有挑法（亦謂之波磔）的隸書。當時的人，謂之八分書。帶有美術性質的字，十之八九都用它。

（三）其實用的字，不求美觀的，則仍無挑法，謂之章程書。就是我們現在所用的正書。所以八分書是隸書的新派，無挑法的是隸書的舊派。現在的正書，是承接舊派的，所以現在的正書，昔人皆稱為隸書。王羲之，從來沒有看見他寫一個八分書，或者八分書以前的隸字，而《晉書》本傳，卻稱其善隸書。

（四）正書，亦作真書，其名是相對行草而立。草書的初起，其作用，當同於後來的行書，是供起草之用的。《史記·屈原列傳》說：楚懷王使原造憲令，草稿未上，上官大夫見而欲奪之。所謂草稿，就是現在所謂起草。草稿是只求自己認得，不給別人看的，其字，自然可以寫得將就些。這是大家都這樣做的，本不能算創造一種字體，自更說不上是誰所創造。到後來，寫的人，不求其疾速，而務求其美觀。於是草書的字體，和

真書相去漸遠。導致只認得真書的人不能認得草書，於是草書距實用亦漸遠。然而自張芝以前，總還是一個一個字分開的，到張芝出，乃「或以上字之下，為下字之上」，其字竟至不可認識了。後人稱一個一個字分開的為章草，張芝所創的為狂草。

（五）狂草固不可用，即章草亦嫌其去正書稍遠。學的人，幾乎在正書之外，又要認識若干草字。偶然將草稿給人家看，不識草字的人，亦將無從看起（事務繁忙之後，給人家看的東西，未必一定能謄真的）。草書至此，乃全不適於實用。然而起草之事，是絕不能沒有的。於是另有一種字，起而承其乏，此即所謂行書。行書之名，因「正書如立，行書如行」而起。其寫法亦有兩種：寫正書的人，把它寫得潦草些，是為真行；寫草書的人，把它寫得凝重些，是為行草（見張懷瓘《書議》）。從實用上說，字是不能沒有真草兩種，而亦不能多於真草兩種的。因為看要求其清楚，寫要求其捷速；若多於真草兩種，那又是浪費了（孟森說）。

中國字現在書寫之所以煩難，是由於都寫真書。所以要都寫正書，則由於草書無一定的體式。草書所以無一定的體式，則因字體的變遷都因美術而起。美術是求其多變化的，所以字體愈寫愈紛歧。這是因向來講究寫字的人多數是有閒階級；而但求應用的人，則根本無暇講究寫字之故。這亦是社會狀況所規定。今後社會進化，使用文字的地方愈多。在實用上，斷不能如昔日僅恃潦草的正書。所以制定草體，實為當務之急。有人說：草體離正書太遠了，幾乎又要認識一種字，不如用行書。這話，從認字方面論，固有相當的理由。但以書寫而論，則行書較正書簡便得沒有多少。現在人所寫潦草的正書，已與行書相去無幾。若求書寫的便利，至少該用行草。在正書中，無論筆劃如何繁多的字，在草書裡，很少超過五畫的。現在求書寫的便利，究竟該用行書，還該用草書，實在是一個有待研究的問題。至於簡筆字，則是不值得提倡的，這真是徒使字體紛繁，而書寫上

仍簡便得有限（書寫的煩難，亦由於筆劃形狀的工整與流走，不盡由於筆劃的多少）。

　　中國現在古字可考的，仍以《說文》一書為大宗。此書所載，百分之九十幾，為秦漢時通行的篆書。周以前文字極少。周以前的文字，多存於金石刻中（即昔人刻在金石上的文字），但其物不能全真，而後人的解釋，亦不能確保其沒有錯誤。清光緒二十四、五年間，河南安陽縣北的小屯，發見龜甲、獸骨，其上有的刻有文字。據後人考證，其地即《史記·項羽本紀》所謂殷墟，認其字為殷代文字。現在收藏研究的人甚多。但自民國十七年中央研究院和河南省合作發掘以前所發現之品，偽造者極多（詳見《安陽發掘報告書》第一期所載〈民國十七年十月試掘安陽小屯報告書〉及《田野考古報告》第一期所載〈安陽侯家莊出土之甲骨文字〉。又吳縣所出《國學論衡》某冊所載章炳麟之言及《制言雜誌》第五十期章炳麟〈答金祖同論甲骨文第二書〉）。所以在中央研究院發掘所得者外，最好不必信據，以昭謹慎。

　　古人多造單字，後世則單音語漸變為複音，所增非復單音的字，而是複音的辭。大抵春秋戰國之時，為增造新字最多的時代。《論語·衛靈公篇》：子曰：「吾猶及史之闕文也」，「今亡已夫！」這就是說：從前寫字的人，遇見寫不出的字，還空著去請教人，現在卻沒有了，都杜造一個字寫進去。依我推想起來，孔子這種見解，實未免失之於舊。因為前此所用的文字少，寫來寫去，總是這幾個字。自己不知道，自然可問之他人。現在所用的字多了，口中的語言，向來沒有文字代表它的，亦要寫在紙上。既向無此字，問之於人何益？自然不得不杜造了。此等新造的字，既彼此各不相謀。就舊字也有訛、變。一時文字，遂頗呈紛歧之觀。《說文解字·序》說七國之世，「文字異形」，即由於此。

　　然而，其字雖異，其造字之法仍同；而舊有習熟的字，亦絕不會有改

變；大體還是統一的。所以《中庸》又說：「今天下」，「書同文」。《史記·秦始皇本紀》：二十六年，「書同文字」。此即許〈序〉所說：「秦始皇帝初兼天下，丞相李斯乃奏同之，罷其不與秦文合者。」此項法令，並無效驗。《漢書·藝文志》說：閭里書師，合〈倉頡〉、〈爰曆〉、〈博學〉三篇，斷六十四字以為一章，凡五十五章，並為《倉頡篇》。這似乎是把三書合而為一，大體上把重複之字除去。假定其全無複字，則秦時通行的字，共得三千三百。然而此三書都是韻文，除盡複字，實際上怕不易辦到，則尚不及此數。而《說文》成於後漢時，所載之字，共得九千九百一十三。其中固有籀文及古文、奇字，然而其數實不多，而音義相同之字，則不勝枚舉。可見李斯所奏罷的字，實未曾罷，如此下去，文字勢必日形紛歧，這是一個很嚴重的問題。幸得語言從單音變為複音，把這種禍患，自然救止了。

　　用一個字代表一個音，實在是最為簡易之法。因為複音辭可以日增，單音字則只有此數。識字是最難的事，過時即不能學的。單音無甚變遷，單字即無甚增加，亦無甚改變。讀古書的，研究高深文學的，所通曉的辭類及文法，雖較常人為多，所識的單字，則根本無甚相異。認識了幾千個字，就能讀自古至今的書，也就能通並時的各種文學，即由於此。所以以一字代表一音，實在是中國文字的一個進化。至此，文字才真正成了語言的代表。這亦是文字進化到相當程度，然後實現的。最初並非如此。《說文》：㸹，三歲牛。馬八歲。㸹從參聲，從八聲，筆之於書，則有牛馬旁，出之於口，與「三八」何異？聽的人焉知道是什麼話？然則㸹絕非讀作參，絕非讀作八；㸹兩字，絕非代表參八兩個音，而是代表三歲牛、馬八歲兩句話。兩句話只要寫兩個字，似乎簡便了，然而以一字代表一音純一之例破壞，總是弊餘於利的。所以寧忍書寫之煩，而把此等字淘汰去。這可見自然的進化，總是合理的。新造的氫氮等字，若讀一音，則人聞之

而不能解，徒使語言與文字分離，若讀兩音，則把一字代表一音的條例破壞，得不償失。這實在是退化的舉動。所以私智穿鑿，總是無益有損的。

語言可由分歧而至統一，亦可由統一而至分歧。由分歧而至統一，是由各分立的部族，互相同化。由統一而至分歧，則由交通不便，語音逐漸訛變；新發生的事物，各自創造新名；舊事物也有改用新名的。所以語音、詞類，都可以逐漸分歧。只有語法，是不容易變化的。中國語言，即在此等狀況下統一，亦即在此等狀況下分歧。所以語音、詞類，各地方互有不同，語法則無問題。在崇古的時代，古訓是不能不研究的。研究古訓，須讀古書。古書自無所謂不統一。古書讀得多的人，下筆的時候，自然可即寫古語。雖然古語不能盡達現代人的意思，然大體用古語，而又依照古語的法則，增加一二俗語；或者依據古語的法則，創造筆下有而口中無的語言；自亦不至為人所不能解。遂成文字統一，語言分歧的現象。論者多以此自豪。這在中國民族統一上，亦確實曾收到相當的效果。然但能統一於紙上，而不能統一於口中，總是不夠用的。因為：（一）有些地方，到底不能以筆代口；（二）文字的進化，較語言為遲，總感覺其不夠用；（三）文字總只有一部分人能通。於是發生語言統一與文言合一的兩個問題。

語言統一，是隨著交通的進步而進步的。即各地方的往來頻繁；大都會、大集團的逐漸誕生。用學校教授的方法，收效必小。因為語言是實用之物，要天天在使用，才能夠學得成功，成功了不至於忘掉。假使有一個人，生在窮鄉僻壤，和非本地的人，永無交接，單用學校教授的形式，教他學國語，是斷然不會學得好；學好了，亦終於要忘掉的。所以這一個問題，斷然不能用人為的方法，希望其在短時間之內，有很大的成功。至於言文合一，則乾脆地只要把口中的語言，寫在紙上就夠了。這在一千年以來，語體文的逐漸流行，逐漸擴大，早已走上了這一條路。但還覺得其不

夠。而在近來，又發生一個文字難於認識的問題，於是有主張改用拼音字的。而其議論，遂搖動及於中國文字的本身。

拼音字是將口中的語言分析之而求其音素，將音素製成字母，再將字母拼成文字的。這種文字，只要識得字母，懂得拼法，識字是極容易的，自然覺得簡便。但文字非自己發生，而學自先進民族的，可以用此法造字。文字由自己創造的民族，是絕不會用此法的。因為當其有文字之初，尚非以之代表語言，安能分析語言而求其音素？到後來進化了，知道此理，而文字是前後相銜的，不能捨舊而從新，拼音文字，就無從在這種民族中使用了。印度是使用拼音文字的，中國和印度交通後，只採用其法於切音，而卒不能改造文字，即由於此。

使用拼音文字於中國，最早的，當推基督教徒。他們鑑於中國字的不易認識，用拉丁字母拼成中國語言，以教貧民，頗有相當的效果。中國人自己提倡的，起於清末的勞乃宣。後來主張此項議論的，亦不乏人。以傳統觀念論，自不易廢棄舊文字。於是由改用拼音字變為用注音字注舊文字的讀音，遂有教育部所頒布的注音符號。然而其成效殊鮮。這是由於統一讀音和統一語音，根本是兩件事。因語音統一，而影響到讀音，至少是語體文的讀音，收效或者快些。想靠讀音的統一，以影響到語音，其事的可能性恐怕極少。因為語言是活物，只能用之於口中。寫在紙上再去讀，無論其文字如何通俗，總是讀不成語調的。而語言之所以不同，並非語音規定語調，倒是語調規定語音。申言之：各地方人的語調不同，並非由其所發的一個個音不同，以至積而成句，積而成篇，成為不同的語調。倒是因其語調不同，一個個音，排在一篇一句之內，而其發音不得不如此。所以用教學的方法傳授一種語言，是可能的；用教學的方法，傳授讀音，希望其積漸而至於統一語言，則根本不會有這回事。

果真要用人為的方法促進語言的統一，只有將一個地方的言語定為標

準語,即以這個地方的人作為教授的人散布於各地方去教授,才可以產生相當的效果。教授之時,宜專於語言,不必涉及讀書。語言學會了,自會矯正讀音,至於某程度。即使用教學的方法,矯正讀音,其影響亦不過如是而止,絕不會超過的。甚或兩個問題,互相牽制,收效轉難。注音符號,意欲據全國人所能發的音製造成一種語言。這在現在,實際上是無此語言的。所以無論什麼地方的話,總不能與國語密合。想靠注音符號等工具及教學的方法造成一種新語言,是不容易的。所以現在所謂能說國語的人,百分之九十九總還夾雜土話。既然總不密合,何不揀一種最近於國語的言語定為標準語,來得痛快些呢?

至於把中國文字改成拼音文字,則我以為在現在狀況之下聽憑兩種文字同時並行,是最合理的。舊日的人視新造的拼音文字為洪水猛獸,以為將要破壞中國的舊文化,因而使中國人喪失其民族性;新的人,以為舊文字是阻礙中國進化的,也視其為洪水猛獸;都是一偏之見。認識單字,與年齡有極大的關係,超過一定年齡,普通的人,都極難學習;即使勉強學習,其程度也很難相當的。所以中國的舊文字,絕不能施之成人。即年齡未長,而受教育時間很短的人,也是難學的。因為幾千個單字,到底不能於短時間之內認識,如平民千字識字課等,硬把文字之數減少,也是不適於使用的。

懷抱舊見解的人,以為新文字一行,即將把舊文化破壞淨盡;且將使中國民族喪失其統一性。殊不知舊文字本只有少數人通曉。兼用拼音字,這少數通曉舊文字的人,總還是有的。使用新文字的人,則本來都是不通舊文字的,他們所濡染的中國文化,本非從文字中得來,何至因此而破壞中國的舊文化及民族的統一性?就實際情形平心而論,中國舊文化,或反因此而得新工具,更容易推廣,因之使中國的民族性更易於統一呢?吳敬恆說:「中國的讀書人,每拘於下筆千秋的思想,以為一張紙寫出字來,

即可以傳之永久。」於是設想：用新文字寫成的東西，亦將像現在的舊書一般，汗牛充棟，留待後人的研究，而中國的文化，就因之喪失統一性了。殊不知這種用新文字寫成的東西，都和現在的傳單報紙一般，閱過即棄，至於有永久性的著作，則必是受教育程度稍深的人然後能為，而此種人，大都能識得舊文字。所以依我推想，即使聽新舊文字同時並行，也絕不會有多少書籍堆積起來。而且只能學新文字的人，其生活和文字本來是無緣的。現在雖然勉強教他以幾個文字，他亦算勉強學會了幾個文字，對於文字的關係，總還是很淺的。怕連供一時之用的宣傳品等，還不會有多少呢；何能因此而破壞中國的文化和民族統一性？

　　準此以談，則知有等人說：中國現在語言雖不統一，文字卻是統一的。若拼音字不限於拼寫國語，而許其拼寫各地方的方言，將會有礙於中國語言的統一。也是一樣的謬見，因為現在文字雖然統一，絕不能以此為工具進而統一語言的。而只能拼寫方言的人，亦即不通國語的人，其語言，亦本來不曾統一。至於說一改用拼音文字，識字即會遠較今日為易，因之文化即會突飛猛進，也是癡話。生活是最大的教育。除少數學者外，讀書對於其人格的關係，是很少的。即使全國的人，都能讀相當的書，亦未必其人的見解就會有多大改變。何況識得幾個字的人，還未必都會去讀書呢？拼音文字，認識較舊文字為易是事實，其習熟則並無難易之分。習熟者的讀書，是一眼望去便知道的，並不是一個個字拼著音去認識，且識且讀的。且識且讀，拼音文字是便利得多了。然而這只可偶一為之，豈能常常如此？若常常如此，則其煩苦莫甚，還有什麼人肯讀書？若一望而知，試問 Book 與書有何區別？所以拼音文字在現在，只是供一時一地之用的。其最大的作用，亦即在此。既然如此，注音符號、羅馬字母等等雜用，也是無妨的，並不值得爭論。主張採用羅馬字母的人，說如此我們就可以採用世界各國的語言，擴大中國的語言，這也是癡話。採用外國的語

言，與改變中國的文字何涉？中國和印度交通以來，佛教的語言輸入中國的何限？又何嘗改用梵文呢？

　　語言和中國不同，而採用中國文字的，共有三法，即：（一）逕用中國文，如朝鮮是。（二）用中國文字的偏旁，自行造字，如遼是。（三）用中國字而別造音符，如日本是。三法中，自以第三法為最便。第二法最為無謂。所以遼人又別有小字，出於回紇，以便應用。大抵文字非出於自造，而取自他族的，自以用拼音之法為便。所以如遼人造大字之法，畢竟不能通行。又文字所以代表語言，必不能強語言以就文字，所以如朝鮮人所做華文，雖極純粹，仍必另造諺文以應用（契丹文字，是用隸書之半，增損為之，見《五代史》。這是指契丹大字而言，據《遼史·太祖本紀》，事在神冊五年。小字出於回紇，為迭剌所造，見《皇子表》）。

　　滿、蒙、回、藏四族，都是使用拼音文字的。回文或說出於猶太，或說出於天主教徒，或說出於大食，未知孰是（見《元史·譯文證補》）。藏文出於印度，是唐初吐蕃英主棄宗弄贊，派人到印度去留學，歸國後所創制的（見《蒙古源流考》）。蒙古人初用回文，見《元史·塔塔統阿傳》。〈脫卜察安〉（《元祕史》，元朝人最早自己所寫的歷史）即是用回文所寫。後來世祖命八思巴造字，則是根據藏文的。滿文系太祖時額爾德尼所造。太宗時，達海又加以圈點（一種符號），又以蒙文為根據。西南諸族，唯猓羅有文字，卻是本於象形字的。於此，可見文字由於自造者，必始象形，借自他族者，必取拼音之理。

　　文字的流傳，必資印刷。所以文字的為用，必有印刷而後弘，正和語言之為用，必得文字而後大一樣。古人文字，要保存永久的，則刻諸金石。此乃以其物之本身供眾覽，而非用以印刷，只能認為印刷的前身，不能即認為印刷事業。漢代的石經，還是如此。後來就此等金石刻，加以摹拓，摹拓既廣，覺得所摹拓之物，不必以之供眾覽，只須用摹拓出來的東

西供覽即可。於是其雕刻，專為供印刷起見，就成為印刷術了。既如此，自然不必刻金石，而只要刻木。

刻板之事，現在可考的起於隋。陸深《河汾燕閒錄》說，隋文帝開皇十三年，敕廢像遺經，悉令雕版。其時為民國紀元前一三一九年，西曆五九三年。《敦煌石室書錄》有《大隋永陀羅尼本經》，足見陸說之確。唐代雕本，宋人已沒有著錄的，唯江陵楊氏藏有《開元雜報》七頁。日本亦有永徽六年（唐高宗年號。民國紀元前一二五七年，西曆六五五年）《阿毗達磨大毗婆沙論》。後唐明宗長興三年（民國紀元前九八〇年，西曆九三二年），宰相馮道、李愚，請令判國子監田敏，校正九經，刻板印賣，是為官刻書之始，歷經二十七年始成（周太祖廣順三年）。宋代又續刻義疏及諸史。書賈因牟利，私人因愛好文藝而刻的亦日多。仁宗慶曆中（民國紀元前八七一至八六四年，西曆一〇四一至一〇四八年）。畢昇又造活字（系用泥製。元王禎始刻木為之，明無錫華氏始用銅，清武英殿活字亦用銅製）。於是印刷事業，突飛猛進，宋以後書籍，傳於後世的，其數量，就遠非唐以前所可比了（此節據孫毓修《中國雕板源流考》，其詳可參考原書。商務印書館本）。

第十七章　學術

　　學術思想，是一個民族的靈魂，看似虛懸無薄，實則前進的方向全是受其指導。中國是一個學術發達的國家，幾千年來，學術分門別類，各致其精。如欲詳述之，將數十百萬言而不能盡。現在所講的，只是思想轉變的大略，及其和整個文化的關係。依此講，則中國的學術思想，可分為三大時期：

　　（一）自上古至漢魏之際。

　　（二）自佛學輸入至亡清。其中又分為（甲）佛學時期（乙）理學時期。

　　（三）自西學輸入以後。

　　現在研究先秦諸子的人，大都偏重於其哲學方面。這個實在是錯誤的。先秦諸子的學術，有兩個來源：其一，從古代的宗教哲學中蛻化而出；其二，從各個專門的官守中孕育而成。前者偏重玄學方面，後者偏重政治社會方面。

　　《漢書・藝文志》說諸子之學，其原皆出於王官。《淮南要略》說諸子之學，皆出於救時之弊。一個說其因，一個說其緣，都不及古代的哲學。尤可見先秦諸子之學，實以政治社會方面為重，玄學方面為輕。此意，近人中能見得的，只有章炳麟氏。

　　從古代宗教中蛻化而出的哲學思想，大致是如此的：（一）因人有男女，鳥有雌雄，獸有牝牡，自然界又有天地日月等現象，而成立陰陽的概念。（二）古代的工業，或者是分做水、火、木、金、土五類的。實際的生活影響於哲學思想，遂分物質為五行。（三）思想進步，覺得五行之說，不甚合理，乃認萬物的原質為一個，而名之曰氣。（四）至此，遂並覺陰陽兩力還不是宇宙的根源（因為最後的總是唯一的，也只有唯一的能算最後的）。乃再成立一個唯一的概念，是即所謂太極。（五）又知質與力並非兩物，於是所謂有無，只是隱顯。（六）隱顯由於變動，而宇宙

的根源，遂成為一種動力。（七）這種動力，是頗為機械的。一發動之後，其方向即不易改變。所以有謹小、慎始諸義。（八）自然之力，是極其偉大的。只有隨順，不能抵抗，所以要法自然。所以貴因。（九）此種動力，其方向是迴圈的。所以有禍福倚伏之義。所以貴知白守黑，知雄守雌。（十）既然萬物的原質都是一個，而又變化不已，則萬物根本只是一物。天地亦萬物之一，所以惠施是提倡泛愛，說天地萬物一體，而物論可齊（論同倫，類也）。（十一）因萬物即是一物，所以就雜多的現象仍可推出其總根源。所謂「窮理盡性，以至於命」。此等思想，影響於後來，極為深刻。歷代的學術家，幾乎都奉此為金科玉律。誠然，此等寬廓的說法，不易發見其誤繆。而因其立說的寬廓，可以容受多方面的解釋，即存其說為弘綱，似亦無妨。但有等錯誤的觀念，業已不能適用的，亦不得不加以改正。如迴圈之說，古人大約由觀察晝夜寒暑等現象得來。此說施諸自然界，雖未必就是，究竟還可應用；若移用於社會科學，就不免誤繆了。明明是進化的，如何說是迴圈？

先秦諸子，關於政治社會方面的意見，是各有所本的，而其所本亦分新舊。依我看來：（一）農家之所本最舊，這是隆古時代農業部族的思想。（二）道家次之，是遊牧好侵略的社會的反動。（三）墨家又次之，所取法的是夏朝。（四）儒家及陰陽家又次之，這是綜合自上古至西周的政治經驗所發生的思想。（五）法家最新，是按切東周時的政治形勢所發生的思想。以上五家，代表整個的時代變化，其關係最大。其餘如名家，專講高深玄遠的理論。縱橫家、兵家等，只效一節之用，其關係較輕。

怎說農家是代表最古的思想的呢？這只要看許行的話，便可明白。許行之說有二：（一）君臣並耕，政府毫無威權。（二）物價論量不論質。如非根據於最古最簡陋的社會的習俗，絕不能有此思想（見《孟子‧滕文公上篇》）。

　　怎麼說道家所代表的，是遊牧好侵略的社會的叛逆思想呢？漢人率以黃、老並稱。今《列子》雖是偽書，然亦有其所本（此凡偽書皆然，不獨《列子》。故偽書既知其偽之後，在相當條件下，其材料仍可利用）。此書〈天瑞篇〉有〈黃帝書〉兩條，其一同《老子》。又有黃帝之言一條。〈力命篇〉有〈黃帝書〉一條，與《老子》亦極相類。《老子》書一則多為三四言韻語；二則所用名詞，極為特別（如有雌雄牝牡而無男女字）。三則又全書之義，女權皆優於男權。足徵其時代之古。此必自古口耳相傳之說，老子著之竹帛的，絕非老子所自作。黃帝是個武功彪炳的人，該是一個好侵略的部族的酋長。侵略民族，大抵以過剛而折，如夷羿、殷紂等，都是其適例。所以思想上產生一種反動，要教之以守柔。《老子》書又主張無為。「無為」兩字的意義，每為後人所誤解，為訓化。《禮記・雜記》，子曰：「張而不弛，文武不能也；弛而不張，文武不為也。」這是就農業立說。言弛而不張，雖文武亦不能使種子變化而成穀物。賈誼〈諫放民私鑄疏〉：「奸錢日多，五穀不為」（今本作「五穀不為多」，「多」字為後人妄增），正是此義。野蠻部族往往好慕效文明，而其慕效文明，往往犧牲了多數人的幸福（一因社會的組織，隨之變遷。二因在上的人，務於淫侈，因此而刻剝其下）。所以有一種反動的思想，勸在上的人不要領導著在下的人變化；在下的人，「化而欲作」，還該「鎮之以無名之樸」。這正和現今人因噎廢食，拒絕物質文明一樣。

　　怎樣說墨家所代表的是夏代的文化呢？《漢書・藝文志》說墨家之學，「茅屋采椽，是以貴儉（古人的禮，往往在文明既進步之後，仍保存簡陋的樣子，以資紀念。如既有酒，祭祀仍用水，便是其一例。漢武帝時，公玉帶上明堂圖，其上猶以茅蓋，見《史記・封禪書》。可見《漢志》此說之確）。養三老五更，是以兼愛（三老五更，乃他人的父兄）。選士大射，是以尚賢。（平民由此進用。參看第七章）。宗祀嚴父，是以

右鬼（人死曰鬼）。順四時而行，是以非命（命有前定之義。順四時而行，即〈月令〉所載的政令。據〈月令〉說：政令有誤，如孟春行夏令等，即有災異，此乃天降之罰。然則天是有意志，隨時監視著人的行動而加以賞罰的。此為墨子天志之說所由來。他家之所謂命，多含前定之義，則近於機械論了）。以孝視天下（視同示）是以上同。」都顯見得是明堂中的職守。所以《漢志》說他出於清廟之官（參看第十五章）。《呂覽·當染篇》說：「魯惠公使宰讓請郊廟之禮於天子。天子使史角往，惠公止之。其後在魯，墨子學焉。」此為墨學出於清廟之官的確證。清廟中能保存較古之學說，於理是可有的。墨家最講究實用，而〈經〉、〈經說〉、〈大小取〉等篇，講高深的哲學，為名家所自出的，反在墨家書中，即由於此。但此非墨子所重。墨子的宗旨，主於兼愛。因為兼愛，所以要非攻。又墨子是取法乎夏的，夏時代較早，又值水災之後，其生活較之殷、周，自然要簡樸些，所以墨子的宗旨，在於貴儉。因為貴儉，所以要節用，要節葬，要非樂。又夏時代較早，迷信較深，所以墨子有天志、明鬼之說。要講天志、明鬼，即不得不非命。墨家所行的，是凶荒剳喪的變禮（參看第五章）。其所教導的，是淪落的武士（參看第四章）。其實行的精神，最為豐富。

怎樣說儒家、陰陽家是西周時代所產生的思想呢？荀子說：「父子相傳，以持王公，三代雖亡，治法猶存，官人百吏之所以取祿秩也。」（〈榮辱篇〉）國雖亡而治法猶存，這是極可能的事。然亦必其時代較近，而後所能保存的才多。又必其時的文化，較為發達，然後足為後人所取法。如此，其足供參考的，自然是夏、殷、周三代。所以儒家有通三統之說（封本朝以前兩代之後以大國，使之保存其治法，以便與本朝之治三者輪流更換。《史記·高祖本紀》贊所謂「三王之道若迴圈」，即是此義）。這正和陰陽家所謂五德終始一樣（五德終始有兩說：舊說以所克者相代。如秦

以周為火德，自己是水德；漢又自以為土德是。前漢末年，改取相生之說。以周為木德，說秦朝是閏位，不承五行之運，而自以為是火德。後來魏朝又自以為是土德）。《漢書·嚴安傳》：載安上書，引鄒子之說，說「政教文質者，所以雲救也。當時則用，過則舍之，有易則易之」。可見五德終始，乃是用五種治法，更迭交換。鄒衍之學，所以要本所已知的歷史，推論未知；本所已見的地理，推所未見；正是要博觀眾事，以求其公例。治法隨時變換，不拘一格，不能不說是一種進步的思想。此非在西周以後，前代的治法，保存的已多，不能發生。

陰陽家之說，缺佚已甚，其最高的蘄向如何，已無可考。儒家的理想，頗為高遠，看第五章所述大同小康之說可見。《春秋》三世之義，據亂而作，進於升平，更進於太平，明是要將亂世逆挽到小康，再逆挽到大同。儒家所傳的，多是小康之義。大同世之規模，從升平世進至太平世的方法，其詳已不可得聞。幾千年來，崇信儒家之學的，只認封建完整時代，即小康之世的治法為最高之境，實堪惋惜。但儒家學術的規模，是大體尚可考見的。它有一種最高的理想，企圖見之於人事。這種理想，是有其哲學上的立足點的。如何次第實行，亦定有一大體的方案。儒家之道，具於六經。六經之中，《詩經》、《書》、《禮》、《樂》，乃古代大學的舊教科，說已見第十五章。《易》、《春秋》則為孔門最高之道所在。《易》言原理，《春秋》言具體的方法，兩者互相表裡，所以說「《易》本隱以之顯，《春秋》推見至隱」。

儒家此等高義，既已隱晦。其盛行於世，而大有裨益於中國社會的，乃在個人修養部分。在理智方面，其說最高的是中庸。其要在審察環境的情形，隨時隨地，定一至當不易的辦法。此項至當不易的辦法，是隨時隨地，必有其一，而亦只能有一的，所以貴擇之精而守之堅。人之感情，與理智不能無衝突。放縱感情，固然要撞出大禍，壓抑感情，也終於要潰

決的，所以又有禮樂，以陶冶其感情。無可如何之事，則勸人以安命。在這一點，儒家亦頗有宗教家的精神。其待人之道，則為絜矩（兩字見《大學》）。消極的「己所不欲，勿施於人」；積極的則「所求乎子以事父，所求乎臣以事君，所求乎弟以事兄，所求乎朋友先施之」。我們該怎樣待人，只要想一想，我們希望他怎樣待我即得，這是何等簡而賅。怎樣糊塗的人，對這話也可以懂得，而聖人行之，亦終身有所不能盡，這真是一個妙諦。

至於性善之說、義利之辨、知言養氣之功，則孟子發揮最為透徹，亦於修養之功，有極大關係。儒家之遺害於後世的，在於大同之義不傳，所得的多是小康之義。小康之世的社會組織，較後世為專制。後人不知此為一時的組織，而認為天經地義，無可改變，欲強已進步的社會以就之，這等於以杞柳為杯棬，等於削足以適屨，所以引起糾紛，而儒學盛行，遂成為功罪不相掩之局。這只可以說是後來的儒家不克負荷，怪不得創始的人，但亦不能一定怪後來的任何人。因儒學是在這種社會之中逐漸發達的。凡學術，固有變化社會之功，同時亦必受社會的影響，而其本身自起變化。這亦是無可如何的事。

怎樣說法家之學，是按切東周時代的情形立說的呢？這時候，最要緊的，一是裁抑貴族，以剷除封建勢力。二是富國強兵，以統一天下。這兩個條件，秦國行之，固未能全合乎理想，然而在當時，畢竟是最能實行的，所以卒並天下。致秦國於富強的，前有商鞅，後有李斯，都是治法家之學的。法家之學的「法」字，是個大名，細別起來，則治民者謂之法，裁抑貴族者謂之術，見《韓非子·定法篇》。其富國強兵之策，則最重要的，是一民於農戰。《商君書》發揮此理最透，而《管》、《韓》兩子中，亦有其理論。法家是最主張審察現實，以定應付的方法的，所以最主張變法而反對守舊。這確實是法家的特色。其學說之能最新，大約即得力於此。

　　以上所述五家，是先秦諸子中和中國的學術思想及整個的文化最有關係的。雖亦有其高遠的哲學，然而其所想解決的，都是人事問題。而人事問題，則以改良社會的組織為其基本。粗讀諸子之書，似乎所注重的都是政治問題。然則古代的政治問題，不像後世單以維持秩序為主，而整個的社會問題，亦包括在內。所以古人說政治，亦就是說社會。

　　諸家之學，並起爭鳴，經過一個相當時期之後，總是要歸於統一的。統一的路線有兩條：（一）淘汰其無用，而存留其有用的。（二）將諸家之說，融合為一。在戰國時，諸家之說皆不行，只有法家之說，秦用之以並天下，已可說是切於時務的興，而不切於時務的亡了。但時異勢殊，則學問的切於實用與否，亦隨之而變。天下統一，則需要與民休息，民生安定，則需要興起教化。這兩者，是大家都會感覺到的。秦始皇坑儒時說：「吾前收天下書不中用者盡去之。悉召文學方術士甚眾，欲以興太平。方士欲練，以求奇藥。」興太平指文學士言。可見改正制度，興起教化，始皇非無此志，不過天下初定，民心未服，不得不從事於鎮壓；又始皇對外，頗想立起一個開拓和防禦的規模來，所以有所未遑罷了。秦滅漢興，此等積極的願望，暫時無從說起。最緊要的，是與民休息。所以道家之學，一時甚盛。

　　然則道家所謂無為而治，乃為正常的社會說法。社會本來正常的，所以勸在上的人不要領導其變化；且須鎮壓之，使不變化，這在事實上雖不可能，在理論上亦未必盡是，然尚能自成一說。若漢時，則其社會久已變壞，一味因循，必且遷流更甚。所以改正制度，興起教化，在當時，是無人不以為急務的。看賈誼、董仲舒的議論，便可明白。文帝亦曾聽公孫臣的話，有意於興作，後因新垣平詐覺，牽連作罷。這自是文帝腦筋的糊塗，作事的因循，不能改變當時的事勢。到武帝，儒學遂終於興起了。儒學的興起，是有其必然之勢的，並非偶然之事。因為改正制度，興起教

320

化，非儒家莫能為。論者多以為武帝一人之功，這就錯了。武帝即位時，年僅十六，雖非昏愚之主，亦未聞其天亶夙成，成童未幾，安知儒學為何事？所以與其說漢武帝提倡儒學，倒不如說儒學在當時自有興盛之勢，武帝特別順著潮流而行。

儒學的興起，雖然是由於社會情勢的要求，然而其得政治上的助力，確實亦不少。其中最緊要的，便是為五經博士置弟子。所謂「設科射策，勸以官祿」，自然來者就多了。儒學最初起的，是《史記·儒林傳》所說的八家：言《詩》，於魯，自申培公；於齊，自轅固生；於燕，自韓太傅。言《書》，自濟南伏生。言《禮》，自魯高堂生。言《易》，自菑川田生。言《春秋》：於齊、魯，自胡毋生；於趙，自董仲舒。東漢立十四博士：《詩》，齊、魯、韓；《書》，歐陽、大小夏侯；《禮》，大小戴。《易》，施、孟、梁丘、京。《春秋》，嚴、顏（見《後漢書·儒林傳》。《詩》齊魯韓下衍毛字）。大體仍是這八家之學（惟京氏《易》最可疑）。但是在當時，另有一種勢力，足以促令學術變更。那便是第五章所說：在當時，急須改正的，是社會的經濟制度。要改正社會經濟制度，必須平均地權，節制資本。而在儒家，是只知道前一義的。後者之說，實在法家。當時儒家之學，業已成為一種權威，欲圖改革，自以自托於儒家為便，儒家遂不得不廣採異家之學以自助，於是有所謂古文之學。讀第五章所述，已可明白了。但是學術的本身，亦有促令其自起變化的，那便是由專門而趨於通學。

先秦學術，自其一方面論，可以說是最精的。因為他各專一門，都有很高的見解。自其又一方面說，亦可以說是最粗的。因為他只知道一門，對於他人的立場，全不了解。譬如墨子所主張，乃凶荒劄喪的變禮，本不謂平世當然。而荀子力駁他，說天下治好了，財之不足，不足為患，豈非無的放矢？理論可以信口說，事實上，是辦不到只顧一方面的。只顧一

方面，一定行不通。所以先秦時已有所謂雜家之學。《漢志》說：雜家者流，出於議官。可見國家的施政，不得不兼顧到各方面了。情勢如此，學術自然不得不受其影響，而漸趨於會通。古文之學初興時，實是兼採異家之說，後來且自立新說，實亦受此趨勢所驅使。倘使當時的人，痛痛快快，說儒家舊說不夠用了，我所以要兼採異說；儒家舊說，有所未安，我所以要別立新說；豈不直捷？無如當時的思想和風氣，不容如此。於是一方面說儒家之學別有古書，出於博士所傳以外（其中最重要的，便是孔壁一案，參看第十六章）。一方面，自己研究所得，硬說是某某所傳（如《毛詩》與《小序》為一家言。《小序》明明是衛宏等所作，而毛公之學，偏要自謂子夏所傳），糾紛就來得多了。流俗眩於今古文之名，以為今古文經，文字必大有異同，其實不然。今古文經的異字，備見於《儀禮》鄭《注》（從今文處，則出古文於注，從古文處，則出今文於注），如古文位作立，儀作義，義作誼之類，於意義毫無關係。他經度亦不過如此，有何關係之可言？今古文經的異同，實不在經文而在經說。其中重要問題，略見於許慎的《五經異義》。自大體言之：今文家說，都是師師相傳，古文家說，則自由研究所得。不為古人的成說所囿，而自出心裁，從事研究，其方法似覺進步。但其成績並不甚佳；又今文家言，有傳訛而無臆造。傳訛之說，略有其途徑可尋，所以其說易於還原。一經還原，即可見古說的真相（其未曾傳訛的，自然更不必說）。古文家言，則各人憑臆為說，其根源無可捉摸。所以把經學當作古史的材料看，亦以今文家言價值較高。

　　然而古學的流弊，亦可說仍自今學開之。一種學術，當其與名利無關時，治其學者，都是無所為而為之，只求有得於己，不欲炫耀於人，其學自無甚流弊。到成為名利之途則不然，治其學者，往往不知大體，而只斤斤計較於一枝一節之間；甚或理不可通，穿鑿立說；或則廣羅異說，以自

炫其博；引人走入旁門，反致拋荒正義。從研究真理的立場上言，實於學術有害。但流俗的人，偏喜其新奇，以為博學。此等方法，遂成為嘩世取寵之資。漢代此等風氣，由來甚早。《漢書·夏侯勝傳》說：「勝從父子建，師事勝及歐陽高，左右採獲。又從五經諸儒問與《尚書》相出入者，牽引以次章句，具文飾說。勝非之曰：『建所謂章句小儒，破碎大道。』建亦非勝為學疏略，難以應敵。」專以應敵為務，真所謂徇外為人。此種風氣既開，遂至專求聞見之博，不顧義理之安；甚且不知有事理。如鄭玄，遍注群經，在漢朝，號稱最博學的人，而其說經，支離滅裂，於理絕不可通，以及自相矛盾之處，就不知凡幾。此等風氣既盛，治經者遂多變為無腦筋之徒。雖有耳目心思，都用諸瑣屑無關大體之處。而於此種學問，所研究的，究屬宇宙間何種現象？研究之究有何益？以及究應如何研究？一概無所聞見。學術走入此路，自然只成為有閒階級，消耗日力精力之資，等於消閒遣興，於國家民族的前途，了無關係了。

此等風氣，起於西漢中葉，至東漢而大盛，直至南北朝、隋唐而未改。漢代所謂章句，南北朝時所謂義疏，都是如此。讀《後漢書》及《南北史》的《儒林傳》，最可見得。古學既繼今學而起，到漢末，又有所謂偽古文一派。據近代所考證，王肅為其中最重要的一個人。肅好與鄭玄立異，而無以相勝，乃偽造《孔子家語》，將己說竄入其中，以折服異己。經學中最大的《偽古文尚書》一案，雖不能斷為即肅之所造，然所謂《偽孔安國傳》者，必系與肅同一學派之人所為，則無可疑（《偽古文尚書》及《偽孔安國傳》之偽，至清閻若璩作《古人尚書疏證》而其論略定。偽之者為哪一派人，至清丁晏作《尚書餘論》而其論略定）。此即由當時風氣，專喜廣搜證據，只要所搜集者博，其不合理，並無人能發覺，所以容得這一班人作偽。儒學至此，再無西漢學者經世致用的氣概。然而以當時學術界的形勢論，儒學業已如日中天。治國安民之責，在政治上，在社會

上，都以為唯儒家足以負之。這一班人，如何當得起這個責任？他們所想出來的方案，無非是泥古而不適於時，專事模仿古人的形式。這個如何足以為治？自然要激起有思想的人的反對了。於是魏晉玄學，乘機而起，成為儒佛之間的一個過渡。

　　魏晉玄學，人多指為道家之學，其實不然。玄學乃儒道兩家的混合，亦可說是儒學中注重原理的一派，與拘泥事蹟的一派相對立。先秦諸子的哲學，都出自古代的宗教哲學，大體無甚異同，說已見前。儒家之書，專談原理的是《易經》。《易》家亦有言理、言數兩派。言理的，和先秦諸子的哲學，無甚異同；言數的，則與古代術數之學相出入。《易》之起源，當和術數相近；孔門言《易》，則當注重於其哲學；這是通觀古代學術的全體，而可信其不誣的。今文《易》說，今已不傳；古文《易》說，則無一非術數之談。《漢書·藝文志》：易家有《淮南·道訓》兩篇。自注云：「淮南王安，聘明《易》者九人，號九師說。」此書，當即今《淮南子》中的〈原道訓〉。今《淮南子》中，引《易》說的還有幾條，都言理而不及數，當屬今文《易》說之遺。然則儒家的哲學，原與道家無甚出入。不過因今文《易》說失傳，其殘存的，都被後人誤認為道家之說罷了。如此說來，則魏晉玄學的興起，並非從儒家轉變到道家，只是儒家自己的轉變。不過此種轉變，和道家很為接近，所以其人多兼採道家之學。觀魏晉以後的玄學家，史多稱其善《易》、《老》可知。儒學的本體，乃以《易》言原理，《春秋》則據此原理，而施之人事。魏晉的玄學家，則專研原理，而於措之人事的方法，不甚講求，所以實際上無甚功績可見，並沒有具體可見之施行的方案。然則經此運動之後，拘泥古人形式之弊遂除，凡言法古的，都是師其意而不是回復其形式。泥古不通之弊，就除去了，這是他們摧陷廓清莫大的功績（玄學家最重要的觀念，為重道而遺跡。道即原理，跡即事物的形式）。

從新莽改革失敗以後，徹底改變社會的組織，業已無人敢談。解決人生問題的，遂轉而求之個人方面。又玄學家探求原理，進而益上，其機，殊與高深玄遠的哲學相近。在這一點上，印度的學術，是超過於中國的。佛學遂在這種情勢之下興起。

　　佛，最初是以宗教的資格輸入中國的。但到後來，則宗教之外，別有其學術方面。

　　佛教，普通分為大小乘。依後來詳細的判教，則小乘之下，尚有人天（專對人天說法，不足以語四聖。見下）。大乘之中，又分權實。所謂判教，乃因一切經論（佛所說謂之經，菩薩以下所說謂之論，僧、尼、居士等所應守的規條謂之律。經、律、論謂之三藏），立說顯有高低，所以加以區別，說佛說之異，乃因其所對待的人不同而然。則教外的人，不能因此而詆佛教的矛盾，教中的人，亦不必因此而起爭辯了。依近來的研究，佛教在印度的興起，並不在其哲學的高深，而實由其能示人以實行的標準。緣印度地處熱帶，生活寬裕，其人所究心的，實為宇宙究竟、人生歸宿等問題，所以自古以來，哲學思想即極發達。到佛出世時，各家之說（所謂外道），已極高深，而其派別亦極繁多了。群言淆亂，轉使人無所適從。釋迦牟尼出，乃截斷無謂的辯論，而教人以實行修證的方法。從之者乃覺得所依歸，而其精神乃覺安定。故佛非究竟真理的發現者（中國信佛的人，視佛如此）。而為時代的聖者。佛滅後百年之內，其說無甚異同，近人稱為原始佛教。百年之後而小乘興，五六百年之後而大乘出，則其說已有改變附益，而非復佛說之舊了。然則佛教的輸入中國，所以前後互異，亦因其本身的前後本有不同，並非在彼業已一時具足。因我們接受的程度，先後不同，而彼乃按其深淺，先後輸入的了。此等繁碎的考據，今可勿論，但論其與中國文化的關係。

　　佛教把一切有情，分為十等，即：（一）佛、（二）菩薩、（三）緣

覺、（四）聲聞，是為四聖；（五）天、（六）人、（七）阿修羅、（八）畜生、（九）餓鬼、（十）地獄，是為六凡。輾轉於六凡之中，不得超出，謂之六道輪迴。佛不可學，我們所能學的，至菩薩而止。在小乘中，緣覺、聲聞亦可成佛，大乘則非菩薩不能。所謂菩薩，繫念念以利他為主，與我們念念都以自己為本位的，恰恰相反。至佛則並利他之念而亦無之，所以不可學了。緣覺、聲聞鑑於人生不能離生、老、病、死諸苦，死後又要入輪迴，我們幸得為人，尚可努力修持，一旦墮入他途便難了（畜生、餓鬼、地獄亦稱三途，不必論了。阿修羅神通廣大，易生嗔怒；諸天福德殊勝，亦因其享受優越，轉易墮落；所以以修持論，皆不如人）。所以覺得生死事大，無常迅速，實可畏怖，生前不得不努力修持。其修持之功，固然堅苦卓絕，極可佩服。即其所守戒律，亦復極端利他，然而根本觀念，終不離乎自利，所以大乘斥其不足成佛。此為大小乘重要的異點；亦即大乘教理，較小乘為進化之處。

又所謂佛在小乘，即指釋迦牟尼其人；大乘則佛有三身：（一）佛陀其人，謂之報身，是他造了為人之因，所以在這世界上成為一個人的。生理心理等作用，一切和我們一樣，不吃也要餓，不穿也要冷，置諸傳染病的環境中，也會生病。餓了，冷了，病重了，也是會死的；（二）至於有是而無非，威權極大。我們動一善念，動一惡念，他都無不知道。善有善報，惡有惡報，絲毫不得差錯。是為佛之法身，實即自然力之象徵；（三）一心信佛者，臨死或在他種環境中，見有佛來接引拯救等事，是為佛之化身。佛在某種環境中，經歷一定的時間，即可修成。所以過去已有無數的佛，將來還有無數的佛要成功，並不限於釋迦牟尼一人。大乘的說法，當他宗教信，是很能使人感奮的；從哲學上說，其論亦圓滿具足，無可非難。宗教的進化，可謂至斯而極。

佛教的宇宙觀，是以識為世界的根本。有眼、耳、鼻、舌、身、意，

即有色、聲、香、味、觸、法，此為前六識，為人人所知。第七識為末那，第八識為阿賴耶，其義均不能譯，故昔人唯譯其音。七識之義，為「恆審思量，常執有我」。我們念念以自己為本位（一切現象，都以自己為本位而認識；一切利害，都以自己為本位而打算），即七識之作用。至八識則為第七識之所由生，為一切識的根本。必須將他滅盡，才得斬草除根。但所謂滅識，並不是將它剷除掉，至於空無所有。有無，佛教謂之色空。色空相對，只是凡夫之見。佛說則「色即是空，空即是色」（如在晝間，則晝為色，夜為空。然夜之必至，其確實性，並不減於晝之現存。所以當晝時，夜之現象，雖未實現，夜之原理，業已存在。凡原理存在者，即與其現象存在無異。已過去之事，為現在未來諸現象之因。因果原是一事。所以已過去的事，亦並未消滅）。所以所謂滅識，並非將識消滅，而是「轉識成智」。善惡同體，佛說的譬喻，是如水與波。水為善，動而為波即成惡。按照現在科學之理，可以有一個更妙的譬喻，即生理與病理。病非別有其物，只是生理作用的異常。去病得健，亦非把病理作用的本體消滅，只是使它回復到生理作用。所以說「真如無明，同體不離」（真如為本體，無明為惡的起點）。行為的好壞，不是判之於其行為的形式的，而是判之於其用意，所以所爭的只在迷悟。迷時所做的事，悟了還是可以做的。不過其用意不同，則形式猶是，而其內容卻正相反，一為惡業，一為淨業了。喻如母親管束子女，其形式，有時與廠主管理童工是一樣的。所以說：「共行只是人間路，得失誰知天壤分。」

　　佛教為什麼如此重視迷悟呢？因為世界紛擾的起因，不外乎：（一）懷挾惡意，（二）雖有善意，而失之愚昧。懷挾惡意的，不必論了。失之愚昧的，雖有善意，然所做的事，無一不錯，亦必伏下將來的禍根。而愚昧之因，又皆因眼光只限於局部，而不能擴及全體（兼時間空間言）。所以佛說世俗之善，「如以少水而沃冰山，暫得融解，還增其厚。」此悟之

所以重要。佛教的人生問題，依以上所說而得解答。至於你要追問宇宙問題的根源，如空間有無界限，時間有無起訖等，則佛教謂之「戲論」，置諸不答（外道以此為問，佛不答，見《金七十論》）。這是因為：我們所認識的世界，完全是錯誤的。其所以錯誤，即因我們用現在的認識方法去認識之故。要把現在的認識方法放下，換一種方法去認識，自然不待言而可明。若要就現在的認識方法替你說明，則非我的不肯說，仍是事之不可能。要怎樣才能換用別種認識方法呢？非修到佛的地位不可。佛所用的認識方法，是怎樣的呢？固非我們所能知。要之，是和我們現在所用大不相同的。這個，我們名之曰證。所以佛教中最後的了義，「唯佛能知」，探求的方法，「唯證相應」。這不是用現在的方法所能提證據給你看的。信不信只好由你。所以佛教說到最後，總還是一種宗教。

佛教派別很多，然而皆小小異同，現在不必一一論述。其中最有關係的，為天臺、唯識、華嚴三宗。唯識宗亦稱相宗，乃就我們所認識的相，闡發萬法唯識之義。天臺亦稱性宗，則是就識的本身加以闡發。實為一說的兩面。華嚴述菩薩行相，即具體的描寫一個菩薩的樣子給我們看，使我們照著他做。此三宗，都有很深的教理，謂之教下三家。

禪宗則不立文字，直指心源，專靠修證，謂之教外別傳。佛教既不用我們的認識求最後的解決，而要另換一種認識方法（所謂轉識成智）。則一切教理上的啟發、辯論，都不過把人引上修證之路，均是手段而非目的。所以照佛教發達的趨勢，終必至於諸宗皆衰，禪宗獨盛為止。而社會上研究學問的風氣，亦是時有轉變的。佛教教理的探求，極為煩瑣，實與儒家的義疏之學，途徑異而性質相同。中唐以後，此等風氣，漸漸衰息，諸宗就不得不衰，禪宗就不得不獨盛了。

然而禪宗雖不在教義上為精深的探討，煩瑣的辯論，而所謂禪定，理論上也自有其相當的高深的。而修習禪定，亦非有優閒生活的人不能，所

以仍為有閒階級所專有。然則佛教此時的聲勢,是非發達到普及各階層不可的,於是適應大眾的淨土宗復興。

　　所謂淨土宗,是說我們所住的世界,即娑婆世界的西方,另有一個世界,稱為淨土。諸佛之中,有一個喚做阿彌陀佛的,與娑婆世界特別有緣,曾發誓願:有一心皈依他的,到臨終之時,阿彌陀佛便來接引他,往生淨土。往生淨土有什麼利益呢?原來成佛極難,而修行的人,不到得成佛,又終不免於退轉。如此示人以難,未免使人灰心短氣。然成佛之難,以及非成佛則不能不退轉,又經前此的教義說得固定了,無可動搖。於是不得不想出一個補救的方法,說我們所以易於退轉,乃因環境不良使然。倘使環境優良,居於其中,徐徐修行,雖成佛依舊艱難,然而可保證我們不致中途墮落。這不啻給與我們以成佛的保證,而且替我們袪除了沿路的一切危險、困難,實給意志薄弱的人以一個大安慰、大興奮。而且淨土之中,有種種樂,無種種苦,也不啻給與祈求福報的人以一個滿足。所以淨土宗之說,實在是把佛教中以前的某種說法取消掉了的。不過其取消之法很巧妙,能使人不覺得其立異罷了。其修持之法,亦變艱難而歸簡易。其法為:觀,想,持名。三者並行,謂之念佛。有一佛像當前,而我們一心注視著他,謂之觀;沒有時,心中仍想像其有,謂之想;口誦南無阿彌陀佛(自然心也要想著他),謂之持名。佛法貴止觀雙修。止就是心住於其所應住之處,不起妄念。觀有種種方法,如我們最怕死,乃設想尖刀直刺吾胸,血肉淋漓;又人誰不愛女人?乃設想其病時的醜惡,死後的腐朽,及現時外觀雖美,而軀殼內種種汙穢的情形,以克服我們的情意。又世事因緣複雜,常人非茫無所知,即認識錯誤,必須仔細觀察。如兩人爭鬥,粗觀之,似由於人有好鬥之性。深觀之,則知其實由教化的不善;而教化的不善,又由於生計的窘迫;生計的窘迫,又由於社會組織的不良。如此輾轉推求,並無止境。要之觀察得愈精細,措施愈不至有誤。這是所以增

長我們的智識的。止觀雙修，意義誠極該括，然亦斷非愚柔者所能行，淨土宗代之以念佛，方法簡易，自然可普接利鈍了。所以在佛教諸宗皆衰之後，禪宗尚存於上流社會中，淨土宗則行於下流社會，到現在還有其遺跡。

佛教教義的高深，是無可否認的事實。在它，亦有種種治國安民的理論，讀《華嚴經》的五十三參可知。又佛學所爭，唯在迷悟。既悟了，一切世俗的事情，仍無有不可做的，所以也不一定要出家。然而佛教既視世法皆非了義，則終必至於捨棄世事而後止。以消滅社會為解決社會之法，斷非社會所能接受，於是經過相當的期間，而反動又起。

佛教反動，是為宋學。宋學的淵源，昔人多推諸唐之韓愈。然而韓愈辟佛，其說甚粗，與宋學實無多大關係。宋學實至周、張出而其說始精，二程繼之而後光大，朱陸及王陽明又繼之，而其義蘊始盡。

哲學是不能直接應用的，然萬事萬物，必有其總根源。總根源變，則對於一切事情的觀點及其應付的方法，俱隨之而變。所以風氣大轉變時，哲學必隨之而變更。宋儒的哲學，改變佛學之處安在呢？那就是抹殺認識論不談，而回到中國古代的宇宙論。中國古代的哲學，是很少談到認識論的，佛學卻不然，所注重的全在乎此。既注重於認識論，而又參以宗教上的悲觀，則勢必至於視世界為空虛而後止。此為佛教入於消極的真正原因。宋學的反佛，其最重要的，就在此點。然而從認識論上駁掉佛說，是不可能的。乃將認識論抹殺不談，說佛教的談認識論便是錯。所以宋學反佛的口號，是「釋氏本心，吾徒本天」。所謂本心，即是佛家萬法唯識之論；所謂本天，則是承認外界的實在性。萬事萬物，其間都有一個定理，此即所謂天理。所以宋學的反佛，是以唯物論反對唯心論。

宋學中自創一種宇宙觀和人生觀的，有周敦頤、張載、邵雍三人。周敦頤之說，具於《太極圖說》及《通書》。他依據古說，假定宇宙的本

體為太極。太極動而生陽，靜而生陰；動極復靜，靜極復動；如此迴圈不已，因生水、火、木、金、土五種物質。此五種物質，是各有其性質的。人亦是此五種物質所構成，所以有智（水）、禮（火）、仁（木）、義（金）、信（土）五種性質。及其見諸實施，則不外乎仁義二者（所以配陰陽）。仁義的性質，都是好的，然用之不得其當，則皆可以變而為惡（如寒暑都是好的，不當寒而寒，不當暑而暑則為惡），所以要不離乎中正（所以配太極），不離乎中正謂之靜。所以說：「聖人定之以仁義中正而主靜，立人極焉。」

張載之說，具於《正蒙》。其說亦如古代以氣為萬物的原質。氣是動而不已的，因此而有聚散，有聚散則有疏密。密則為吾人所能知覺，疏則否，是為世俗所謂有無。其實則是隱顯，隱顯即是幽明。所以鬼神之與人物，同是一氣。氣之運動，自有其一定的法則。在某種情形之下，則兩氣相迎；在某種情形之下，則兩氣相距；是為人情好惡之所由來（此說將精神現象的根源，歸諸物質，實為極徹底的一元論）。然此等自然的迎距，未必得當。好在人的精神，一方面受制於物質，一方面仍有其不受制於物質者存。所以言性，當分為氣質之性（受制於物質的）與義理之性（不受制於物質的）。人之要務，為變化其氣質，以求合乎義理。此為張氏修己之說。張氏又本其哲學上的見地，創萬物一體之說，見於其所著的《西銘》。與惠施泛愛之說相近。

邵雍之說，與周張相異。其說乃中國所謂術數之學。中國學術，是重於社會現象，而略於自然現象的。然而也有一部分人，喜歡研究自然現象。這樣的人，其視萬物，皆為物質所構成。既為物質所構成，則其運動，必有其定律可求。人若能發見此定律，就能知道萬物變化的公例了。所以此等人的願望，亦可說是希冀發現世界的機械性的。世界廣大，不可遍求，然而他們既承認世界的規律性，則研究其一部分，即可推之於其

餘。所以此一派的學者，必重視數。他們的意思，原不過借此以資推測，並不敢謂所推之必確，安敢謂據此遂可以應付事物？然：（一）既曾盡力於研求，終不免有時想見諸應用。（二）又此學的初興，與天文曆法，關係極密，古人迷信較深，不知世界的規律性，不易發現，竟有謂據此可以逆臆未來的。（三）而流俗之所震驚，亦恆在於逆臆未來，而不在乎推求定理。所以此派中亦多逆臆未來之論，遂被稱為術數之學。

此派學者，雖是少數，著名的亦有數家，邵雍為其中之最善者。雍之說，見於《觀物內外篇》及《皇極經世書》。《觀物篇》稱天體為陰陽，地體為剛柔，又各分太少兩者（日為太陽，月為太陰；星為少陽，辰為少陰；火為太剛，水為太柔；石為少剛，土為少柔。其說曰：陽燧取於日而得火，火與日相應也。方諸取於月而得水，水與月一體也。星隕為石，天無日月星之處為辰，地無山川之處為土；故以星與石，辰與土相配。其餘一切物與陰陽剛柔相配，皆準此理），以說明萬物的性質及變化。《皇極經世書》以十二萬九千六百年為一元（日之數一為元，月之數十二為會，星之數三百六十為運，辰之數四千三百二十為世。一世三十年，以三十乘四千三百二十，得十二萬九千六百）。他說：「一元在天地之間，猶一年也。」這和揚雄作《太玄》，想本一年間的變化，以窺測悠久的宇宙一樣。邵雍的宗旨，在於以物觀物。所謂以物觀物，即是除盡主觀的見解，以冀發現客觀的真理，其立說精湛處甚多。但因術數之學，不為中國所重視，所以在宋學中不被視為正宗。

經過周、張、邵諸家的推求，新宇宙觀和新人生觀可謂大致已定。二程以下，乃努力於實行的方法。大程名顥，他主張「識得此理，以誠敬存之」。但何以識得此理呢？其弟小程名頤，乃替他補充，說「涵養須用敬，進學在致知」。致知之功，在於格物。即萬事而窮其理，以求一旦豁然貫通。這話驟聽似乎不錯的。人家駁他，說天下之物多著呢，如何格得

盡？這話也是誤解。因為宋儒的所求，並非今日物理學家之所謂物理，乃是吾人處事之法。如曾國藩所謂：「冠履不同位，鳳皇鴟鴉不同棲，物所自具之分殊也。鯀湮洪水，舜殛之，禹郊之，物與我之分際殊也。」天下之物格不盡，吾人處事的方法，積之久，是可以知識日臻廣博，操持日益純熟的。所以有人以為格物是離開身心，只是一個誤解。問題倒在未經修養過的心，是否能夠格物？如要修養其心，其方法，是否以格物為最適宜？所以後來陸九淵出，以即物窮理為支離，要教人先發其本心之明，和贊成小程的朱熹，成為雙峰並峙之局。

　　王守仁出，而其說又有進。守仁以心之靈明為知，即人所以知善知惡，知是知非，此知非由學得；無論如何昏蔽，亦不能無存；所以謂之良知。知行即是一事。《大學》說「如惡惡臭，如好好色」。知惡臭之惡，好色之好，是知一方面事。惡惡臭，好好色，是行一方面事。人們誰非聞惡臭即惡，見好色即好的？誰是聞惡臭之後，別立一心去惡？見好色之後，別立一心去好？然則「知而不行，只是未知」。然而因良知無論如何昏蔽，總不能無存，所以我們不怕不能知善知惡，知是知非，只怕明知之而不肯遵照良心去做。如此，便要在良知上用一番洗除障翳的功夫，此即所謂致知。至於處事的方法，則雖聖人亦有所不能盡知。然苟得良知精明，毫無障翳，當學時，他自會指點你去學；當用人時，他自會指點你去求助於人；正不必以此為患。心之靈明謂之知，所知的自然有一物在。不成天下之物都無了，只剩一面鏡子，還說這鏡子能照。所以即物窮理，功夫亦仍是用在心上。而心當靜止不動時，即使之靜止不動，亦即是一種功夫。所以「靜處體悟，事上磨練」，兩者均無所不可。

　　程朱的涵養須用敬，進學在致知，固然把道德和知識，分成兩截。陸九淵要先發人本心之明，亦不過是把用功的次序倒轉了，並沒有能把兩者合而為一。王守仁之說，便大不相同了。所以理學從朱陸到王，實在是一

個辯證法的進步。但人之性質，總是偏於一方面的，或喜逐事零碎用功夫，或喜先提挈一個大綱。所以王守仁之說，仍被認為近於陸九淵，並稱為陸王。人的性質，有此兩種，是一件事實，是一件無可變更的事實。有兩種人自然該有兩種方法給他們用，而他們亦自然會把事情做成兩種樣子。所以章學誠說：「朱陸為千古不可無之同異，亦為千古不能無之同異。」（見《文史通義・朱陸篇》），其說最通。

　　以一種新文化，替代一種舊文化，此新文化，必已兼攝舊文化之長，此為辯證法的真理。宋學之於佛學，亦是如此。宋學兼攝佛學之長，最顯著的有兩點：（一）為其律己之嚴，（二）為其理論的徹底。論治必嚴王霸之辨，論人必嚴君子小人之分，都是由此而出。此等精嚴的理論，以之律己則可，以之論事，則不免多所窒礙。又宋學家雖反對佛教的遺棄世事，然其修養的方法，受佛教的影響太深了。如其說而行之，終不免偏於內心的修養，甚至學問亦被拋荒，事為更不必說。所以在宋代，宋學中的永嘉、永康兩派，就對此而起反動（永嘉派以葉適、陳傅良為魁首，反對宋學的疏於事功，疏於實學的考究。永康派以陳亮為魁首，對於朱熹王霸之辨，持異議頗堅，亦是偏於事功的）。

　　到清代，顏元、李塨一派，亦是對此力加攻擊的。然則永嘉、永康兩派和朱陸，根本觀念上，實無甚異同，所爭的只是程度問題，無關宏指。顏李一派，則專講實務，而反對在心上用功夫，幾乎把宋學根本取消了。近來的人，因反對中國的學者，多尚空言，而不能實行，頗多稱道顏李的。但是顏、李的理論，實極淺薄，不足以自成一軍。因為世界進步了，分工不得不精。一件事，合許多人而分工，或從事於研究，或從事於實行，和一個人幼學壯行，並無二致。研究便是實行的一部。顏、李之說，主張過甚，勢必率天下人而閉目妄行。即使主張不甚，亦必變精深為淺薄。所以其說實不能成立。

從理論上反對宋儒的，還有戴震。謂宋儒主張天理人欲之辨太過，以致：（一）不顧人情。視斯民飲食男女之欲為人生所不能無的，都以為毫無價值而不足恤。（二）而在上者皆得據理以責其下，下情卻不能上達，遂致有名分而無是非，人與人相處之道，日流於殘酷。此兩端：其前一說，乃宋學末流之弊，並非宋學的本意。後一說則由宋學家承認封建時代的秩序，為社會合理的組織之故。戴氏攻之，似得其當。然而戴氏亦不知其病根之所在，而說只要捨理而論情，人與人的相處，就可以無問題，其說更粗淺牽強了。在現在的文化下所表現出來的人情，只要率之而行，天下就可以太平無事嗎？戴氏不是盲目的，何以毫無所見？

所以宋學衰敝以後，在主義上，能卓然自立，與宋學代興的，實無其人。梁啟超說：清代的學術，只是方法運動，不是主義運動（見所著《清代學術概論》），可謂知言了。質實言之，清代考證之學，不過是宋學的一支派。宋學中陸王一派，是不講究讀書的，程朱一派本不然。朱熹就是一個讀書極博的人，其後學如王應麟等，考據尤極精審。清學的先驅，是明末諸大儒。其中顧炎武與清代考證之學，關係尤密，也是程朱一派（其喜言經世，則頗近永嘉）。清代所謂純漢學，實至乾嘉之世而後形成，前此還是兼採漢宋，擇善而從的。其門徑，和宋學並無區別。

清學的功績，在其研究之功漸深，而日益趨於客觀。因務求古事的真相，覺得我們所根據的材料，很不完全，很不正確；材料的解釋，又極困難；乃致力於校勘，致力於輯佚；對於解釋古書的工具，即訓詁，尤為盡心。其結果，古書已佚而復見的，古義已晦而復明的不少，而其解決問題的方法，亦因經驗多了，知道憑臆判斷，自以為得事理之平，遠不如調查其來路，而憑以判斷者之確。於是折衷漢宋，變為分別漢宋，其主意，亦從求是變而為求真了（非不求是，乃以求真為求是）。清學至此，其所至，已非復宋儒所能限，然仍是一種方法的轉變，不足以自成一軍。

　　清學在宗旨上，漸能脫離宋學而自立，要到道咸時今文之學興起以後。西漢經師之說，傳自先秦，其時社會的組織，還和秦漢以後不同。有許多議論，都不是東漢以後人所能了解的。自今文傳授絕後，久被擱置不提了。清儒因分別學派，發現漢儒亦自有派別，精心從事於搜剔，而其材料始漸發現，其意義亦漸明白。今學中有一派，專務材料的搜剔，不甚注意於義理。又一派則不然，常州的莊（存與）、劉（逢祿），號稱此學的開山，已漸注意於漢儒的非常異義。龔（自珍）、魏（源）兩氏繼之，其立說彌以恢廓。到廖平、康有為出，就漸漸地引上經世一路，非復經生之業了。

　　廖平晚歲的學說，頗涉荒怪。然其援據緯說，要把孔道的規模擴充到無限大，也仍是受世變的影響的。但廖氏畢竟是個經生，其思想，雖亦受世變的影響，而其所立之說，和現代的情形隔膜太甚，所以對於學術界，並不能發生多大的影響。康氏就不然了。康氏的經學遠不如廖氏的精深，然而其思想較之廖氏，遠覺闊大而有條理。他懷抱著一種見解，借古人之說為材料而說明之。以《春秋》三世之義，說明進化的原理，而表明中國現在的當改革，而以孔子托古改制之說輔之。其終極的目的，則為世界大同。恰和中國人向來懷抱的遠大的思想相合，又和其目前急須改革的情形相應，所以其說能風靡一時。但康有為的學說，仍只成為現代學術思想轉變的一個前驅。這是為什麼呢？因為學術是利於通的，物窮則變，宋明以來的文化，現在也幾乎走到盡頭了。即使沒有西學輸入，我們的學術思想，也未必不變。但既與西洋學術相值，自然樂得借之以自助。何況現在西洋的科學方法，其精密，確非我們之所及呢！所以近數十年來，中國學術思想的變化，雖然靠幾個大思想家做前驅，而一經發動之後，其第二步，即繼之以西洋學術的輸入。和中國學術思想的轉變最有關係的人是梁啟超。梁氏的長處，在其：（一）對於新科學多所了解。（二）最能適應

社會的程度，從事於介紹。（三）且能引學說以批評事實，使多數人感覺興味。即此趨勢的說明。

西洋學術輸入以來，中國人對之之態度，亦經數變。（一）其初是指採用西法者為用夷變夏，而極力加以排斥的。（二）繼則變為中學為體，西學為用。（三）再進一步，就要打倒孔家店，指舊禮教為吃人，歡迎德謨克拉西先生、賽因斯先生，並有主張全盤西化的了。其實都不是這麼一回事。歐美近代，最初發達的是自然科學，因此引起的整個學術思想的變化（即對於一切事情的觀點及其應付方法），較諸舊說，都不過是程度問題。後來推及社會科學亦然。現在文化前途的改變，乃是整個社會組織的改變，並非一枝一節的問題。這個問題，乃中國與西洋之所同，而非中國之所獨。具體言之，即是中國與西洋，以及全世界的各民族，都要攜手相將，走上一條新的徑路。其間固無一個民族能夠守舊而不變，也斷非哪一個民族盡棄其所固有，而仿效別一個民族的問題。因為照現狀，彼此都是壞的，而且壞得極相像。

然則各種學術，能指示我們以前途，且成為各學之王，而使他種學術奔走其下，各盡其一枝一節之用的，必然是社會學。一切現象，都是整個社會的一枝一節，其變化，都是受整個社會的規定的。唯有整個社會，能說明整個社會。亦唯有整個社會，能說明一枝一節的現象的所以然。人們向來不知，只是把一枝一節的現象互相說明，就錯了。這是因為從前的人，不知道整個社會，可成為研究的對象，所以如此。現在便不同了。所以只有最近成立的社會學，為前此之所無。亦只有整個的社會學，能夠說明文化之所由來，而評判其得失，而指示我們以當走的路徑。即如文明愈進步，則風俗愈薄惡，這是一件眾所周知的事實，而亦是向來所視為無可如何的事實。毀棄文明，固不可，亦不能；任社會風俗之遷流而日趨於薄惡，也不是一回事。提倡道德，改良政治等，則世界上無論哪一個文明

國，都已經努力了幾千年，而證明其無效的了。人道其將終窮乎？從社會學發明以來，才知道風俗的薄惡，全由於社會組織的不良，和文明進步毫無關係。我們若能把社會組織徹底改良，則文明進步，就只有增加人類的福利了。這是社會學指示給我們前途最大的光明。而社會學之所以能發明，則和現代各地方蠻人風俗的被重視，以及史前史的發見，有極大的關係。因此，我們才知道社會的組織，可以有多種。目前的組織，只是特種事實所造成，並非天經地義，必不可變。變的前途，實有無限的可能；變的方法，我們所知道的，亦與前人迥異了。

　　以上論中國學術思想轉變的大概，以下再略論中國的文學和史學。

　　文學的發達，韻文必先於散文，中國古代，亦是如此。現存的先秦古書，都分明包含著兩種文字：一種是詞句整齊而有韻的；一種則參差不齊，和我們的口語一樣。前者是韻文，後者是散文。散文的發達，大約在東周之世，至西漢而達於極點。散文發達了，我們的意思，才能夠盡量傾吐（因為到這時候，文字和語言才真正一致），所以是文學的一個大進步。西漢末年，做文章的，漸漸求其美化。其所謂美是：（一）句多偶麗，（二）不用過長過短之句，（三）用字務求其足以引起美感。其結果，逐漸成漢魏體的駢文。

　　漢魏體的駢文，只是字句修飾些，聲調嘽緩些，和散文相去，還不甚遠。以後一直向這趨勢發達，至齊梁時代，遂浮靡而不能達意了。此時供實用之文，別稱為筆。然筆不過參用俗字俗語；用字眼、用典故，不及文來得多；其語調還和當時的文相近，與口語不合，還是不適於用。積重之勢，已非大改革不可。改革有三條路可走：（一）徑用口語。這在昔日文字為上中流社會所專有的時代，是不行的。（二）以古文為法。如蘇綽的擬《大誥》是。這還是不能達意。只有第（三）條路，用古文的義法（即文字尚未浮靡時的語法），以運用今人的言語，是成功的。唐朝從韓、柳

338

以後，才漸漸地走上這條路。散文雖興，駢文仍自有其用，駢散自此遂分途。宋朝為散文發達的時代，其時的駢文，亦自成一格，謂之宋四六。氣韻生動，論者稱為駢文中的散文。

詩歌另是一體。文是導源於語言，詩是導源於歌謠的。所以詩體，當其發生之時，即非口語之調。近人以隨意寫來的散文，亦稱為詩（新詩），這至少要改變向來詩字的定義然後可。古代的詩，大抵可歌，傳於後世的，便是《詩經》和《楚辭》。到漢朝，風尚變了。制氏雅樂雖存，不為人之所好。漢武帝立新聲樂府，采趙、代、秦、楚之謳，使李延年協其律，司馬相如等為之辭，是為漢代可歌的詩。

古代的詩，則變為五言詩，成為只可吟誦之物。論者多以此為詩體的退化，這是為尊古之見所誤。其實凡事都到愈後來愈分化，吟誦的詩，和合樂的詩的判而為二，正是詩體的進化。歌唱的音調，和聽者的好尚的變遷，是無可如何的事。隋唐時，漢代的樂府，又不為人之所好，而其辭亦漸不能合樂了。聽者的好尚，移於外國傳來的燕樂，按其調而填詞，謂之詞，極盛於兩宋之世。至元以後，又漸成為但可吟誦，不能協律之作，而可歌的限於南北曲。到清朝，按曲譜而填詞的，又多可誦而不可歌了。中國的所謂詩，擴而充之，可以連樂府、詞、曲都包括在內。因為其起源，同是出於口中的歌的。一個民族的歌謠，不容易改變。試看現代的山歌，其音調還與漢代的樂府一樣，便可知道。所以現在，非有新音樂輸入，詩體是不會變化的。現在萬國交通，新音樂輸入的機會正多。到中國人的口耳，與之相習，而能利用之以達自己的美感時，新詩體就可產生了。

文學初興之時，總是與語言相合的。但到後來，因社會情形的複雜，受教育的程度各有不同；而時間積久了，人的語言，不能不變，寫在紙上的字，卻不能再變；言文就漸漸地分離了。合於口語的文字，是歷代都有的。如禪宗和宋儒的語錄，元代的詔令，寒山、拾得的詩，近代勸人為善

的書都是。而其用之，要以平話為最廣。這是非此不可的。從前文言、白話，各有其分野，現在卻把白話的範圍推廣了。這因：（一）受教育的人漸多，不限於有閒階級；而所受的教育，亦和從前不同，不能專力於文字（二）世變既亟，語言跟著擴充、變化，文字來不及相隨，乃不得不即用口語。此乃事勢的自然，無人提倡，也會逐漸推廣的。守舊的人，竭力排斥白話，固然是不達。好新的人，以此沾沾自喜，也是貪天之功以為己力的。所謂古文，大部分系古代的言語，其中亦有一部分是後人依據古代的語法所造的，從未宣諸唇吻，只是形之楮墨。然楮墨之用，亦是一種廣義的語言，既有其用，自不能廢。而況紙上的言語有時亦可為口語所採用。所以排斥文言，也是偏激之論。

　　文以載道，文貴有用之說，極為近人所詆毀。此說固未免於迂，然而亦不能謂其全無道理。近人襲西洋文學的理論，貴純文學而賤雜文學，這話固然不錯。然以為說理論事之作，必是雜文學，必寫景言情之作，而後可以謂之純文學，則是皮相之談。美的原質，論其根柢，實在還是社會性。社會性有從積極方面流露的，如屈原、杜甫的忠愛是；有從消極方面流露的，如王維、孟浩然的閒適是。積極的人人所解，消極的似乎適得其反。其實不然，積極的是想把社會改好，消極的則表示不合作。雖然無所作為，然使人因此而悟現代社會之壞，至少亦使社會減少一部分惡勢力，其功效也還是一樣的。文字上的所謂美，表面上雖若流連風景，其暗中深處，都藏有這一個因素在內。詩詞必須有寄託，才覺得有味，真正流連風景的，總覺得淺薄，就是為此。然則文字的美惡，以及其美的程度，即視此種性質之有無多寡以為衡，其借何種材料而表現，倒是沒有關係的。憂國憂民，和風花雪月，正是一樣。以說理論事，或寫景言情，判別文學的為純為雜，又是皮相之談了。文以載道，文貴有用等說，固然不免於迂腐。然載道及有用之作，往往是富於社會性的，以此為第一等文字，實亦

不為無見，不過拋荒其美的方面，而竟以載道和有用為目的，不免有語病罷了。

中國有史籍甚早。《禮記‧玉藻》說：「動則左史書之，言則右史書之。」鄭《注》說：「其書，《春秋》、《尚書》其存者。」（《漢書‧藝文志》說「右史記事，左史記言」是錯的。《禮記‧祭統》說「史由君右，執策命之」，即右史記言之證）這大約是不錯的。《周禮》還有小史，記國君及卿大夫的世系，是為《帝系》及《世本》。中國最古的史籍《史記》，其本紀及世家，似是據《春秋》和《系》、《世》編纂而成。列傳則源出記言之史。記言之史，稱為《尚書》，乃因其為上世之書而得此名，其原名似稱為語。語之本體，當屬記人君的言語，如現在的訓辭講演之類。後來擴充之，則及於一切嘉言。嘉言的反面是莠言，間亦存之以昭炯戒。記錄言語的，本可略述其起因及結果，以備本事。擴充之則及於一切懿行，而其反面即為惡行。此體後來附庸蔚為大國，名卿大夫，及學術界鉅子，大抵都有此等記錄，甚至帝王亦有之。其分國編纂的，則謂之《國語》。關於一人的言行，分類編纂的，則謂之《論語》。記載一人的大事的，則如《禮記‧樂記》述武王之事，謂之《牧野之語》都是。《史記》的列傳，在他篇中提及，多稱為語（如〈秦本紀〉述商鞅說孝公變法事曰：「其事在〈商君語〉中。」），可見其源出於語，推而廣之，則不名為語的，其實亦是語體。如《晏子春秋》及《管子》中的〈大〉、〈中〉、〈小匡〉等是。八書是記典章經制的，其源當亦出於史官，不過不能知其為何官之史罷了。

史官以外，還有民間的傳述，有出於學士大夫之口的，如魏絳、伍員述少康、羿、浞之事是（見《左傳‧襄公四年》、〈哀西元年〉，及《史記‧吳太伯世家》）。亦有出於農夫野老之口的，如孟子斥咸丘蒙所述為齊東野人之語是。古史的來源，大略如此。秦始皇燒書，《史記‧六國

表》說「諸侯史記尤甚」，大約史官所記載，損失極多。流行民間之書，受其影響當較少。口耳相傳，未著竹帛的，自然更不必說了。

有歷史的材料是一事，有史學上的見地又是一事。古代史官，雖各有專職，然大體不過奉行故事。民間傳達，或出驚奇之念，或出仰慕之忱（所謂多識前言往行，以蓄其德），亦說不上什麼史學上的見地。到司馬談、遷父子出，才網羅當時所有的史料，編纂成一部大書。這時的中國，在當時人的眼光中，實已可謂之天下（因為所知者限於此，在所知的範圍中，並沒有屏斥異國或異族的史料不載）。所以《太史公書》（這是《史記》的本名，《漢書·藝文志》著錄即如此。《史記》乃史籍通名，猶今言歷史。《太史公書》為史部中最早的著述，遂冒其一類的總名），實自國別史進於世界史，為史體一大進步。

從此以後，國家亦漸知史籍的重要了。後漢以後，乃有詔蘭臺、東觀中人述作之事。魏晉以後，國家遂特設專官。此時作史的，在物力上，已非倚賴國家不行（一因材料的保存及搜輯，一因編纂時之費用）。至於撰述，則因材料不多，還為私人之力所能及。所以自南北朝以前，大致由國家供給材料及助力，而司編撰之事的，則仍是一二人，為私家著述性質。唐以後史料更多，不徒保存、搜輯，即整理、排比，亦非私人之力所及，於是獨力的著述，不得不變為集眾纂修之局了。私家著述及集眾纂修，昔人的議論，多偏袒前者，這亦是一偏之見。姑無論材料既多，運用為私人之力所不及，即舍此勿論，而昔時的正史，包括的門類很多，亦非一人所能兼通。所以即就學術方面論，兩者亦各有長短。唐修《新晉書》（即今正史中的《晉書》），其志非前人所能及，即其一證。關於正史的歷史，可參看《史通》的〈六家〉、〈二體〉、〈古今正史〉、〈史官建置〉各篇，及拙撰《史通評》中這幾篇的評（商務印書館本）。

從前的歷史，是偏重於政治方面的。而在政治方面，則所注重的，為

理亂興衰、典章經制兩類。正史中的紀傳，是所以詳前者的，志則所以詳後者（已見《緒論》中）。編年史偏詳前者，《通典》、《通考》一類的書，則偏詳後者，都不如紀傳表志體的完全。所以後來功令，獨取紀傳表志體為正史。然編年體和政書（《通典》、《通考》等），在觀覽上亦各有其便，所以其書仍並為學者所重。這是中國舊日所認為史部的重心的。紀傳體以人為單位，編年史以時為系統，欲勾稽一事的始末，均覺不易，自袁樞因《通鑑》作《紀事本末》後，其體亦漸廣行。

中國的史學，在宋時，可謂有一大進步。（一）獨力著成一史的，自唐以後，已無其事。宋則《新五代史》出歐陽修一人；《新唐書》雖出修及宋祁兩人，亦有私家著述性質，事非易得。（二）編年之史，自三國以後，久已廢闕。至宋則有司馬光的《資治通鑑》，貫串古今。朱熹的《通鑑綱目》，敘事雖不如《通鑑》的精，體例卻較《通鑑》為善（《通鑑》有目無綱，檢閱殊為不便。司馬光因此，乃有《目錄》之作，又有《舉要》之作。《目錄》既不與本書相附麗。《舉要》則朱熹《答潘正叔書》，譏其「詳不能備首尾，略不可供檢閱」，亦是實情。所以《綱目》之作，確足以改良《通鑑》的體例）。（三）講典章經制的書，雖起於唐杜佑的《通典》，然宋馬端臨的《文獻通考》，搜集尤備，分類亦愈精。又有會要一體，以存當代的掌故，並推其體例，以整理前代的史實。（四）鄭樵《通志》之作，網羅古今。其書雖欠精審，亦見其魄力之大。（五）當代史料，搜輯綦詳。如李燾《續資治通鑑長編》、李心傳《建炎以來系年要錄》、徐夢莘《三朝北盟會編》、王偁《東都紀略》等都是。（六）自周以前的古史，實是別一性質，至宋而研究加詳。如劉恕《通鑑外紀》、金履祥《通鑑綱目前編》、蘇轍《古史考》、胡宏《皇王大紀》、羅泌《路史》等都是。（七）研究外國史的，宋朝亦加多。如葉隆禮《契丹國志》、孟珙《蒙韃備錄》等是。（八）考古之學，亦起於宋時。如歐陽修

的《集古錄》、趙明誠的《金石錄》等，始漸求材料於書籍之外。（九）倪思的《班馬異同評》、吳縝的《新唐書糾謬》等，皆出於宋時。史事的考證，漸見精核。綜此九端，可見宋代史學的突飛猛進。元明時代復漸衰，此因其時之學風，漸趨於空疏之故。但關於當代史料，明人尚能留心收拾。到清朝，文字之獄大興，士不敢言當代的史事；又其時的學風，偏於考古，而略於致用；當代史料，就除官書、碑傳之外，幾乎一無所有了。但清代考據之學頗精。推其法以治史，能補正前人之處亦頗多。

　　研究史法之作，專著頗少。其言之成理，而又有條理系統的，當推劉知幾的《史通》。《史通》是在大體上承認前人的史法為不誤，而為之彌縫匡救的。其回到事實上，批評歷代的史法是否得當，以及研究今後作史之法當如何的，則當推章學誠。其識力實遠出劉知幾之上。此亦時代為之。因為劉知幾之時，史料尚不甚多，不慮其不可遍覽，即用前人的方法撰述已足。章學誠的時代，則情形大不同，所以迫得他不得不另覓新途徑了。然而章氏的識力，亦殊不易及。他知道史與史材非一物，保存史材，當務求其備，而作史則當加以去取；以及作史當重客觀等（見《文史通義・史德篇》），實與現在的新史學息息相通。不過其時無他種科學，以為輔助，所以其論不如現在新史學的精審罷了。然而這亦不過未達一間而已，其識力亦很可欽佩了。

第十八章　宗教

第十八章　宗教

　　宗教的信仰，是不論哪一個民族都有的。在淺演之時固然，即演進較深之後，亦復如此。這是因為：學問之所研究，只是一部分的問題，而宗教之所欲解決，則為整個的人生問題。宗教的解決人生問題，亦不是全不顧知識方面的。它在感情方面，固然要給人滿足。在知識方面，對於當時的人所提出的疑問，亦要與以一個滿意的解答。所以一種宗教，當其興起之時，總是足以解決整個人生問題的。但既興起之後，因其植基於信仰，其說往往不易改變；而其態度亦特別不寬容；經過一定時期之後，遂成為進化的障礙，而被人斥為迷信。

　　宗教所給予人的，既是當下感情上和知識上的滿足，其教義，自然要隨時隨地而異。一種宗教，名目未變，其教義，亦會因環境而變遷。原始的人，不知道自然界的法則，以為凡事都有一個像人一般的東西，有知識、有感情、有意志，在暗中發動主持著。既不知道自然界的法則，則視外界一切變化皆屬可能，所以其視環境，非常之可畏怖。而其視其所祈求的對象，能力之大，尤屬不可思議。有形之物，雖亦為其所崇拜，然其所畏怖而祈求的，大概非其形而為寓於其中的精靈。

　　無形可見之物，怎會令人深信不疑呢？原來古人不知道生物與無生物之別，更不知道動物與植物、人與動物之別，一切都看作和自己一樣。而人所最易經驗到而難於解釋的，為夢與死。明明睡在這裡沒有動，卻有所見、有所聞、有所作為；明明還是這個人，而頃刻之間，有知已變為無知了；安得不相信人身之中，別有一物以為之主？既以為人是如此，就推之一切物，以為都是如此了。這是我們現在相信人有靈魂，相信天地、日月、山川等都有神為之主，相信老樹、怪石、狐狸、蛇等，都可以成為精怪的由來。雖然我們現在已知道自然界的法則了；知道生物與無生物、動物與植物、人與其他動物之別了；然而這種見解，根株仍未拔盡。

　　人類所崇拜的靈界，其實是虛無縹緲的，都是人所想像造作出來的。

所以所謂靈界，其實還是人間世界的反映。人類社會的組織變化了，靈界的組織，也是要跟著變化的。我們現在所看得到的，其第一步，便是從部族時代進於封建時代的變化。部族的神，大抵是保護一個部族的，和別一個部族，則處於敵對的地位。所以《左傳‧僖公十年》說：「神不歆非類，民不祀非族。」孔子也說：「非其鬼而祭之，諂也。」（《論語‧為政》）

到了封建時代，各個神靈之間就要有一個連繫。既要互相連繫，其間自然要生出一個尊卑等級來。在此時代，宗教家所要做的工作就是：（一）把神靈分類。（二）確定每一類之中，及各類之間尊卑等級的關係。我們在古書上看得見的，便是《周禮》大宗伯所分的天神、地祇、人鬼、物魅四類。四類相互之間，自然天神最尊，地祇次之，人鬼次之，物魅最下。天神包括日月、星辰、風雨等；地祇包括山嶽、河海等，但又有一個總天神和總地祇。人鬼最重要的，是自己的祖宗。其餘一切有功勞、有德行的人，也都包括在內；物魅是列舉不盡的。天神、地祇、人鬼等，都是善性居多，物魅則善惡無定。這是中國人最普通的思想，沿襲自幾千年以前的。

宗教發達到這一步，離一般人就漸漸地遠了。「天子祭天地，諸侯祭其境內名山大川」（《禮記‧王制》），和一般人是沒有關係的。季氏旅於泰山，孔子就要譏其非禮了（《論語‧八佾》），何況平民？昊天上帝之外，還有主四時化育的五帝：東方青帝靈威仰，主春生；南方赤帝赤熛怒，主夏長；西方白帝白招拒，主秋成；北方黑帝汁光紀，主冬藏；中央黃帝含樞紐，則兼主四時化育。每一朝天子的始祖，據說實在是上帝的兒子。譬如周朝的始祖后稷，他的母親姜嫄，雖說是帝嚳之妃，后稷卻不是帝嚳的兒子。有一次，姜嫄出去，見一個大的足印，姜嫄一隻腳還不如他一個拇指大。姜嫄見了，覺得奇怪，把自己的腳在這個足印裡踏踏看呢。一踏上去，身體就覺得感動，從此有孕了。生了一個兒子，就是后稷。

又如商朝的始祖契，他的母親簡狄，也是帝嚳之妃，然而契也不是帝嚳的兒子。簡狄有一次，到河裡去洗澡，有一隻玄鳥，掉下一個卵來。簡狄取來吞下去，因此有孕了，後來就生了契。這個謂之「感生」（見《詩‧生民》及《玄鳥》。《史記‧殷周本紀》述契、後稷之生，即系《詩說》。《周禮》大宗伯，以禋祀祀昊天上帝。小宗伯，兆五帝於四郊。鄭玄謂天有六，即五帝和昊天上帝耀魄寶。可看《禮記‧祭法疏》最簡單明瞭。五帝之名，雖出緯候，然其說自是古說。所以《禮記‧禮運》：「因名山以升中於天，因吉土以饗帝於郊」已經把天和帝分說了）。契、稷等因系上帝之子，所以其子孫得受命而為天子。按諸「神不歆非類，民不祀非族」之義，自然和平民無涉的，用不著平民去祭。其餘如「山林、川穀、丘陵，能出雲，為風雨，見怪物」，而且是「民所取材用」的（《禮記‧祭法》），雖和人民有關係，然因尊卑等級，不可紊亂之故，也就輪不著人民去祭了。宗教發達到此，神的等級愈多，上級的神，威權愈大，其離一般人卻愈遠，正和由部族之長，發展到諸侯，由列國並立的諸侯，進步到一統全國的君主，其地位愈尊，而其和人民相去卻愈遠一樣。

人，總是講究實際的，所敬畏的，只會是和自己切近而有關係的神。日本田崎仁義所著《中國古代經濟思想及制度》說：古代宗教思想，多以生物之功歸之女性；又多視日為女神。中國古代，最隆重的是社祭（《禮記‧郊特牲》說：「惟為社事，單出里。惟為社田，國人畢作。惟社，丘乘共粢盛。」單同彈）。而這所謂社，則只是一地方的土神（據《禮記‧祭法》，王、諸侯、大夫等，均各自立社），並不是與天神相對的后土。《易經‧說卦傳》：離為日，為中女。《山海經》和《淮南子》，以生日馭日的羲和為女神（《山海經‧大荒南經》：「東南海之外，甘水之間，有羲和之國。有女子，名羲和，方浴日於甘淵。羲和者，帝俊之妻，生十日。」《淮南子‧天文訓》：「至於悲泉，爰止其女，爰息其馬，是謂縣

車。」）而《禮記・郊特牲》說，郊之祭，乃所以迎「長日之至」。可見以郊祭為祭天，乃後起之事，其初只是祭日；而祭日與祭社，則同是所以報其生物之功。後來雖因哲學觀念的發達，而有所謂蒼蒼者天，搏搏者地，然而這整個的天神和整個的地神，就和人民關係不密切了，雖沒有政治上「天子祭天地」的禁令，怕也不會有什麼人去祭他的。日月星辰風雨等，太多了，祭不勝祭；亦知道其所關涉者廣，用不著一地方去祭他。只有一地方的土神，向來視為於己最親的，其祭祀還相沿不廢。所以歷代以來，民間最隆重的典禮是社祭，最熱鬧的節場是作社。還有所謂八蜡之祭，是農功既畢之後，舉凡與農事有關之神，一概祭饗它一次（見〈郊特牲〉）。

又古代視萬物皆有神，則有所謂中霤，有所謂門，有所謂行，有所謂戶，有所謂灶，均見《祭法》。此等崇拜，倒也有殘留到後世的。又如古代的司命，是主人的生死的（司命亦見《祭法》。《莊子・至樂》云：「莊子之楚，見髑髏而問之。夜半，髑髏見夢，莊子曰：『吾使司命復生子形，為子骨肉肌膚』。」知古謂人生死，皆司命主之）。後世則說南斗主生，北斗主死，所以南北斗去人雖遠，倒也有人崇拜它。諸如此類，悉數難終。總之於人有切近的關係的，則有人崇拜，於人無切近的關係的，則位置雖高，人視之，常在若有若無之間。

現在人的議論，都說一神教比多神教進化，中國人所崇拜的對象太雜，所以其宗教還是未甚進化的。其實不然。從前俄國在專制時代，人民捐一個錢到教堂裡去，名義上也要以俄皇的命令允許的。這和佛教中的阿彌陀佛有一個人皈依他，到臨死時，佛都自己來接引他到淨土去一樣。中國的皇帝，向來是不管小事的，所以反映著人間社會而成的靈界組織，最高的神，亦不親細務。假使中國宗教上的靈界組織，是以一個大神躬親萬事的，中國人也何嘗不會專崇拜這一個神？然而崇拜北斗，希冀長生，和

專念阿彌陀佛，希冀往生淨土的，根本上有什麼區別呢？若說一神教的所謂一神，只是一種自然力的象徵，所以崇拜一神教的，其哲學上的見地，業已達於泛神論了，要比多神教高些。則崇拜一神教的，都是當他自然力的象徵崇拜的嗎？老實說：泛神論與無神論，是一而二，二而一的。真懂得泛神論的，也就懂得無神的意義，不會再有現在某些宗教家的頑固見解了。

　　較神的迷信進一步的，則為術。術數兩字，古每連稱，其實兩者是不同的，已見上章。術之起源，由於因果的誤認。如說做一個木人，或者束一個草人，把他當作某人，用箭去射他，就會使這個人受傷。又如把某人貼身之物，加以破壞，就能使這個人受影響之類。萇弘在周朝，把狸首象徵不來的諸侯去射他，以致為晉人所殺（見《史記·封禪書》）。豫讓為趙襄子所擒，請襄子之衣，拔劍三躍而擊之，衣盡出血，襄子回車，車輪未周而亡。就是此等見解。凡厭勝咒詛之術，均自此而出。又有一種，以為此地的某種現象與彼地的某種現象，現在的某種現象和將來的某種現象，有連帶關係的，因欲依據此時此地的現象，以測知彼時彼地的現象，是為占卜之術所自始。此等都是所謂術。

　　更進一步則為數。《漢書·藝文志》說形法家之學道：「形人及六畜骨法之度數，器物之形容，以求其聲氣貴賤吉凶，猶律有長短，而各徵其聲，非有鬼神，數自然也。」全然根據於目可見、身可觸的物質，以說明現象的原因，而否認目不可見的神祕之說，卓然是科學家的路徑。惜乎這種學派中人，亦漸漸地枉其所信，而和術家混合為一了。《漢志·術數略》，共分六家：曰天文，曰曆譜，曰五行，曰蓍龜，曰雜占，曰形法。蓍龜和雜占，純粹是術家言；天文、曆譜、五行、形法都饒有數的意味，和術家混合了，為後世星相之學所自出。

　　中國古代所崇拜的對象，到後世都合併起來，而被收容於道教之中。然而所謂道教，除此之外，尚有一個元素，那便是神仙家。當春秋戰國

時，就有所謂方士者，以不死之說，誑惑人主。《左傳·昭公二十年》，齊景公問於晏子，說「古而無死，其樂何如」？古代無論哲學、宗教，都沒有持不死之說的，可見景公所問，為受神仙家的誑惑了。此後齊威宣王、燕昭王，亦都相信他（見於《史記·封禪書》），而秦始皇、漢武帝信之尤篤，其事為人人所知，無煩贅述了。

　　事必略有徵驗，然後能使人相信。說人可不死，是最無徵驗的。齊景公等都是有為之主，何以都為所蠱惑呢？以我推測，因燕齊一帶，多有海市，古人明見空中有人物城郭宮室，而不知其理，對於神仙之說，自然深信不疑了。神仙家，《漢志》列於方技，與醫經、經方、房中並列。今所傳最古的醫書《素問》，中亦多載方士之言。可見方士與醫藥，關係甚密。想藉修煉、服食、房中等術以求長生，雖然誤謬，要不能視為迷信。然而此派在漢武時，就漸漸地和古代的宗教混合了。

　　漢武時，所謂方士，實分兩派：一派講煉丹藥，求神仙，以求長生；一派則從事祠祭以求福。其事具見於《史記·封禪書》、《漢書·郊祀志》。〈郊祀志〉所載各地方的山川，各有其當祭之神，即由獻其說的方士主持。此乃古代各部族的宗教遺留到後世的。《山海經》所載，某水某山有某神，當用何物祠祭，疑即此等方士所記載。此派至元帝後，多被廢罷；求神仙一派，亦因其太無效驗，不復為時主所信，乃轉而誑惑人民。其中規模最大的，自然是張角，次之則是張魯。他們也都講祠祭，但因人民無求長生的奢望，亦無煉金丹等財力（依《抱朴子》講，當時方士煉丹，所費甚巨。葛洪即自憾無此資財，未能從事）。所以不講求神仙，而變為以符咒治病了。

　　符咒治病，即是祝由之術，亦古代醫術中的一科。其牽合道家之學，則自張魯使其下誦習《老子》五千言始。張魯之道，與老子毫無干涉，何以會使人誦習《老子》呢？依我推測，大約因漢時以黃、老並稱，神仙家

自托於黃帝，而黃帝無書，所以牽率及於老子。張魯等的宗教，有何理論可講？不過有一部書，以資牽合附會就夠了，管什麼實際合不合呢？然而未幾，玄學大興，《老子》變為時髦之學，神仙家誑惑上流社會的，亦漸借其哲理以自文。老子和所謂方士，所謂神仙家，就都生出不可分離的關係來了。

此等雜多的迷信，旁薄鬱積，畢竟要匯合為一的。享其成的，則為北魏時的寇謙之。謙之學張魯之術，因得崔浩的尊信，言於魏明元帝而迎之，尊之為天師，道教乃成為國家所承認的宗教，儼然與儒釋並列了。此事在民國紀元前一四八九年，西元四二三年（劉宋少帝景平元年，魏明元帝泰常八年）。後世談起道教來，均奉張陵為始祖。陵乃魯之祖父，據《後漢書》說：「陵客蜀，學道於鵠鳴山中。受其道者，輒出米五斗，故謂之米賊。陵傳子衡，衡傳於魯。」然其事並無證據。據《三國志》、《注》引《典略》，則為五斗米道的，實是張修。修乃與魯並受命於劉焉，侵據漢中，後來魯又襲殺修而並其眾的。魯行五斗米道於漢中，一時頗收小效。疑其本出於修，魯因其有治效而沿襲之，卻又諱其所自出，而自托之於父祖。歷史，照例所傳的，是成功一方面的人的話，張陵就此成為道教的始祖了。

從外國輸入的宗教，最有權威的，自然是佛教。佛教的輸入，舊說都以為在後漢明帝之世。說明帝夢見金人，以問群臣，傅毅對以西方有聖人，乃遣郎中蔡愔、博士弟子秦景等使於天竺，得佛經四十二章及釋迦立像，與沙門攝摩騰、竺法蘭，以白馬負經而至。因立白馬寺於洛城西。此乃因其說見於《魏書·釋老志》，以為出於正史之故。

梁啟超作《佛教之初輸入》，考此說出於西晉道士王浮的《老子化胡經》，其意乃欲援釋入道，殊為妖妄。然而《魏書》實未以金人入夢，為佛教入中國之始。據《魏書》之意，佛教輸入，當分三期：（一）匈奴

渾邪王降，中國得其金人，為佛教流通之漸。（二）張騫至大夏，知有身毒，行浮屠之教。哀帝元壽元年，博士弟子秦景憲，受大月氏使伊存口授浮屠經。（三）乃及明帝金人之夢。金人實與佛教無涉。大月氏使口授浮屠經，事若確實，當可稱為佛教輸入之始。元壽元年，為民國紀元前一九一三年，即西曆西元前二年。然則佛教輸入中國，實在基督誕生後兩年了（基督降生，在紀元前四年。西人因紀年行用已久，遂未改正）。據《後漢書》所載，光武帝子楚王英，業已信佛，可見其輸入必不在明帝之世。秦景憲與秦景，當即一人，此等傳說中的人物，有無尚不可知，何況確定其名姓年代？但大月氏為佛教盛行之地，漢與西域，交通亦極頻繁，佛教自此輸入，理有可能。梁啟超以南方佛像塗金，《後漢書·陶謙傳》說謙使笮融督廣陵、下邳、彭城運糧，融遂斷三郡委輸，大起浮屠寺，作黃金屠像，疑佛教本自南方輸入。然此說太近臆測。即謂其是事實，亦不能斷定其輸入在北方之先。梁氏此文，破斥舊說之功甚大，其所建立之說，則尚待研究。柳詒徵《梁氏佛教史評》，可以參看。

　　佛教的特色在於：（一）其說輪迴，把人的生命延長了，足以救濟中國舊說，限善報於今世及其子孫，及神仙家飛升屍解等說得太無徵驗，而滿足人的欲望。（二）又其宗旨偏於出世，只想以個人的修養解脫苦痛，全不參加政治鬥爭。在此點，佛教與張角、張魯等，大不相同。所以不為政治勢力所摧殘，而反為其所扶植。（三）中國是時，尚缺乏統一全國的大宗教。一地方一部族之神，既因其性質褊狹而不適於用，天子所祭的天地等，亦因其和人民相去遠了，而在若無若有之間。張角、張魯等的宗教運動，又因其帶有政治鬥爭性質；且其教義怕太淺，而不足以饜上中流社會之望；並只適於祕密的結合，而不宜於平和的傳布，不能通行。只有佛教，既有哲理，又說福報，是對於上中下流社會都適宜的。物我無間，冤親平等，國界種界尚且不分，何況一國之中，各地方各民族等小小界限？

其能風行全國，自然無待於言了。至佛教的哲理方面，及其重要宗派，上章已略言之，今不贅述。

　　把一個中空的瓶拋在水中，水即滔滔注入，使其中本有水，外面的水就不容易進去了。這是先入為主之理，一人如是，一國亦然。佛教輸入時，中國的宗教界尚覺貧乏，所以佛教能夠盛行。佛教輸入後就不然了，所以其他外教輸入中國的雖多，都不能如佛教的風行無阻，其和中國文化的關係亦較淺。

　　佛教以外，外國輸入的宗教，自以回教為最大。此教緣起，人人知之，無待贅述。其教本名伊思蘭，在中國則名清真，其寺稱清真寺。其經典名《可蘭》，原本為阿拉伯文，非其教中有學問的人不能讀；而其譯本及教中著述，流布於社會上的很少；所以在中國，除教徒外，罕有了解回教教義的。又回教教規，極為嚴肅，教徒生活與普通人不甚相合，所以自元代盛行輸入以來，已歷七百年，仍不能與中國社會相融化。現在中國信奉回教的人約有五千萬，其中所包含的民族實甚多，然而人皆稱為回族，儼然因宗教而結合成一個民族了。因宗教而結合成一個民族，在中國，除回教之外，是沒有的。

　　中國人稱伊思蘭教為回教，乃因其為回紇人所信奉而然。然則回紇在漠北，實本信摩尼教，其信伊思蘭教，乃走入天山南路後的事。摩尼教原出火教，火教為波斯國教，中國稱為胡天。又造祆字，稱為祆教（其字從示從天，讀他煙切。或誤為從天，讀作於兆切，就錯了）。火教當南北朝時，傳至蔥嶺以東，因而流入中國。然而信奉他的，只有北朝的君主。唐朝時，波斯為大食所滅，中亞細亞亦為所據，火教徒頗有東行入中國的，亦未和中國社會發生什麼影響。摩尼教則不然。唐朝安史亂後，回紇人多入中國，其教亦隨之而入，自長安流行及於江淮。武宗時，回紇敗亡，會昌五年（西曆八四五年）中國乃加以禁斷。然而其教流行至南宋時仍不

絕，其人自稱為明教。教外人皆謂之吃菜事魔，以其教徒均不肉食之故。

按宗教雖似專給人以精神上的安慰，實則仍和現實生活有關係。現實生活，經濟問題為大。流行於貧苦社會中的宗教，有教人團結以和現代社會相鬥爭的，如太平天國所創的上帝教，實行均田和共同生活之法。有教教徒自相救恤，對於現代社會的組織則取放任態度的，如張魯在漢中教人作義舍，置米肉其中，以便行人；令有小過者修路；禁酒，春夏禁殺；明教徒戒肉食，崇節儉，互相救恤是。入其教的，生活上既有實益，所以宋時屢加禁斷，不能盡絕。然而社會秩序未能轉變時，與之鬥爭的，固然不免滅亡；即欲自成一團體，獨立於現代社會組織之外的，亦必因其和廣大的社會秩序不能相容，而終遭覆滅。所以到元朝以後，明教也就默默無聞了。張魯之治漢中，所以能經歷數十年，乃因其政治尚有規模，人民能與之相安，並非由其教義；則明教的流行較久，亦未必和其教義有甚關係了。火教及摩尼教流行中國的歷史，詳見近人陳垣所撰《火祆教入中國考》。

基督教入中國，事在民國紀元前一二七四年（西曆六三八年，唐太宗貞觀十二年）。波斯人阿羅本（Olopen）始賚其經典來長安。太宗許其建寺，稱為波斯，玄宗因其教本出大秦，改寺名為大秦寺。其教在當時，稱為景教。德宗時，寺僧景淨，立《景教流行中國碑》，明末出土，可以考見其事的始末。蒙古時，基督教又行輸入，其徒謂之也里可溫。陳垣亦有考。元時，信奉基督教的，多是蒙古人，所以元亡而復絕。直到明中葉後，才從海路復行輸入。

近代基督教的輸入，和中國衝突頗多。推其源，實出於政治上的誤解。基督教的教義，如禁拜天、拜祖宗、拜孔子等，固然和中國的風俗是衝突的，然而前代的外教，教規亦何嘗不和中國風俗有異同？況且近代基督教初輸入時，是並不禁拜天、拜祖宗、拜孔子的。明末相信基督教的，如徐光啟、李之藻輩，並非不了解中國文化的人。假使基督教義和中國傳統的風俗

習慣實不相容，他們豈肯因崇信科學之故，把民族國家一齊犧牲了？

　　當時反對西教的，莫如楊光先。試看他所著的《不得已書》，他說他們「不婚不宦，則志不在小」；又說：「其製器精者，其兵械亦精。」又說：他們著書立說，謂中國人都是異教的子孫。萬一他們蠢動起來，中國人和他相敵，豈非以子弟敵父兄？又說：「以數萬里不朝不貢之人，來不稽其所從來，去不究其所從去；行不監押，止不關防。十三省山川形勢，兵馬錢糧，靡不收歸圖籍。百餘年後，將有知餘言之不得已者。」因而斷言：「寧可使中國無好曆法，不可使中國有西洋人。」原來中國歷代，軍政或者廢弛，至於軍械則總是在外國之上的。到近代，西人的船堅炮利，中國才自愧弗如。而中國人迷信宗教，是不甚深的；西洋教士艱苦卓絕的精神，又非其所了解；自然要生出疑忌來了。這也是在當日情勢之下，所不能免的，原不足以為怪，然則攻擊西教士的雖有，而主張優容的，亦不在少數。所以清聖祖初年，雖因光先的攻擊，湯若望等一度獲罪，然而教禁旋復解除。康熙一朝，教士被任用者不少，於中國文化，裨益實非淺鮮。此亦可見基督教和中國文化無甚衝突了。

　　教禁之起，實由一七〇四年（康熙四十三年）。教宗聽別派教士的話，以不禁中國教徒拜天、拜祖宗、拜孔子為不然，派多羅（Tourmon）到中國來禁止。此非但教義與中國相隔閡，亦且以在中國傳教的教士，而受命於外國的教宗，亦非當時中國的見解所能容許。於是有康熙五十六年重申教禁之事。世宗即位後，遂將教徒一律安置澳門；各省的天主堂，盡行改為公廨了。自此以後，至五口通商後教禁解除之前，基督教在中國，遂變為祕密傳播的宗教。中國人既不知道它的真相，就把向來祕密教中的事情，附會到基督教身上，什麼挖取死人的眼睛；聚集教堂中的婦女，本師投以藥餌，使之雌鳴求牡；種種離奇怪誕之說，不一而足，都釀成於此時。五口通商以後：（一）中國人既懷戰敗之忿，視外國的傳教，為藉兵

力脅迫而成。（二）教民又恃教士的干涉詞訟為護符，魚肉鄉里。（三）就是外國教士，也有倚勢妄為，在中國實施其敲詐行為的（見嚴復譯英人宓克所著《中國教案論》）。於是教案迭起，成為交涉上的大難題了。然而自庚子事變以後，中國人悟盲目排外之無益，風氣翻然一變，各省遂無甚教案。此亦可見中國人對於異教的寬容了。

　　基督教原出猶太。猶太教亦曾輸入中國，謂之一賜樂業教，實即以色列的異譯。中國謂之挑筋教。今存於河南的開封。據其教中典籍所記，其教當五代漢時（民國紀元前九六五至九六二年，西元九四七至九五○年）。始離本土，至宋孝宗隆興元年（民國紀元前七四九年，西元一一六三年）。始在中國建寺。清聖祖康熙四十一年，有教徒二三千人。宣宗道光末，存者止三百餘。宣統元年，二百餘。民國八年，止有一百二十餘人。初來時凡十七姓，清初，存者止有七姓了。詳見陳垣《一賜樂業教考》。

　　社會變亂之際，豪傑之士想結合徒黨，有所作為的，亦往往藉宗教為工具。如前代的張角、孫恩，近代的太平天國等都是。此特其犖犖大者，其較小的，則不勝枚舉。此等宗教，大概即是其人所創造，多藉當時流行之說為資料。如張角訛言「蒼天已死，黃天當立」（蒼，疑當作赤，為漢人所譯改），是利用當時五行生勝之說；白蓮教依託佛教；上帝教依託基督教是。然而此實不過借為資料（利用其業已流行於社會）。其教理，實與其所依附之說大不相同。其支離滅裂，往往使稍有智識之人聞之失笑。上帝教和義和團之說，因時代近，傳者較多，稍一披覽，便可見得。然非此，不足以煽動下流社會中人。我們現在的社會，實截然分為兩橛：一為上中流知識階級，一為下流無知識階級。我們所見、所聞、所想，實則全與廣大的為社會基礎的下層階級相隔絕。我們的工作，所以全是浮面的，沒有真正的功效，不能改良社會，即由於此，不可不深刻反省。

第十八章　宗教

　　中國社會，迷信宗教，是不甚深的。此由孔教盛行，我人之所祈求，都在人間而不在別一世界之故。因此，教會之在中國，不能有很大的威權。因此，我們不以宗教問題和異族異國，起無謂的爭執，此實中國文化的一個優點。現今世界文化進步，一日千里，宗教因其性質固定之故，往往成為進化的障礙。若與之爭鬥，則又招致無謂的犧牲，歐洲的已事，即其殷鑑。這似乎是文化前途一個很大的難題。然而實際生活，總是頑強的觀念論的強敵。世界上任何宗教，其教義，總有幾分禁欲性的，事實上，卻從沒看見多數的教徒，真能脫離俗生活。文化愈進步，人的生活情形，變更得愈快。宗教阻礙進步之處，怕更不待以干戈口舌爭之了。這也是史事無復演，不容以舊眼光推測新變局的一端。

中國文化史十八講：

婚姻族制 × 政體階級 × 選舉賦稅 × 貨幣刑法，呂思勉談五千年歷史文化

作　　者：呂思勉

發 行 人：黃振庭

出 版 者：崧燁文化事業有限公司

發 行 者：崧燁文化事業有限公司

E-mail：sonbookservice@gmail.com

粉 絲 頁：https://www.facebook.com/
　　　　　sonbookss/

網　　址：https://sonbook.net/

地　　址：台北市中正區重慶南路一段六十一號八
　　　　　樓815室

Rm. 815, 8F., No.61, Sec. 1, Chongqing S. Rd.,
Zhongzheng Dist., Taipei City 100, Taiwan

電　　話：(02)2370-3310

傳　　真：(02)2388-1990

印　　刷：京峯彩色印刷有限公司（京峰數位）

律師顧問：廣華律師事務所 張珮琦律師

定　　價：480元

發行日期：2023年06月第一版

◎本書以 POD 印製

國家圖書館出版品預行編目資料

中國文化史十八講：婚姻族制 ×
政體階級 × 選舉賦稅 × 貨幣刑
法，呂思勉談五千年歷史文化 / 呂
思勉著 . -- 第一版 . -- 臺北市：崧
燁文化事業有限公司 , 2023.06
面；　公分
POD 版
ISBN 978-626-357-349-9(平裝)
1.CST: 文化史 2.CST: 中國
630　　　112006357

電子書購買

臉書